사랑의 시詩학學

창조문예 총서 5

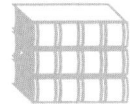  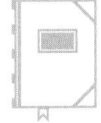 

한국 기독교시의 주류

사랑의 시학(詩學)

최규창

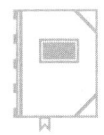 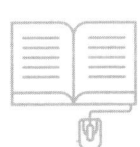  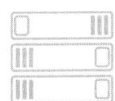

 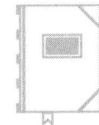  

창조문예사

머리말

　우리의 현대문학 속에서 기독교문학은 큰 맥락을 형성해 왔다. 기독교는 신문학(新文學) 초창기에 지대한 영향을 끼쳤다. 선구자적인 역할을 감당한 것이다. 특히 1895년 게일 선교사에 의해 번역된 《천로역정(天路歷程)》은 신문학사상(新文學史上) 최초의 번역작품이라는 의의를 지닌다. 1908년 이해조(李海朝)의 번안소설인 《철세계(鐵世界)》보다 한참 앞섰다. 이에 춘원(春園) 이광수(李光洙)가 「야소교의 조선에 준 은혜」(《청춘(靑春)》 9호, 1917. 7)에서 "학과 교육 이외에도 성경과 찬송가를 볼 필요상 무식한 교인들도 한글을 배우며, 또 성경을 읽기에 독서욕을 득(得)하여 《천로역정》이라든가 기타 간이(簡易)한 종교서적에 흥미를 붙이게 되었소"란 것은, 그 당시에 《천로역정》을 비롯한 기독교서적이 지대한 영향을 끼쳤다고 밝힌 것이다. 그 당시에 "간이한 종교서적"이란 기독교서적을 의미하기 때문이다.

　기독교의 영향은 산문형태(散文形態)에서 운문형태(韻文形態)로 전환시키는 계기도 주었다. 찬송가는 서양 시가(詩歌)의 번역에서 비롯되었다고 볼 수 있다. 신시운동(新詩運動)도 창가(唱歌)로부터 비롯되었다. 이 창가는 찬송가의 영향을 받았다. 이에 대해 백 철(白鐵)은 《신문학사조사(新文學思潮史)》에서 "여기서 우리는 본시 창가가 어디서부터 시작되었는가 할 때, 그것이 처음에는 기독교의 찬송가에서 왔다는 사실을 짐작하게 되는 것이다"라고 찬송가에서 창가가 시작되었다고 밝혔다.

　신문학 태동기부터 기독교문학도 함께 태동되었다고 볼 수 있다. 그 당시 최남선(崔南善)과 이광수는 기독교정신을 반영한 문학세계였다. 최남선의 《소년(少年)》 제2권 4호에 발표한 「구작 3편(舊作 三篇)」이나, 이광수의 「내 죄」와 「하나님」이란 제목의 시는 기독교의 영향을 받았음을 보여준다. 1919년에 창간된 순문예지 《창조(創造)》의 주요 동인이었던 김동인(金東仁), 전영택(田榮澤), 주요한(朱耀翰) 등 세 사람의 작품에는 기독교정신이 그대로 반영되었다. 기독교문학이 본격화되었다고 볼 수 있다. 그러나 신문학 초기에 최남선과 이광수가 기독교적인 작품을 창작했는데도, 한국교회가 기독교인으로 정착시키지 못한 것은, 앞으로 문학적인 측면에서 연구해야 할 과제이다. 그 당시에 한국교회가 수용할 만한 그릇이 되지 못했던 것은, 초기의 한국교회가 지닌 한계성 때문일 것이다.

　신문학 이후 지금까지의 기독교문학은 문학사(文學史)적인 측면에서 논의할 만큼 질적으로나 양적으로 풍성한 오늘이다. 시를 비롯한 장르별로 문학적인 가치성을 지닌 작품들이 창작되어 왔으나, 대부분 외면되었다. 여러 가지 요인들이 있지만 무엇보다도 한국교회 자체가 외면하는 데에서 비롯되었다고 볼수 있다. 지금까지 교회성장과 부흥에만 주력해 왔고, 기독교문학을 비롯한 기독교문화의 발전이나 확산문제는 무관심했기 때문이다.

　이 책은 《한국기독교시인론》(대한기독교서회 펴냄. 1984년)과 《사랑의 넓이와 깊이》(대한기독교서회 펴냄. 2014년)에 이은 세 번째로 한국 기독교시를 추적해 분석했다. 인용한 시들은 한국 기독교시를 대표할 뿐만 아니라 일반인들에게도 애송되어 감동을 주고 있다. 이 시들의 주제는 사랑이다. 그것은 아가페의 사랑이다. 타자 본위의 순수한 사랑으로 자기부정적이고 자기희생적인 사랑이다(누가복음 6장 32절~34절). 이 사랑의 본이 십자가에서 죽으신 예수 그리스도이다. 따라서 기독교는 사랑의 종교라고 말한다. 이러한 이 시들은 하나님의 은혜와 축복, 거듭남을 위한 회개도 하나님의 사랑에서 연유하고 있음을 보여 준다. 제1부는 2018년 6월부터 《창조문예》에 연재한 일종의 시인론이며, 제2부는 2018년 11월 말부터 매주 기독교신문에 「한국 기독교시 다시 읽기」란 제목으로 연재한 것이다. 그리고 제3부의 「한국 기독교문학 형성기의 활동」은 《한국기독교문인협회 50년사》(도서출판 기독교신문 펴냄. 2018년)에서 초창기 기독교문학단체의 활동만 발췌해 게재했다. 초창기에는 몇몇 문인들에 의해 기독교문학을 추구해 왔으나 기독교문인들이 늘어남에 따라 단체를 창립하는 계기를 가져 왔다. 그것은 단체를 형성해 한국 기독교문학의 방향을 본격적으로 논의했기 때문이다.

　어려운 출판환경 속에서도 한국 기독교문학의 발전을 위해 출판해 주신 《창조문예》 발행인 임만호 장로와 《창조문예》에 연재할 수 있도록 채찍질해 주고 지면을 허락한 주간이신 박이도 선생님, 그리고 원고를 정리한 김진희 부국장님께 감사를 느린다. 앞으로도 한국 기독교문학의 저변확대를 위해 이 작업을 계속 진행해 나갈 것이다. 하나님께 계속 지혜를 주시기를 간구하는 삶이다.

2020년 1월 15일
최규창

차례

머리말   4

| 제1부 |

1. 십자가의 길을 추구 – 윤동주의 시   13
2. 순결과 지순(至順)한 '신앙의 삶'의 길 – 황금찬의 시   26
3. 예수 그리스도를 향한 삶의 길 – 임인수의 시   45
4. 토속적 정서 속에 체험적 신앙을 접목 – 이성교의 시   63
5. '빛'에 대한 탐색과 추구 – 박이도의 시   82
6. 신앙생활의 건강한 삶 – 이 탄의 시   101
7. 하나님 중심의 성숙한 삶 – 임성숙의 시   120
8. 인간 구원을 위한 잠언적 메시지 – 박종구의 시   139
9. 잠재된 뿌리의식의 형상화 – 엄원용의 시   158
10. 삶 속에 나타난 '하나님의 뜻'을 탐색 – 김상길의 시   175
11. '돌아봄'과 '깨달음'의 삶 – 전길자의 시   195
12. 생활화한 '신앙의 삶'을 추구 – 김보림의 시   214
13. 삶의 성찰과 잠언적 일깨움 – 이춘원의 시   231
14. 내면화된 정서의 객관화 – 이문수의 시   243

| 제2부 |

1. 신앙인의 삶과 하나님의 사랑 – 김현승의 「절대 신앙」   265
2. 어머니 신앙의 유산 – 박목월의 「어머니에의 기도 3」   268
3. 그리스도 안에서의 자유 – 최은하의 「황혼에 서서」   272
4. 한 해의 삶에 대한 회개와 간구 – 유승우의 「한 해를 보내며」   276

5. 실천적인 '믿음의 삶'의 길 - 김영진의 「믿음을 위하여」 280
6. 오늘의 삶을 향한 메시지 - 김 석의 「말씀 6」 284
7. 천국을 향한 신앙인의 삶 - 임승천의 「오늘, 하늘에는」 288
8. 낮은 자세로 하나님과의 만남 - 홍금자의 「오늘 밤은」 292
9. '꽃'의 '창조 과정'을 형상화 - 류재하의 「꽃이 사는 이유」 296
10. 행복한 가정과 사랑의 삶 - 임만호의 「오늘 아침 2」 300
11. 하나님의 주권과 사랑 - 양효원의 「어느 한 순간에」 304
12. 예수의 부활과 신앙의 결단 - 이수영의 「부활의 아침」 308
13. 성숙한 신앙의 삶을 위한 간구 - 김행숙의 「새 아침에」 312
14. 윤동주의 삶과 시정신을 추구 - 소강석의 「윤동주 무덤 앞에서 3」 316
15. 하나님 찬양과 감사의 삶 - 권오숙의 「축복·2」 320
16. 오늘의 삶을 위한 잠언적 메시지 - 김석림의 「산상수훈(山上垂訓) 1」 324
17. '웃음'의 생활습관을 생활화 - 이명희의 「웃음 도돌이」 328
18. 낮은 자세의 겸손한 신앙 - 홍계숙의 「죄인」 332
19. 크리스마스를 맞은 교회의 정경 - 이매수의 「크리스마스」 336
20. 하나님 앞에 간구와 그 응답 - 윤병춘의 「기도할 때에」 340
21. 행복한 삶을 위한 하나님의 축복 - 이해경의 「선물의 향기」 344

| 제3부 |

1. 한국 기독교문학 형성기의 활동 351
2. 한국 기독교문학의 현주소 373

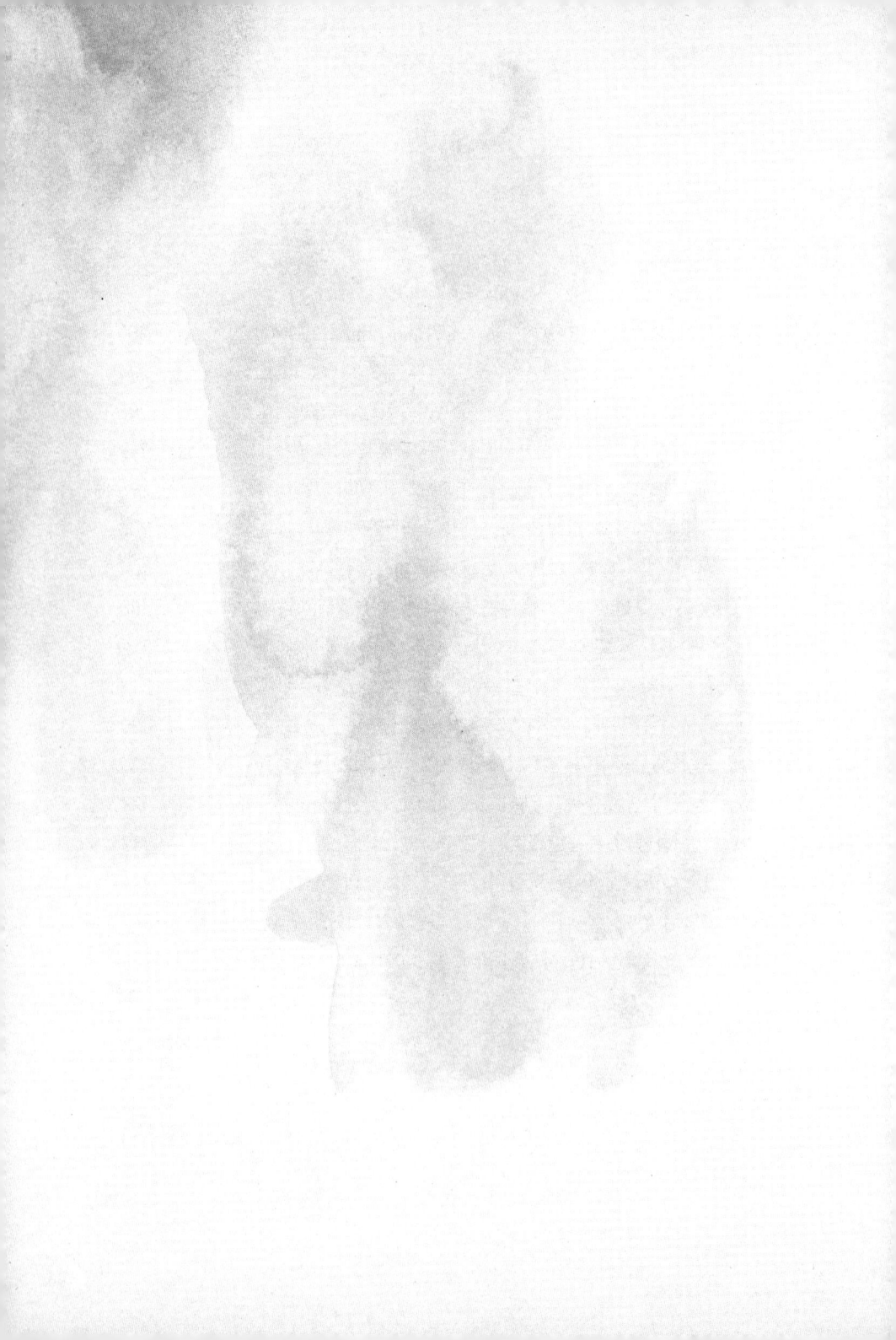

제1부

십자가의 길을 추구
– 윤동주의 시

기독교 신앙의 삶을 실천

　윤동주(尹東柱)의 시는 기독교 신앙에 의한 십자가의 길을 추구했다. "죽는 날까지 하늘을 우러러 / 한 점 부끄럼이 없기를"이라고 기도하는 자세로 고고하고 준열한 저항의 삶이었다. 기독교에서 추구하는 사랑의 희생적인 인간애로 민족적인 서정시를 이 땅에 남겼다. 그의 시는 전형적인 신앙인의 삶을 보여 준다. 기독교 신앙이 그대로 형상화되어 있으며, 신앙의 삶을 일관성 있게 추구하고 있기 때문이다.
　다음과 같은 「서시(序詩)」에서 윤동주의 정신적인 바탕은 철저한 기독교 정신에서 출발하고 있음을 발견할 수 있다.

　　죽는 날까지 하늘을 우러러
　　한 점 부끄럼이 없기를,
　　잎새에 이는 바람에도
　　나는 괴로워했다.
　　별을 노래하는 마음으로
　　모든 죽어가는 것을 사랑해야지
　　그리고 나한테 주어진 길을

걸어가야겠다.

오늘밤에도 별이 바람에 스치운다.

—「서시(序詩)」의 전문

　이 시는 해방 후에 출간된 시집《하늘과 바람과 별과 시》의 서문을 대신한「서시(序詩)」이다. 이 시집을 출간하기 이전에 이미 고인이 됐기 때문이다. 시집에 수록된 맨 첫 작품이며, 1941년 11월 20일에 쓴 것으로 기록되어 있다. 1941년은 윤동주가 북간도에서 서울로 유학을 와서 연희전문의 졸업을 앞두고 있을 때였다. 이때는 일제말 수난기에 해당되며,《문장(文章)》등의 문예지가 폐간되고, 무수한 지식인이 예비검속 및 투옥되었던 암흑기였다. 그 당시 그의 나이 24세로 확실한 진로를 결정하지 못하고 있던 때이다. 문학활동이 전면적으로 불가능한 시기였다.
　이 시는 우주적 교감으로 삶의 비약과 희망을 형상화시키고, 꿈과 삶의 정직성을 보여 준다. 그것은 기독교 신앙으로 비롯되고 있으며, 기독교 신앙의 경건과 진솔성을 함축시켰다. 이러한 윤동주의 시는 기독교 신앙에 대한 신념의 바탕 위에서 출발했다고 볼 수 있다.
　「서시」는 2연 9행으로 되어 있다. 구성상 모두 세 단락으로 나눌 수 있다. 첫 번째의 단락은 4행까지이며, 두 번째 단락은 5행부터 8행, 세 번째 단락은 2연의 1행이다. 이 시를 기독교 신앙의 측면에서 분석하면 하나님 앞에서의 기도이다. 이 기도는 속죄와 회개, 찬양, 그리고 십자가의 가르침과 십자가의 사명으로 세분하여 분류할 수 있다.
　"죽는 날까지 하늘을 우러러 / 한 점 부끄럼이 없기를, / 잎새에 이는 바람에도 / 나는 괴로워했다"란 구절은 속죄와 회개의 모습이다. 1행과 2행은 신앙에 의한 도덕적인 결백성을 나타내고 있다. 3행과 4행은 바른 신앙에서 비롯된 윤리적인 삶이다. '하늘'과 '바람'은 절대자, 즉 하나님의 영역이고, '부끄러움'과 '괴로움'은 세속적인 인간의 관습이다. 특히 이 시에서 '바람'은 과거의 갈등으로 표현되고 있다. 그래서 하나님 앞에서 죽는 날까지 한 점 부끄러움이 없기를 기도하고, 잎새에 이는 바람에도 괴로워하는 신앙적인 도덕성을 나타내고 있다. 이 4행까지는 삶의 신앙적인 자세로 신앙의 지조를 지켜 가려는 의지를 담고 있다. 그것은 기독교인의 자세이며, 신앙으로 형성된 삶이다.

두 번째 단락인 "별을 노래하는 마음으로 / 모든 죽어가는 것을 사랑해야지 / 그리고 나한테 주어진 길을 / 걸어가야겠다"란 구절은 찬양과 십자가의 가르침, 십자가의 사명으로 분석할 수 있다. "별을 노래하는 마음으로"는 별을 노래하는 마음의 자세로 하나님을 향한 찬양이나 신앙의 경건함을 지니겠다는 의지이다. 모든 시에서 '별'은 대부분 순수, 용기, 영원, 희망, 빛, 유구한 정신, 불변의 가치 등의 상징으로 형상화되었다. 이 시에서도 별의 순수함이나 영원힘, 희망과 빛 등의 이미지를 연상할 수 있다. 그리고 "모든 죽어가는 것을 사랑해야지"는 예수 그리스도가 십자가 위에서 보여 준 가르침을 본받아 살겠다는 결심이다. 별을 노래하는 마음, 즉 하나님을 향한 마음으로 예수의 가르침을 지니고 살겠다는 의지를 나타냈다. 7행과 8행인 "그리고 나한테 주어진 길을 / 걸어가야겠다"는 십자가의 사명을 실천하겠다는 결심이다. '나한테 주어진 길'이란 십자가의 길이며, '걸어가야겠다'는 십자가의 사명에 대한 실천으로 해석할 수 있다.

세 번째 단락인 "오늘밤에도 별이 바람에 스치운다"란 구절은 어두운 시대적인 상황을 우회적으로 표현하고 있으며, 그 어두움을 극복하려는 의지가 담겨져 있다. 윤동주는 그의 시에서 일제 식민지 시대를 어둠의 역사로 규정했으며, '오늘밤'은 바로 식민지 상황을 암시한다. 특히 이 구절을 하나의 행으로 처리함으로써 새로운 결의를 다지고 있음을 보여 준다. 그것은 식민지 상황을 극복하려는 의지에서 비롯된 십자가의 사명이다.

이러한 「서시」는 윤동주의 좌우명이며, 오늘의 기독교인들에게 신앙적인 삶의 길을 제시해 준다. 부끄러움이 없는 삶과 잎새에 이는 바람에도 괴로워하는 삶의 길을 가르쳐 준다. 그리고 기독교인들에게 주어진 길인 십자가의 가르침과 사명을 실천하도록 일깨워 준다.

> 바람이 어디로부터 불어와
> 어디로 불려가는 것일까.
>
> 바람이 부는데
> 내 괴로움에는 이유가 없다.
>
> 내 괴로움에는 이유가 없을까.
>
> 단 한 여자를 사랑한 일도 없다.
> 시대를 슬퍼한 일도 없다.
>
> 바람이 자꾸 부는데
> 내 발이 반석 위에 섰다.
>
> 강물이 자꾸 흐르는데
> 내 발이 언덕 위에 섰다.
>
> ―「바람이 불어」의 전문

이 시에서 윤동주는 새로운 눈을 뜨고 있음을 볼 수 있다. 바람이 불고 있는 것을 스스로 깨닫고, 지금의 위치에서 자신을 돌아보는 자각을 단행하고 있다. "바람이 어디로부터 불어와 / 어디로 불려가는 것일까"라고 반문하면서, "괴로움에는 이유가 없다"고 단정하지만, 다시금 자신의 "괴로움에는 이유가 없을까"라고 반문하여 돌아본다. 그러나 자꾸만 바람은 불어도 "내 발이 반석 위에 섰다"처럼 정신적으로 튼튼한 반석 위에 있음을 자각한다. 그것은 기독교 신앙인의 자세이다.

이 시의 주체가 되고 있는 '바람'은 불안의식을 동반하고 있다. 윤동주 자신으로부터 부는 바람이 아니라 "바람이 어디로부터 불어와 / 어디로 불려가는 것일까"에 나타난 것처럼, 그 공간의 삶을 영위하고 있는 위치에서 확인하고 있는 바람임에 틀림없다. 그 바람에 대한 개체의 구별은 둘째 연에서 "바람이 부는데 / 내 괴로움에는 이유가 없다"고 단정함으로써 확실하게 구별된다. 그 바람은 윤동주가 위치하고 있는 일제의 식민지 상황인 역사적인 현실에서 불어오고 있는 바람이다. 그렇기 때문에 불안의식을 동반하고 있는 바람이다.

이러한 윤동주의 시는 매우 주관적이고 자서전적이며, 그 인생의 고뇌와 용기와 희망을 양식화하고 있다. 이것은 윤동주의 철저한 기독교 신앙에서 오는 결과이며, 기독교적인 사랑을 실천하고 순종하는 자세에서 비롯되는 것이다. 그래서 "온정의 거리에서 원수를 만나면 손목을 붙잡고 목놓아 울겠습니다"(수필 「화원에 꽃이 핀다」에서)라고 표현한 것처럼 원수까지 포용할 수 있는 넉넉한 정신을 지닐 수 있다. 또한 윤동주의 시에는 민족의 수난을 몸 전체로 짊어진 순교자적인 정열과 신념이 간직되어 있다. 또한 '밤'과 '어둠'의 고통에서, '내일'과 '새벽', '아침' 등으로 환원하는 꿈을 꾸고 있다고 볼 수 있다.

어둠 그리고 아침

윤동주 시의 주체적 이미지는 '어둠'과 '밝음'으로 점철되어 있다. 그것은 일제 말기의 시대적인 상황을 그대로 반영한 것이다. 그 상황 속에서도 새로운 세상을 꿈꾸고 있는 것은 나라의 독립이다.

어둠은 '밤'으로 상징하고 있으며, 밝음은 '새벽'과 '아침'으로 상징하고 있다. 그것은 기독교의 신앙에서 비롯된다. 어둠 그 자체의 극복은 구원의 세계를 의미한다.

「돌아와 보는 밤」이나 「눈 감고 간다」, 「참회록」, 「또 다른 고향」, 「사랑의 전당」, 「흰 그림자」 등의 시에서 나타난 것처럼 '밤'과 '어둠'은 일제 말기의 시대적 상황을 그대로 보여 준다.

> 세상으로부터 돌아오듯이 이제 내 좁은 방에 돌아와 불을 끄옵니다. 불을 켜 두는 것은 너무나 피로롭은 일이옵니다. 그것은 낮의 연장이옵기에 ―.
>
> 이제 창을 열어 공기를 바꾸어 들여야 할 텐데 밖을 가만히 내다보아야 방 안과 같이 어두워 꼭 세상 같은데 비를 맞고 오던 길이 그대로 비 속에 젖어 있사옵니다.
>
> 하루의 울분을 씻을 바 없어 가만히 눈을 감으면 마음속으로 흐르는 소리, 이제 사상이 능금처럼 저절로 익어 가옵니다.
> ―「돌아와 보는 밤」의 전문

일제 말기의 암담한 상황을 잘 보여 주는 시이다. 그 암담한 시대적인 상황을 밤으로 보고 있다. 그 시대가 어두운 밤의 연속임을 인식시켜 준다. 불을 켜 둔 방안을 낮의 연장선으로 인식하는 데에서 긴박감을 고조시킨다. 이러한 상황 속에서 새로운 각오를 지닐 수 있음을 보여 준다. 마지막 연에서 "……눈을 감으면 마음속으로 흐르는 소리"나, "이제 사상이 능금처럼 저절로 익어" 간다는 것은, 시대적인 상황의 인식이다. 그것은 불의 앞에 저항하는 의지를 의미하고 있으며, 기독교 사상에 대한 정신적 움직임을 보여 준 것이다.

이러한 윤동주는 '밤'과 '어둠' 이후에 도래될 현실을 '새벽'과 '아침'으로 표현한다. 「새벽이 올 때까지」나 「태초의 아침」, 「길」, 「흐르는 거리」, 「쉽게 씌어진 시」 등의 시에서 '새벽'과 '아침'에 대한 이미지를 쉽게 찾아 볼 수 있다.

    다들 죽어가는 사람들에게
    검은 옷을 입히시오.

    다들 살아가는 사람들에게
    흰 옷을 입히시오.

    그리고 한 침대에
    가지런히 잠을 재우시오.

    다들 울거들랑
    젖을 먹이시오.

    이제 새벽이 오면

나팔소리 들려올 게외다.

― 「새벽이 올 때까지」의 전문

이 시는 암담한 시대적인 상황을 그대로 표현하고 있지만, 마지막 연에서 새로운 시대를 꿈꾸고 있다. "이제 새벽이 오면 / 나팔소리 들려올 게외다"(방점은 필자)라고 표현한 것처럼, 승리의 날을 펼쳐 보인다. 그것은 새벽을 암시한다. 이와 같이 윤동주의 시는 밤이나 어둠으로 끝나는 것이 아니라 새벽과 아침을 기다리는 희망을 지닌다. 그래서 새벽이 올 때까지 기다리는 자세로 암담한 현실을 극복하려는 몸부림을 보여 준다.

봄날 아침도 아니고
여름, 가을, 겨울,
그런 날 아침도 아닌 아침에

빨 ― 간 꽃이 피어났네,
햇빛이 푸른데,

그 전날 밤에
그 전날 밤에
모든 것이 마련되었네

사랑은 뱀과 함께
독은 어린 꽃과 함께

― 「태초의 아침」의 전문

이 시는 아침을 꿈꾸고 있다. 우리가 맞이하는 일상적인 아침이 아니라 태초의 아침을 기다리고 있다. 그것은 에덴동산에 펼쳐지던 아침을 의미한다. 아담과 이브가 무화과 열매를 따먹기 전인 아침을 가리킨다. 그때는 뱀과 함께 어울리는 나날이었기 때문이다.

윤동주의 시는 밤과 어둠으로 일제에 억압받는 고통과 아픔을 표현하고, 새벽과 아침으로 새로운 시대를 기다리는 구원의 의지가 담겨 있다. 그러기 때문에 윤동주의 시에는 민족의 수난을 몸 전체로 짊어진 순교자적인 정열과 신념이 간직되어 있다. 또한 손들어 표할 하늘도 없는 듯한 시대적 상황 속에서 고뇌와 절규로 극복하려는 의지를 형상화했다. 이러한 어둠과 밤의 상황을 끊임없는 자기 성찰과 순결한 심정으로 극복하고 새벽과 아침을 향한 자세였다.

십자가의 길

예수 그리스도가 제자들에게 '누구든지 자기 십자가를 지고 나를 따라오는 사람이 아니면 내 사람이 될 자격이 없다'(마태복음 10장 38절)고 한 말이나, "나를 따르려는 사람은 누구든지 자기를 버리고 제 십자가를 지고 따라야 한다"(마태복음 16장 24절. 공동번역)라고 한 것은, 십자가에 대한 의미를 제시해 준다. 이것은 예수 그리스도가 제자들에게 들려준 십자가에 대한 가르침이다.

예수 그리스도가 오늘의 인간들에게 십자가에 대한 가르침을 보여 준 것은, 로마의 총독 빌라도의 법정에서 사형장인 골고다까지 피와 땀을 흘리며 등에 지고 간 십자가에서 유래한다. 그래서 오늘날 십자가는 역경이나 시련, 고통, 죽음 등을 상징한다.

이러한 의미에서 윤동주 시에 나타난 기독교 정신은 순교자적 위치에서 자각한 십자가의 사명으로 집약할 수 있다. 예수 그리스도가 피와 땀을 흘리며 골고다까지 십자가를 지고 처참한 죽음을 당할 때의 아픔과 고통을, 윤동주의 생애에서도 찾아볼 수 있다. 윤동주가 일제의 탄압으로 감옥에서 고국(故國)의 하늘을 바라보며 죽어갔을 때, 그 아픔과 고통은 예수 그리스도의 십자가 죽음에서 연유하고 있음을 볼 수 있기 때문이다.

또한 예수 그리스도의 십자가에 대한 죽음은 곧 십자가의 승리로 나타난 부활이었지만, 윤동주에게도 훗날 광복이란 승리의 기쁨을 위해 스스로의 몸을 바쳤다는 데에서 일치할 수 있는 근거를 찾을 수가 있다. 그것은 예수 그리스도가 모든 인간의 죄를 대속하기 위해 십자가를 짊어졌지만, 윤동주는 조국의 독립과 자유를 위해 십자가를 짊어진 것이나 다름없다. 윤동주의 생애도 한국이라는 공간을 확대시켜 보면, 예수 그리스도의 우주관과 같은 포용성을 다분히 지니고 있기 때문이다.

그러나 윤동주가 그러한 우주관의 포용성을 지닐 수 있었던 바탕은, 예수 그리스도가 제자들에게 들려준 십자가에 대한 의미나, 예수 그리스도 스스로가 보여 준 십자가에 대한 실천에서 이어받고 있다. 윤동주는 1944년에 2년형의 선고를 받고, 일본 규슈의 후쿠오카 형무소에 투옥되어, 1945년 2월 16일 옥사(獄死)했을 때, 수감자 기록에 의하면 사상불온, 독립운동, 비일본시민, 온건하나 서구사상이 농후하다는 등의 죄명이었다. 이러한 죄명으로 세상을 떠난 윤동주에게 구체적으로 암시받을 수 있는 것은, 서구적인 사상에 대한 근원인 기독교 정신이다.

그래서 윤동주는 기독교에서 중시하는 십자가의 사명을 가장 고고하고 지순하고 강직한 절규로 지켰다고 볼 수 있다. 그것은 "죽는 날까지 하늘을 우러러 / 한 점 부끄럼이 없기를"(「서시」에서)이라고 기도하는 자세나, "모가지를 드리우고 / 꽃처럼 피어나는 피를 / 어두워 가는 하늘 밑에 / 조용히 흘리겠습니다"(「십자가」에서)라고 고백한 정신이 말해 주고 있으며, 모든 시들이 그러한 생애와 연결되어 있다.

> 쫓아오던 햇빛인데
> 지금 교회당 꼭대기
> 십자가에 걸리었습니다.
>
> 첨탑이 저렇게도 높은데
> 어떻게 올라갈 수 있을까요.
>
> 종소리도 들려오지 않는데
> 휘파람이나 불며 서성거리다가,
>
> 괴로웠던 사나이,
> 행복한 예수 그리스도에게
> 처럼
> 십자가가 허락된다면
>
> 모가지를 드리우고
> 꽃처럼 피어나는 피를
> 어두워 가는 하늘 밑에
> 조용히 흘리겠습니다.
>
> ―「십자가」의 전문

이 시는 새로운 길을 가기 위해 순교자적인 희생을 각오하겠다는 신념에 대한 뜨거운 고백이다. 어두워 가는 하늘 밑에서 밝은 하늘을 찾기 위해 예수 그리스도의 십자가를 짊어지고, 가장 뜨거운 피를 흘리겠다는 비장한 각오를 고백한 것이다.

> 파란 녹이 낀 구리 거울 속에
> 내 얼굴이 남아 있는 것은
> 어느 왕조의 유물이기에
> 이다지도 욕될까.
>
> 나는 나의 참회의 글을 한 줄에 줄이자.
> ─ 만 이십사 년 일 개월을
>   무슨 기쁨을 바라 살아왔던가
>
> 내일이나 모레나 그 어느 즐거운 날에
> 나는 또 한 줄의 참회록을 써야 한다.
> ─ 그때 그 젊은 나이에
>   왜 그런 부끄런 고백을 했던가
>
> 밤이면 밤마다 나의 거울을
> 손바닥으로 발바닥으로 닦아 보자.
>
> 그러면 어느 운석 밑으로 홀로 걸어가는
> 슬픈 사람의 뒷모양이
> 거울 속에 나타나온다.
>
> ─「참회록」의 전문

「십자가」에서 순교자적인 생애를 각오했다면, 「참회록」에서는 그러한 생에 대한 참회를 통해 더욱 굳은 각오를 다지고 있다. 그것은 기독교 신앙이 지향하는 핵심적인 세계이다. 그 당시 일제의 신사참배 강요에 순교를 당한 기독교인들을 상기시켜 준다. 참회를 통한 순교의지는 예수 그리스도의 십자가에 대한 사명에서 비롯되기 때문이다.

이러한 윤동주의 시는 끊임없이 괴로워질 수밖에 없는 어두웠던 시대 속에서 쓰여졌다. 십자가에 못 박는 것처럼 스스로가 희생하는 정신으로 점철되어 있다. 그것은 기독교의 부활정신에 연유하고 있어 더욱 굳은 의지로 나타날 수밖에 없다.

순결과 지순(至順)한 '신앙의 삶'의 길
– 황금찬의 시

기도하는 마음의 자세

황금찬(黃錦燦)은 1918년 강원도 속초에서 태어나 2017년 4월 8일 100세를 4개월 앞두고 별세했다. 1953년 《문예》지에 「경주를 지나며」가 제1회 추천된 뒤 폐간되자, 1956년 《현대문학》지에 「접동새」, 「여운」 등으로 추천받아 문단에 등단했다. 그러나 그 이전인 1942년 《신세기(新世紀)》와 1947년까지 《새사람》과 《기독교가정》에 시와 시조를 발표했다. 1957년에는 강릉에서 시동인지 《청포도》를 발행하며 활동했다. 이러한 그의 시작활동은 1945년 8월 15일 해방 전후로 볼 수 있으며, 1950년대에 들어서면서부터 본격적으로 활동했다.

그는 별세하기 전까지 《현장》(1965년)을 비롯한 《5월의 나무》, 《분수와 나비》, 《오후의 한강》, 《산새》, 《고향의 소나무》 등 39권의 시집과 《너의 창에 불이 꺼지고》, 《행복과 불행 사이》, 《목련꽃 한 잎을 너에게》 등 25권의 산문집을 남겼다. 그의 시 중에서 가난에 허덕이던 시절의 슬픔을 형상화한 「보리고개」를 비롯한 「산새」, 「심상(心想)」, 「촛불」, 「꽃씨」, 「별과 고기」, 「기도」 등은 대표작품으로 꼽을 수 있다. 그중에서 「촛불」과 「기도」는 대표적인 기독교시이다. 이러한 그의 시는 순결하고 지순(至順)한 이미지로 자연과 사랑, 현실적인 삶과 신앙의 삶을 형상화했다. 《문예》와 《현대문학》지에 추천받았을 무렵의 초기작품은 시조적인 발상으로 향토색이 짙었으나, 1960년대에 들어와서는 현실성이 강한 작품으로 일관했다. 그의 대부분 시들은 기독교 사상과 신앙적인 체험 속에서 기도적인 진실을 바탕에 둔 신앙의 삶을 형상화했다. 기도의 마음을 지닌 시작 태도를 지니고, 기독교의 희생적인 사랑을 평범한 시어와 시적인 구조로 형상화했다. 난해한 표현보다는 일상적인 순수서정으로 일관된 시세계를 지닌 것도 특징 중의 하나이다.

황금찬은 '신앙시집'이란 명제로 두 권의 시집을 펴냈다. 첫 번째 신앙시집은 박목월의 《크고 부드러운 손》(1979년. 영산출판사 펴냄)이 출간된 2년 이후인 1981년 《기도의 마음자리》(성서교재간행사 펴냄)이다. 박목월은 71편, 황금찬은 79편의 시를 국판 크기에 수록했으며, 방대한 신앙시집으로 평가됐다. 그 당시에는 이러한 신앙시집이 출판되지 않았기 때문이다. 그리고 종로서적 출판부에서 '믿음의 시선' 시리즈로 1988년 《영혼은 잠들지 않고》란 신앙시집이다. 이 시집에는 66편이 수록되어 있다. 이 두 신앙시집의 시들은 기도하는 마음으로 일상적인 삶 속에서의 하나님의 섭리를 형상화했다.

황금찬은 기독교시에 대해 신앙시집인 《기도의 마음자리》와 《영혼은 잠들지 않고》의 「머리말」에서 구체적으로 서술했다. 《영혼은 잠들지 않고》의 머리말에서 "신앙의 시는 기도의 마음이라고 생각한다. 남들이 다 잠든 때 홀로 깨어 드리는 기도처럼 그렇게 쓰는 것이다. 나라를 근심하고 세계를 위하고 가족과 이웃을 위하고 또 나를 돌아보는 마음자리 기도는 여기에서 시작되고, 시는 그 기도 다음에 오는 것이다"라고 설명했다. 또한 "신앙시는 신앙 즉 하나님을 시의 주제로 해야 된다. 성경 구약에서 가장 위대한 시는 역시 창세기가 되는 것이다. 이 창세기를 쓴 시인은 우주를 시로써 창조했다. 그리고 아담과 하와를 창조했다. 오늘의 신앙시도 새로운 인간형과 고식적인 신관을 탈피하고 새로운 하나님관을 창조해 내야 한다는 것이다"라고 덧붙였다.

《기도의 마음자리》의 「머리말」에서도 "시인이 도달해야 할 세계는 역시 신앙의 세계가 아닌가 한다. 그 신앙의 세계에 도달해서 비로소 인생을 말할 수 있게 되기 때문이다"라고 신앙적인 시작의 태도를 밝혔다. 무엇보다도 기독교시는 '기도의 마음'을 지녀야 하고, '하나님을 주제'로 해야 하며, '새로운 하나님관을 창조'해야 한다는 것이다.

그리고 일반적인 시와 기독교시에 대한 차이점도 다음과 같이 설명했다.

> 일반적인 시는 세 가지의 공리성을 주고 있지만, 신앙시의 경우는 일반적인 시에 비해 한 가지가 더 많은 네 가지의 공리성을 주고 있다. 여기에서 바라건대 일반적인 시와 신앙적인 시에 차이점이 있게 되는 것이다. 즉, 일반적인 시의 세 가지 공리성이란, 제1이 언어의 순화요, 제2가 정서의 정화요, 제3이 생활이 예지이다. 그런데 여기에 비하여 신앙적 시에는 한 가지의 공리성이 더 있게 된다. 신앙시의 네 가지 공리성이란, 제1이 언어의 순화요, 제2가 정서의 정화이며, 제3이 신앙의 전파이고, 제4가 생활의 예지이다. 여기에서 신앙의 전파가 일반적인 시와 신앙적인 시의 차이점이다. 신앙시에 있어서 신앙의 전파가 없으면 일반적인 시와 신앙시의 구별이 없게 되는 것이다. 또 신앙의 전파라는 말을 다른 말로 바꾸게 되면 신을 주제로 한다는 말이 될 수도 있는 것이다.
>
> ─ 시집 《영혼은 잠들지 않고》의 「머리말」에서

황금찬은 기독교시에서 '신앙의 전파'가 없으면 일반적인 시와 다를 바 없다고 역설했다. '신앙의 전파'란 '신을 주제로 한다'는 것이다. 그는 일반시와 기독교시를 구별하여 창작해 왔음을 보여 준다. 이러한 것은 그의 행적을 보면 알 수 있다. 그는 '기독교문학'이나 '기독교시'의 발전에 주도적인 역할을 감당했다. 1968년 한국기독교문인협회 창립에 앞장섰으며, 동협회 제9대와 10대, 11대의 3대에 걸쳐 회장직을 맡기도 했다. 또한 강남대학교 신학과 내에 '기독교문학' 전공 주임교수로 후학을 양성하고, 기독교문학에 관련된 일에는 주도적인 역할을 감당해 왔다.

진실한 마음의 시작(詩作)

"진실의 한마디의 그 말, 그것은 시인의 전생애를 두고 하고 싶은 말이요, 해야 할 말이며, 하지 않고는 못 견디는 그 말이다. 신 앞에 꿇어앉아 기도를 드리는 자세로 말을 고르고 성성을 다하여 시를 쓰고 있다. 시인은 기도의 자세로 시를 쓰고 있다. 그 자세가 인간이 행동하는 행동 중에서 가장 성스러운 행동이라고 생각한다"(《신앙세계》 통권 120호, 황금찬의 「시에 대하여」에서).

황금찬은 진실된 한마디의 말은 시인의 전 생애를 두고 해야 할 말임을 고백하고, 시인은 기도하는 자세여야 한다고 주장한다. 거짓이 없는 진실된 마음을 전달해야 하기 때문이다. 시도 기도의 자세처럼 진실되고 순수한 마음을 지니고 창작해야만 시의 가치성을 획득할 수 있다는 의미이다. 그래서 "기도를 드리는 자세"는 인간의 행동 중에서 가장 성스러운 행동임을 스스로가 체험한 가운데 고백한 것이다.

진실된 기도란 한 가지 소망이 간절함에 달할 때, 그 간절함이 이루어지기를 바라는 마음에서 기도의 자세가 이룩되는 것이다. 바로 기도는 진실 속에서 이루어진다. 그러므로 시에서 진실을 배제해 버린다면, 시는 거짓으로 타락해 버릴 것이다. 황금찬은 스스로 반문한다. "시에서 진실을 빼고 나면 과연 무엇이 남겠는가. 아무것도 남는 것이 없을 것이다. 그렇기 때문에 진실은 시에서 미학이 되는 것이요, 다시 진실은 선이 되기도 하는 것이다"(《신앙세계》 통권 120호)라고 시의 진실성을 강조했다.

  기도는 진실한 마음을 담아야만 한다. 거짓된 기도는 하나님이 받아주지 않는다. 진실된 기도의 마음을 담은 시가 「기도」이다. 황금찬의 딸 애리(愛里)는 이화여대 4학년에 재학중이다가 난치병인 유아성 당뇨병으로 숨졌다. 24세의 나이로 이 세상에서 영원히 눈을 감는 순간, 복받쳐 오는 슬픔을 억누르며 이어가는 기도를 그대로 옮겨 놓은 것이 「기도」란 제목의 시이다.

  하느님!
  지금 한 어린 영혼이
  당신이 계시는 나라로
  떠나갔습니다.
  제 딸 애리(愛里)의 영혼입니다.

  오랜 병으로
  무척 쇠약합니다.
  그 먼 길을 갈 수 있을는지
  걱정됩니다.

  남들은 사치로

죄를 짓건만
그는 장난삼아도
죄를 짓지 않았습니다.

친구들은 그를
땅에 있는 천사라고들
불렀답니다.

지금 가면
이곳에서는
다시 만날 수 없는
영원한 이별.

하느님!
당신 나라에서 만날 수 있는
그 섭리 속에
두어 주십시오.
어진 사람의 영혼을
사랑하시는 하나님.
어린 영혼을 더욱 사랑하여 주십시오

— 「기도」의 전문

    사랑하는 딸의 죽음 앞에서 하늘의 문을 두드리는 아버지의 간절한 기도이다. 제1연은 어린 애리가 하나님이 계시는 나라로 떠나갔다고 하나님께 전한다. 제2연은 오랜 병으로 쇠약한 애리가 그 먼 길을 갈 수 있을는지 걱정하는 아버지의 마음을 담았다. '그 먼 길'이란 하나님이 계시는 나라이다. 제3연과 4연은 딸의 삶을 집약해 표현했다. 남들은 사치로 죄를 짓건만 장난삼아도 죄를 짓지 않았다거나, 친구들은 '땅에 있는 천사'라고 불렀다는 것은 신앙적인 삶을 한마디로 표현하고, 그의 삶은 '땅에 있는 천사'로 객관화시켰다. 그것은 아버지의 주관적인 관점이 아니라 친구들을 통해 객관화시킨 것이다. 제5연은 딸의 죽음에 대한 현실이다. 하나님의 나라를 가면 이 땅에서는 다시 만날 수 없는 영원한 이별이기 때문이다. 제6연은 하나님의 나라에서 만날 수 있는 섭리 속에 두고, 어린 애리를 더욱 사랑해 달라는 간절한 기원이다.

　하나님의 나라로 떠난 딸에 대한 애정은 「너의 창에 불이 꺼지고」란 시에서도 절절하게 나타난다.

　　너의 창에 불이 꺼지고
　　밤하늘의 별빛만
　　네 눈빛처럼 박혀 있구나.

　　새벽녘
　　너의 창 앞을 지날라치면
　　언제나 애처럽게 들리던
　　너의 앓음소리
　　그 소리도 이젠 들리지 않는다.

　　그 어느 땐가
　　네가 건강한 날을
　　향유하였을 때

그 창 앞에는
마리아 칼라스가 부르는
나비부인 중의 어떤 개인 날이
조용히 들리기도 했었다.

네가 그 창 앞에서
마지막 숨을 걷어 갈 때
한 개의 유성이
긴 꼬리를 끌고
창 저쪽으로 흘러갔다.

다 잠든 밤
내 홀로 네 창 앞에 서서
네 이름을 불러 본다.
애리야! 애리야! 애리야! 하고
부르는 소리만 들려올 뿐
대답이 없구나.

네가 죽은 것이 아니다.
진정 너의 창이 잠들었구나.

네 창 앞에서
이런 생각을 해보나
모두 부질없구나.

―「너의 창에 불이 꺼지고」의 전문

이 시에서 '창에 불이 켜진다'는 것은 생명, 즉 '살아 있다'는 것이고, '창에 불이 꺼졌다'는 것은 '죽음'을 연상시킨다. 불이 꺼진 창 앞에서는 애처롭게 들리던 앓는 소리나 마리아 칼라스가 부르는 「나비부인」 중의 '어떤 개인 날'에 대한 노래도 들리지 않는다. 창 앞에서 "애리야!" 하고 부르지만 대답이 없는 현실을 죽음으로 인식하지 않고, "진정 너의 창이 잠들었구나"로 위안을 삼는다. 그러나 마지막 연에서 "모두 부질없구나" 하고 딸의 죽음을 깨닫는다. 이 시의 전체적인 맥락은 딸을 떠나보낸 아버지의 마음을 애절하게 표현한 것이다. 그 당시의 황금찬은 딸의 죽음에 대한 시뿐만 아니라 산문을 《여성동아》와 《엘레강스》 등에 발표했다. 이 산문들을 모아 지인사(知人社)에서 《너의 창에 불이 꺼지고》(1978년)를 펴냈다. 슬프고 아름다운 부정(父情)의 시와 산문이 수록되어 있으며, 발간과 동시에 영화화(映畫化)되어 화제가 되었다. 이 산문집을 신봉승이 각색하고 감독인 변장호가 영화를 만들어 1978년 11월에 서울극장에서 상영되었다.

순수한 사랑의 희생정신

　황금찬의 「촛불」은 아름다운 희생정신을 형상화했다. 순수한 사랑의 실천이 희생으로 나타나고 있음을 보여 준 시이다. 촛불은 어둠을 밝히기 위해 존재한다. 어둠을 밝히기 위해 몸을 태우는 촛불의 희생으로, 누구나가 밝음을 누릴 수 있기 때문이다. 이러한 촛불의 희생은 순수한 사랑의 실천으로 볼 수 있다.
　촛불의 희생을 통해 예수 그리스도의 희생정신을 떠올릴 수 있다. 예수 그리스도는 온 인류를 구원하기 위해 십자가에 못 박히고 죽음을 선택했기 때문이다. 촛불의 희생과 예수 그리스도의 희생은 자신의 몸을 드렸다는 데에 일치하고 있다. 그것은 완전한 희생이며, 희생제사의 제물이 되었다. 촛불도 희생제사의 제물로 해석할 수 있다.

희생제사와 제물은 여러 목적으로 자기 몸이나 제물 등 귀중한 것을 바치는 것을 말한다. 주로 성경에서는 하나님과의 교제나 속죄를 위해 드리던 제물을 가리킨다(출애굽기 3장 18절, 23장 18절, 레위기 7장 12절, 예레미야 17장 26절). 희생이라는 말은 제물이나 생축 등으로도 번역되었으며 주로 양, 소, 염소, 비둘기 등의 동물이 드려졌다. 희생은 초기 제단시대의 제물, 성막시대 제단에서의 제사, 성전시대 제단에서의 제사, 회당의 여호와 예배 등으로 변천하는 예배 속에서 하나님과 이스라엘 민족 간의 신앙을 유지시키는 중요한 역할을 해왔다. 특히 유월절, 무교절, 칠칠절, 초막절, 대속죄일 등의 중요한 적기에 희생이 드려졌으며, 가장 완전한 희생은 자신의 몸을 드렸던 예수 그리스도이다.

> 촛불!
> 심지에 불을 붙이면
> 그때부터 종말을 향해
> 출발하는 것이다.
>
> 어두움을 밀어내는
> 그 연약한 저항
> 누구의 정신을 배운
> 조용한 희생일까.
>
> 존재할 때

이미 마련되어 있는
시간의 국한을
모르고 있어
운명이다.

한정된 시간을
불태워 가도
슬퍼하지 않고
순간을 꽃으로 향유하며
춤추는 촛불—.

―「촛불」의 전문

　이 시는 촛불, 그 자체를 생명체로 인식하고 기독교 정신의 시각에서 형상화했다. 촛불의 생명은 어둠을 환하게 밝히는 데 있다. 즉 촛불의 생명, 산다는 것은 생명의 연소이며, 그 연소가 순수하고 온전한 것일수록 아름다운 희생임을 보여 주고 있다. 그것은 기독교 사상에서 비롯된 형상화의 결과이다. 특히 촛불의 존재, 그 생명의 가치성을 통해 사랑의 실천을 일깨워 주고 있다. 제1연은 촛불의 존재, 제2연은 촛불의 임무, 제3연은 촛불의 운명, 제4연은 촛불의 정신을 형상화했다.
　제1연은 촛불의 '시작'과 '종말'을 노래하고 있다. "심지에 불을 붙이면"은 촛불의 탄생이며 출발이다. 그것은 "그때부터 종말을 향해 / 출발하는 것이다"라고 생명성을 인식시켜 주고 있다. 즉 촛불의 생명은 심지에 불을 붙이면 시작되고, 그 생명은 종말인 죽음을 향해 출발한다는 평범한 진리를 일깨워 준다.
　제2연은 촛불의 임무, 즉 책임과 역할을 노래하고 있다. 촛불은 어둠 속에서 밝음을 준다는 사실이다. 그것은 촛불의 희생에서 연유한다. "어두움을 밀어내는 / 그 연약한 저항"은 "누구의 정신을 배운 / 조용한 희생일까"라고 물음을 던짐으로써, 예수 그리스도의 조용한 희생정신을 배운 촛불의 희생을 극대화시켰다. 이 시에서 '누구'로 지칭된 것은 예수 그리스도이다. 촛불의 희생은 조용한 희생이며, 그 조용한 희생은 대가 없는 희생이며, 예수 그리스도의 희생의 사랑과 일치시키고 있다고 볼 수 있다.

제3연은 촛불의 운명을 노래하고 있다. 촛불은 초 한 자루의 한정된 생애를 지니고 있다. 그것은 "이미 마련되어 있는 / 시간의 국한"인 것이다. 이러한 촛불의 생애를 모르고 있어 "운명이다"라고 단정한다. 촛불의 운명, 즉 "존재할 때 / 이미 마련되어 있는 / 시간의 국한을 / 모르고 있어"라고 일깨워 준다. 그것은 인간의 운명을 암시하고 있다.

제4연은 촛불의 정신을 노래하고 있다. 그 정신은 희생이다. 촛불의 운명인 "한정된 시간"을 지니고 있다. 어둠 속에서 밝음을 주기 위해 "불태워 가도 / 슬퍼하지 않고"라고 희생정신을 형상화했다. "순간을 꽃으로 향유하며 / 춤추는 촛불-"은 촛불의 아름다운 삶을 그리고 있다. 이 촛불의 '한정된 시간'인 '순간'을 아름다운 꽃으로 향유하는 삶이다. 그 삶은 아름다운 생애를 보여 주고 있다.

이 시는 촛불의 희생을 통해 예수 그리스도의 희생을 떠올리고, 순수한 사랑의 실천을 보여 주고 있다. 이 시에서 촛불은 성경적으로 희생의 제물이다. 온 인류를 구원하기 위해 예수 그리스도의 몸을 드렸던 것처럼, 촛불의 희생으로 우리에게 밝음을 줄 수 있기 때문이다.

「그의 음성」은 신앙적인 삶을 통해 체험한 사실을 승화시킨다. '그'란 하나님을 지칭하고, 하나님의 음성을 통해 '어두운 삶'이 아니라 '밝은 삶'의 길로 인도되어 가는 과정을 보여 준다.

촛불을 켜면
그 촛불 한 자루만 한
크기의 어두움은
조용히 밀려가고
그 어두움이 물러간 자리엔
광명이 찬다

그의 음성이 내 마음에 오면
내 마음의 어두움을
밝혀 주는 것은 촛불이 아니다
그것은 조용한 음성이다

어두움이 물러간 자리에
광명이 오듯
그렇게 마음이 밝아지는 것이다

어두운 세상에
내 마음 밝혀 주는 것은
오직 그의 음성뿐이다

그의 음성으로
마음에 촛불을 켜고
하늘을 향하여
눈을 뜬다

―「그의 음성」의 전문

이 시에서 '촛불'과 '하나님의 음성'을 대비시켜 깊은 공감대를 형성해 준다. 하나님의 음성은 빛이다. 빛은 어둠을 소멸시키는 승자의 위치에 있다. 촛불을 켜면 어둠이 사라지는 것처럼, 하나님의 음성이 내 마음에 오면 내 마음의 어둠을 밝혀 주기 때문이다. "어두운 세상에 / 내 마음 밝혀 주는 것은 / 오직 그의 음성뿐이다"라고 신앙적인 삶을 고백한다.

자아의 응시와 순결한 이미지

「보리고개」는 어렸을 적에 들었던 실제의 이야기를 자신의 체험으로 시화(詩化)하는 데 성공한 대표시이다. 가난 속에서 한숨과 눈물로 얼룩진 우리 겨레의 슬픈 사연이 그려져 있으며, 비극적인 상황에서 터뜨리는 것은 울음일 수밖에 없음을 보여 준다. 진정한 울음은 순수한 마음의 표현이다. 순결하고 지순한 마음의 발로인 것이다.

보리고개 밑에서
아이가 울고 있다.
아이가 흘리는 눈물 속에
할머니가 울고 있는 것이 보인다.
할아버지가 울고 있다.
아버지의 눈물, 외할머니의 흐느낌,
어머니가 울고 있다.
내가 울고 있다.
소년은 죽은 동생의 마지막
눈물을 생각한다.

에베레스트는 아세아의 산이다.
몽브랑은 유럽,
와스카라는 아메리카의 것,
아프리카엔 킬리만자로가 있다.

이 산들은 거리가 멀다.
우리는 누구도 뼈를 묻지 않았다.
그런데 코리아의 보리고개는 높다.
한없이 높아서 많은 사람이 울며 갔다.
— 굶으며 넘었다.
얼마나한 사람은 죽어서 못 넘었다.
코리아의 보리고개,
안 넘을 수 없는 운명의 해발 구천 미터.
소년은 풀밭에 누웠다.
하늘은 한 알의 보리알,
지금 내 앞에 아무것도 보이는 것이 없다.

―「보리고개」의 전문

'보리고개'는 이 나라 이 겨레의 슬픔과 가난의 상징이다. 햇보리가 나올 때까지의 넘기 힘든 고개라는 뜻으로, 묵은 곡식은 거의 떨어지고 보리는 아직 여물지 않아서 농촌의 식량 사정이 가장 어려운 때를 비유적으로 표현했다. 이 시기에는 초근목피(草根木皮)인 풀뿌리와 나무껍질 등으로 끼니를 잇고, 결식이나 빚 등으로 연명할 수밖에 없었다. 수많은 유랑민이 생기게 되고 굶어죽는 사람들이 많았다. 이 보릿고개를 참고 보내면 보리를 수확해 먹을 수 있었으나 그 시기를 넘기지 못했기 때문이다.

제1연에서 보리를 수확하기 전인 보릿고개 밑에서의 삶을 리얼하게 묘사했다. 보릿고개 밑에서 배가 고파 아이가 울고 있고, 그 아이의 울음을 달래주지 못하는 할머니와 할아버지가 울고 있다. 그리고 아버지의 눈물, 외할머니의 흐느낌, 어머니와 내가 울고, 먹을 것이 없어 굶어죽은 동생의 눈물을 생각한다. 가난했던 시절의 비극적인 상황을 그림 그리듯이 펼쳐 보여 준다. 제2연은 그 시절의 우리나라 보릿고개는 아시아의 에베레스트나 유럽의 몽블랑, 아메리카의 와스카란, 아프리카의 킬리만자로보다 높다고 역설적으로 표현했다. 보릿고개는 한없이 높아서 많은 사람이 울며 넘었고, 얼마나한 사람들은 넘다가 죽어서 못 넘었다. 그래도 안 넘을 수 없는 운명의 보릿고개이다. 그 보릿고개는 해발 구천 미터로, 세계의 가장 높은 산보다 넘기 어려운 것으로 상징하기 위한 높이를 표현한 것이다. 마지막 연은 먹을 것이 없어 "하늘은 한 알의 보리알"로 보일 수밖에 없었던 가난한 시절의 비극적인 상황을 표현했다. 현실 감각이 비극적인 역사의식과 결부되어 절박감정으로 승화된 시이다.

　1950년대 초기의 작품인 이 시가 아직까지도 우리에게 무한한 감동의 공감을 주고 이해의 폭을 넓혀 주고 있는 것은, 황금찬이 순수한 마음의 진실성에서 시작(詩作)에 임하고 있음을 입증해 준다. 이것이 문단에 등단 당시나 별세할 때까지의 시작에서 어김없이 작용되었던 것은 그가 지닌 천성이라고 말할 수도 있지만, 그를 진실성 위에 성장시킨 것은 기독교 신앙이라고 해도 과언이 아니다. 그래서 앞에서 지적했듯이 진실된 말은 전 생애를 두고 해야 할 말임을 고백했고, 그것은 기도의 자세라고 주장한 것이다.

　그러기 때문에 그의 언어의 비늘들이 생기(生氣)가 넘치고 우리 모두에게 시름일 수 있다. 또한 그의 시에 나타난 기쁨과 슬픔은 우리의 기쁨과 슬픔일 수밖에 없다. 또한 그의 구체적인 언어 속에서 언어의 현실적인 생명을 느낄 수 있고, 그때마다 시간을 초월한 감정을 실감할 수 있는 것이 그런 까닭 때문이다.

황금찬의 시가 늘 새로운 생명성을 지닐 수 있는 것은, 진실성 위에서 인간의 꿈에 대한 가능성을 보여 주기 때문이다. 또한 인간을 이해할 수 있는 초시간적 현실의 영역 밖에 두고 있기 때문에, 오히려 더 깊고 광대하며 명쾌할 수밖에 없다. 이러한 것은 진실한 기도의 자세에서 모두의 기도로 객관화하는 작업에 연유한 것이다.

그의 시들은 그의 생활을 기록할 수 있을 만큼 명료해지며, 그의 인생 체험이 어떤 것인가를 개관하여 직감할 수도 있다. 그것은 일상의 저변에서 날마다 일어나는 가지가지의 상황들을 애정 있는 연민으로 다루고 있기 때문이다. 언제나 그의 시에서 느껴지는 것은 자기 연민의 성격이 채색되어 소외된 인간의 눈앞에 무의미하게 지나가는 장면들을 우수와 고독의 독백으로 고백하고 있다.

    기울어지는 시각
    싸늘한 거리에 비가 내린다.

    운명처럼 마련된 내 생존의 길 앞에
    모든 문들은 잠기어 있다.

    이제는 어쩔 수 없는
    이 절박한 지대에서
    나는 몸부림을 치며 문을 두드린다.

    그러나 문은 열리지 않고

가슴에 박히는 수없는 상처
이것은 너무 심한 장난 같다.

사람은 평생을 두고
열리지 않는 문 앞에서
문을 두드리다 가는 것인가 보다.

흘린 피는 '갈꽃'으로 피고
핀 '갈꽃' 바람에 울다 그나마 지고 나면
조용히 남는 보랏빛 허공.

천 대(千代)를 두고 다시 만 년을
이 문 앞에서 비를 맞으며
울다 간 사람들—.

나도 여기 서서 울고 있다.

— 「문」의 전문

  이 시처럼 현실의 괴로움과 슬픔 때문에 "나는 몸부림을 치며 문을 두드린다"는 그의 순수한 몸부림에서, 어쩔 수 없는 우수와 고독을 느낄 수밖에 없다. 시를 빚는 모체가 오늘의 현실이기 때문에 오늘을 사는 모두의 실상으로 나타난 것이다.
  이러한 황금찬의 시의 흐름은 초기의 서정적인 경향에서 지적인 작용이 가미되기 시작하면서, 한편에는 자아의 응시와 다른 한편에는 현실의 풍자로 발전되었다. 그 밑바닥에는 진실성이 그대로 깔려 기도하는 자세의 모습을 엿볼 수 있다. 자아의 응시와 현실의 풍자는 엄연한 인간의 자유 문제이며, 생활 주변에서 생리화되어 가는 얄팍한 위선에 대해 부드러운 풍자이다. 이것은 황금찬 스스로가 주장하듯이 "시에서 기독교를 내세우지 말고 기독교 사상이 담겨야 한다"는 것처럼, 그의 언어의 대부분은 비기독교적인 언어를 사용하고 있지만 밑바닥에 흐르고 있는 것은 기독교 사상이다. 기독교에서 말하는 천사가 그의 시에는 '소녀'와 '나비'로 변모되어 형상화되기도 했다. 소녀와 나비는 꽃보다 강렬한 소재로 등장하여 한없이 순결하고 지순하여 아름다운 이미지로 추구하는 대상으로 삼았다. 《현대시학》에 연재한 「나비제(祭)」가 이러한 작품의 본보기이다.

예수 그리스도를 향한 삶의 길
– 임인수의 시

임인수 문학의 행적

임인수(林仁洙)는 1919년 경기도 김포군 월근리에서 출생하여 1967년 7월 31일에 세상을 떠났다. 임인수의 문학적인 생애는 1944년 조선신학교 졸업과 동시에 출발한다. 이해《아이생활》지에 동시「봄바람」이 추천되어 문단에 등단한 이후 1967년 마흔아홉 고개를 넘기기까지 동시와 동화《어디만큼 왔냐》(1948년),《봄이 오는 날》(1949년)과 시집《땅에 쓴 글씨》(1955년), 박화목과 함께 펴낸《주(主)의 곁에서》(1961년), 동화집《눈이 큰 아이》(1960년),《임인수 아동문학독본》(1962년) 등을 펴냈다.

이러한 임인수 초기의 문학적 생애에 대해 유경환은《한국현대동시론》(1979년, 배영사 펴냄)에서 다음과 같이 서술했다.

> 임인수를 말할 때 빼놓을 수 없는 첫째는 그의 암흑기의 아동문학 지하운동이다. 등사체로 필기한 회람지《동원(童園)》을 제2집부터 만들어 그때 황해도 장연(長淵)에 있던 이윤선과 더불어, 우송시켜 가며 일제말기의 우리말, 우리글의 말살정책에 대항한 것이 그것이요, 그 둘째는 끝내 19년의 역사를 스스로 거둔,《아이생활》지와의 인연이다. 13세 때 김포 한 구석 산골에 살던 그에게 선친이 크리스마스 선물로 사다 준 잡지

《아이생활》지로 인해서 이 잡지의 애독자가 되었고, 그 뒤엔 윤석중 씨의 《아이생활》 동요고선(童謠考選)을 통해 데뷔하였으며, 우리말 탄압정책에 의해 종간(終刊)된 이 잡지의 편집동인이 되기까지 하였던 것이다. 그러니까 임인수 씨는 《아이생활》지와 함께한 10여 년을 같이 자라고 늙은 일제 말기의 한 증인이었다.

유경환이 서술한 것처럼 임인수의 본격적인 문학활동은 《아이생활》지로 등단한 이후이다. 또한 그는 일제 말기의 증인으로서의 문학적 생애를 남겼다. 일제의 암흑기에 등사체로 회람지 《동원》을 만들었고, 우리말과 우리글의 말살정책에 대항했기 때문이다.

이재철(李在撤)은 《한국현대아동문학사》(1978년. 일지사 펴냄)에서 임인수의 아동문학에 대해 다음과 같이 서술했다.

> 그의 아동문학관(兒童文學觀)은 그의 사상(思想)과 함께 그의 아동상(兒童像)을 결정짓는 요건(要件)이었다. 곧 그의 작품에 등장하는 아동은 기독교적 세계관(世界觀)이나 종교적인 역사관(歷史觀) 등에서 조금도 배치(背馳)될 수가 없었던 것이며, 따라서 작품 속에 내재(內在)하는 아동은 실재(實在)하는 수많은 아동 가운데의 어느 일부분에 치우치기가 일쑤였다.
> 그러므로 그의 작품(作品)에서 그려진 아동의 생활은 독자적(獨自的)인 것이기보다 성인(成人)의 생활과 종합된 형태로 등장하는 것이 예사이다. 이것은 아동들에게 공동생활을 의식(意識)시키려는 노력에서 오는 결과라고도 할 수 있지만, 성인(成人)은 이러한 아동을 받아들이기 위하여 미리 애정(愛情)을 준비하고 있는 꼴이 되는 것이다. 그리고 그러한 상태는 임인수(林仁洙) 자신이 설정한 '일정(一定)한 울타리', 곧 기독교(基督敎)라는 매개체(媒介體) 속에서만 가능한 것이다.

이 글에서 밝히고 있듯이 임인수의 아동문학은 그가 지닌 기독교 사상에 의해 아동상을 설정하고 창작했다. 기독교적인 세계관과 역사관에서 벗어날 수 없는 아동상을 추구했다. 특히 등장하는 아동은 독자적인 생활이 아니라 성인의 생과 종합된 형태로 구성했다. 그것은 그가 설정한 일정한 울타리인 기독교라는 매개체 속에서만 전개됐다.

임인수는 초기에 시보다는 아동문학에 주력했다. 동심의 세계를 통해 티없이 자랄 수 있는 터전의 세계를 제시했다. 작품 경향의 기저(基底)를 이루고 있는 것은 기독교 사상이다. 그는 「아동문학 야화」에서 "문학이나 예술이 순수하면 할수록 그 보상을 바라지 않고 행동하게 된다"고 밝혔다. 다시 말해서 임인수의 문학적인 행위는 보상을 바라지 않는 순수 예술을 추구했으며, 그것은 기독교 사상에 의한 것이다.

임인수가 쓴 동화들은 생활을 바탕으로 한 따스하고 조용한 분위기의 생활동화였다. 의식적으로 동화가 픽션의 재미를 끌어들이는 것을 거부하였고, 동화의 한 요건이기도 한 판타지를 노입하러 하지 않았다. 아동의 심상(心像)을 통하여 관찰한 현실의 부조리를 예수 그리스도가 땅에 글씨를 쓰듯 조용한 목소리로 고발했다. 동시(童詩)도 마찬가지였다. 작품세계엔 한결같이 봄에 깃든 고요한 마음씨가 담겨 있다. 이러한 것은 시(詩)에까지 이어진 임인수 문학의 소산이었다.

임인수는 6·25 한국전쟁 이전까지 동화와 동시만 창작했다. 6·25 한국전쟁 이후 시작 활동도 겸하게 된다. 그것은 6·25 한국전쟁 이전까지 성장한 문학적인 정신이 동화와 동시에 표현하여 담기란 너무 벅찼으며, 성장된 문학적인 정신의 그릇은 동화와 동시에 맞지 않았음을 보여 준 것이다. 그 결과로 나타난 것이 시집 《땅에 쓴 글씨》이다.

조선신학교 졸업 이후 기독교 정신이 본격적으로 짙은 색깔을 내보인 것은 바로 시였다. 그것은 문학적인 정신성장과 함께 아이들에서 어른

들의 세계로 폭을 넓혔다고 볼 수 있다. 아동문학에서 고집스럽게 추구한 기독교 사상이 시에서도 그대로 나타나 있다. 그래서 전편의 시 속에 깃들여 있는 문학사상은 기독교 정신의 믿음과 소망, 사랑이었으며, 자기 소멸의 경지에서 생존의 의미를 찾으려는 의도가 엿보인다.

임인수는 시에서 예수 그리스도를 생명의 주인으로 승화시켰다. 예수 그리스도의 발자취는 선망의 대상으로 나타난다. 시집 《땅에 쓴 글씨》에서 예수 그리스도의 행적을 따라 그 행적을 선명하게 그리면서, 이 현실의 고통을 안으로 다스려 절규하듯이 표현했다. 《땅에 쓴 글씨》에서부터 나타나기 시작한 이 시적 행적은 시집 《주의 곁에서》에서 선명하게 나타난다. 예수 그리스도를 통해 현실의 상황을 극복하고, 예수 그리스도를 바라보는 삶 속에서 하나님 곁으로 가까이 갈 수 있다는 믿음과 소망, 사랑의 절정을 보여 준다. 그래서 《땅에 쓴 글씨》의 간결한 시의 구성이나 정갈한 시어(詩語)들이 《주의 곁에서》에서 산문적인 형태로 나타난 것은, 시의 주제에 대한 과욕과 열정으로 보아야 할 것이다.

끝없는 사랑의 추적

임인수는 1955년에 시집 《땅에 쓴 글씨》(새사람사 펴냄)를 발간했다. 이 시집에는 37편의 시가 수록되고, 그 당시의 원로작가인 전영택(田榮澤) 목사의 발문(跋文)이 게재되어 있다. 이 시집의 시편들이나 후기 시의 저변에 흐르는 시의 세계가 이 시집의 표제와 밀접한 관계를 지닌다. 그래서 「땅에 쓴 글씨」란 표제를 이해한다는 것은, 임인수의 시편들을 이해하는 데에 지름길의 역할을 해 줄 만큼 매우 중요한 의미가 부여된다.

예수 그리스도는 땅에 글씨를 쓴 적이 꼭 한 번 있다. 이에 대한 기록은 요한복음 8장 1절에서 11절까지에 기록되어 있다. 간음한 여자와 율법학자, 바리새파 사람들 앞에서 예수 그리스도는 땅바닥에 무엇을 썼는가. 왜? 악당들이 그냥 되돌아갈 수밖에 없었던 것은, 과연 예수 그리스도가 누구였기 때문일까? 이러한 의문을 어떤 반증으로 나타내지 않고 임인수는 그의 시에서 그대로 받아들이고 있다. 그것은 예수 그리스도가 쓴 글씨에 대한 끊임없는 추리에서 비롯된다. 그 초연한 행동의 예수 그리스도의 형상, 그 자체를 바로 보려는 노력만이 임인수의 시를 가장 가까이에서 이해하는 방법 중의 지름길임에 틀림없다.

"그들이 묻기를 마지 아니하는지라 이에 일어나 이르시되 너희 중에 죄 없는 자가 먼저 돌로 치라 하시고 다시 몸을 굽혀 손가락으로 땅에 쓰시니"(요한복음 8장 7절~8절)란 구절은, 교묘하게 꾸민 그들의 계획과 올가미에 치명적인 타격을 주었다. 그의 대답은 개인적인 논법을 쓴 탁월한 예이다. 즉 그는 그 여자를 어떻게 할 것인가에 대한 문제를 다루기보다는 그의 적대자들을 공격했다. 그것은 그의 대답 중 중심이 되는 말인 '죄 없는 자'란 말이다.

이러한 예수 그리스도의 대답이 제기한 유일한 문제는 죄인이 남녀 인간을 다루는 하나님의 대행자로 행동할 수 있느냐이다. 서기관들과 바리새인들은 하나님의 대행자가 되기엔 부적합했다. 그들의 죄 가운데서 죽을 것이기 때문이다(요한복음 8장 15절부터 24절). 그러고는 그들의 위선적인 오만함에서 자신을 분리시키려고 하듯, 다시 몸을 굽혀 계속해서 땅바닥에 무엇인가 쓰셨다. 이 예수 그리스도의 광경을 보고 서기관들과 바리새인들은 자신의 죄과가 지적되어 있음을 알고 예수 그리스도 앞에서 떠났다.

"일어나사 여자 외에 아무도 없는 것을 보시고 이르시되 여자여 너를 고발하던 그들이 어디 있느냐 너를 정죄한 자가 없느냐 대답하되 주여

제1부 49

없나이다 예수께서 이르시되 나도 너를 정죄하지 아니하노니 가서 다시는 죄를 범하지 말라 하시니라"(요한복음 8장 10절~11절)에서 자비가 죄의 허가증이라는 암시는 없다. 정죄하지 않고 다시는 죄를 짓지 말라고 했을 뿐이다.

예수 그리스도의 무한한 사랑으로 인해 불행했던 한 여인의 삶의 문이 이제는 활짝 열렸다. 그의 마지막 말처럼 정죄도 용서도 아니고, 그녀의 이전 생활방식을 버리라는 명령과 함께 새로운 문이 열린 것이다. 불행한 여인의 한 생애가 불행한 생애로 끝날 수밖에 없었지만, 그 상황에서 예수 그리스도가 보여 주는 주체자로서의 무한한 사랑관이다.

바로 임인수의 시적인 이미지는 여기서부터 생성된다. 인간이라면 그럴 수밖에 없었던 사건 앞에서 예수 그리스도가 변화를 가져오게 한 데에 있다. 그 변화가 왜 땅바닥에 글씨를 썼는가에 대한 끝없는 사랑의 추적이다. 그 추적은 인간의 현실에서는 구해 낼 수 없다는 것을 잘 알고 있다. 오직 예수 그리스도만이 알고 있는 그 '땅에 쓴 글씨'에 대한 해석은, 예수 그리스도를 잘 아는 방법만이 알 수 있을 것이라고 단정한 것이다. 그것은 예수 그리스도를 닮으려는 그의 노력의 소산임에 틀림없다.

전영택은 이 시집의 「발문」에서 임인수의 이러한 시작(詩作)에 대해 설명했다.

> 그의 곱고 온유한 마음이 그로 하여금 주님의 모습을, 그 마음을 그려 주기에 가장 합당하게 아니 가장 가깝게 만들었던 것이 아닌가 하고 느껴진다. 그는 곱고 온유하건마는 주님의 마음과 모습을 그리려는 의욕은 굳세고 그 야심은 줄기차기 때문에 벌써 오래전부터 많은 시를 써서 우리를 위하여 고마운 생활을 해 주었다.
> 그의 강한 의욕이 용솟음쳐서 주님의 마음과 또 모습을 사모하는 간절

한 마음이 북받쳐서 주님의 모습을 이모저모, 그의 맑고 순한 마음의 잎사귀에 적어 보고 적어 보고 그려 보고 또 그려 보고 그려 보다 버리고 버렸다가 다시 주워서 모은 것이 아름답고 귀여운「땅에 쓴 글씨」인 줄 나는 믿는다.

그는 혼자 울고 혼자 웃으면서 남이 듣지 못하는 소리를 듣고 남이 보지 못하는 것을 보면서 남이 가지 못한 동산에 들어가서 살아온 지 이미 십유 년(十有年), 이렇게 귀한 선물을 우리에게 갖다주는 것을 무척 고맙게 여긴다.

전영택은 임인수가 예수 그리스도에 대한 사모하는 간절한 마음을 지녔다고 전해 준다. 이에 예수 그리스도의 마음과 모습을 그려 주기에 합당한 시인으로 보았다. "그의 맑고 순한 마음의 잎사귀에 적어 보고 적어 보고 그려 보고 또 그려 보고 그려 보다 버리고 버렸다가 다시 주워서 모은 것"처럼 '적어 보고'나 '그려 보고', '버리고'를 반복적으로 표현함으로써 임인수의 시작(詩作)에 대한 열정을 평가했다. 이러한 것은 그의 곱고 온유한 마음과 강한 의욕, 그리고 예수 그리스도의 마음과 모습을 사모하는 간절한 마음 때문이다. 또한 예수 그리스도의 음성과 그 발자취를 시로 승화시킬 수 있는 의욕을 지니고 있다고 인정했다.

예수 그리스도에 대한 그의 추적은 땅바닥에 쓴 글씨를 추리하는 것과 마찬가지로 어렵다. 임인수는 예수 그리스도의 얼굴을 그려 보기도 하고, 걸어간 발자취를 상상하면서 수없이 그려 보며, 따라가는 길 위에서 만난 예수 그리스도를 시로 형상화했다. 그의 시는 예수 그리스도의「땅에 쓴 글씨」에 대한 사건에서 시적인 이미지가 생성된다. 그것은 시적인 상승작용으로 나타나 일관성 있게 추구되었기 때문이다.

예수 그리스도의 초상화

임인수의 시들은 예수 그리스도의 초상화를 그려 낸다. 그의 생애를 비유와 상징적인 표현으로 그림보다도 선명하게 떠올려 준다. "모습은 말씀이 되고 / 글자가 되고"(「서시」에서)란 구절처럼 예수 그리스도를 '말씀'과 '글자'로 표현한다. '말씀'으로 그려 보고, '글자'로 그려 본다. '말씀'으로 그린 예수 그리스도나 '글자'로 그린 예수 그리스도는 다를 수가 없다. '말씀'과 '글자'는 같은 의미를 지니기 때문이다. '말씀'을 기록한 것이 '글자'이다. 요한복음이나 요한 서신에서는 '말씀'이 예수 그리스도의 한 칭호로 사용되고 있다. 즉 예수 그리스도는 '말씀'이며 창조와 계시에 있어서 하나님의 대행자로서 '하나님의 말씀'으로 선포된다(요한복음 1장 1절~18절, 요한일서 1장 1절~4절, 요한계시록 19장 13절). 예수 그리스도는 궁극적이며 최종적인 하나님의 능력의 말씀이기 때문이다. 이러한 성경적인 입장에서 예수 그리스도는 '말씀'이고 '글자'로 표현한 것이다. 추상적이지만 적절한 비유임에 틀림 없다. 또한 "임은 인정스레 / 웃으시고 // 말씀 중에 넘치신 / 그 눈물 / 그 사랑"(「베다니 서정」에서)이란 구절에서도, 예수 그리스도가 인정스레 웃으시는 모습을 떠올려 주고, 말씀 중에 넘치신 눈물과 사랑의 모습을 보여 준다. "인정스레 / 웃으시고"란 표현은 예수 그리스도가 남을 생각하고 남을 도와주는 따뜻한 마음의 소유자임을 보여 준다. 그리고 "말씀 중에 넘치신 / 그 눈물 / 그 사랑"도 예수 그리스도의 생애를 간결한 구절로 집약해 표현한 것이다. 그리고 "이 사람을 보아라 / 여기 언제부터인가 // 묵묵히 섰는 사람 / 하루해 다 가도록 왼갖 이 굉음 속에/이 사람은 묵묵히 서서 있는가 // …… 중략 …… / 어쩌다 어쩌다 불시 / 무뢰(無賴)한 무리에게 비방과 핍박조차 / 거듭쳐 화살을 맞는……"(「얼굴-수난명상」에서)에서 수난을 당하는 예수 그리스도를 상상해 떠올리도록 한다. "이 사람을 보아라"란 구절처럼 이 사람으로 지칭된 예수 그리스도를 보도록 한다. 비방과 핍박을 당하는 예수 그리스도를 보여 주고 있다. 「소묘」란 시에서도 "괴로운 이여 / 내게로 오라"고 괴로운 이들을 부르는 듯한 음성이 들린다. 이러한 것은 예수 그리스도의 생애를 그대로 그림 그리듯이 그리려는 데에서 비롯된다.

> 조용조용히
> 온 누리에
> 울려 퍼져 나가는
>
> 신(神)의 의사(意思)로 이루어진
> 생명의 개가(凱歌)
>
> 임은 빛이시기로 영원히
> 우주의 정신.
>
> ─「그리스도의 소묘(素描)」 전문

이 시는 예수 그리스도를 상징적이고 비유적인 간결한 이미지로 한 폭의 그림처럼 펼쳐 보여 준다. 예수 그리스도는 "신의 의사로 이루어진 / 생명의 개가"이며 "빛"이기 때문에, "영원히 / 우주의 정신"이란 구절로 집약해 표현했다. 둘째 연에서 하나님의 뜻으로 이루어진 "생명의 개가"는 개선가처럼 터져 나오는 함성이 아니라, 첫 연인 종소리처럼 "조용조용히 / 온 누리에 / 울려 퍼져 나가는" 생명의 소유자인 표현이다. 이 첫 연과 둘째 연은 복음전파의 생명성을 표현해 주지만, 예수 그리스도의 생애를 간결하게 표현했다. 그리고 "임은 빛이시기로 영원히 / 우주의 정신"이란, 예수 그리스도는 영원한 생명을 주시는 '생명의 빛'(요한복음 8장 12절)이기 때문에 우주의 주인이고, 우주를 지배하는 정신인 것이다.

> 임의 얼굴을
> 보는 때부터
>
> 나는 언어(言語)를 잊었노라
>
> 어찌하여 마음은
> 이다지 타오르고
>
> 종소리와 같이
> 울려오는 숨결
>
> 이 영원에의 자세
> 목숨이 가지는
> 오늘의 절정(絶頂).
>
> ―「초상(肖像) 앞에서」의 전문

이 시는 예수 그리스도를 사모해 왔던 마음의 고백이다. 이 시에서 보면 이미 예수 그리스도의 얼굴은 그려져 있다. 그 예수 그리스도의 얼굴을 보면서, 화자인 임인수의 마음을 표현한 것이다. 지금까지 그려 왔던 예수 그리스도의 얼굴을 보는 순간에 할 말을 잊어버렸다는 것은, 동경과 사모한 마음이 간절했기 때문이며, 언어(말)를 잊을 정도로 감격된 마음과 자세를 표현했다. 또한 마음이 타오르는 것도 이러한 맥락에 연유한 것이다. 그리고 종소리처럼 예수 그리스도의 숨결을 은은하게 느끼는 것도, 그의 생애의 고귀한 행적에서 비롯된 것이다. 그리고 "영원에의 자세"란 예수 그리스도의 모습이다.

거리 거리를 침 배앝는 무리들
막대기와 손바닥이 희롱을 하는
원수들의 비웃음

아버지시여
이마에 핏방울 방울이
땀과 같이 흘러 내렸나이다

아, 목말랐어라
골고다로 가는 길
……아버지시여

저희들이 그 행함을
모름이로소이다

……예루살렘의 여인들아
서러워 마라
내 무덤을 열어 사흘 만에
다시 살아날 터이니……

아, 사랑은 죽음보다 강한 것

>   ……아버지여
>   나의 혼을 받으소서
>   이 피와 온 전신을
>
>   —「최후의 독백」에서

　　예수 그리스도가 십자가를 지고 골고다로 가는 길에서의 독백이다. 골고다로 향한 거리에서 무리들이 침을 뱉고, 희롱과 비웃음 속에서 하나님께 드리는 기도이다. 이마에 땀처럼 핏방울이 흘러내리고, 물 한 모금 먹지 못해 목이 마른다. 그것은 예수 그리스도의 모습이다. 그 당시 재판한 무리들이 그 잘못을 모르기 때문에, "저희들이 그 행함을 / 모름이로소이다"라면서, "나의 혼을 받으소서 / 이 피와 온 전신을" 하고 기도한다. 그리고 이러한 광경을 보고 서러워하는 예루살렘 여인들에게 "내 무덤을 열어 사흘 만에 / 다시 살아날 터이니……"라고 중얼거렸을 것이다. 이 독백을 통해 예수 그리스도의 최후의 모습을 선명하게 보여 준다. 골고다 길 위에서의 처절한 모습이다. 처절한 최후의 모습을 그려 준 것이다.

　　이러한 임인수 시의 대상은 하나님이지만, 하나님 앞에서 더욱 거듭남의 생명을 얻기 위해 예수 그리스도를 찾아 나선 것을 보여 준다. 그 방법 중에 비유와 상징적인 언어로 예수 그리스도를 선명하게 그려 낸다. 예수 그리스도는 '말씀'과 '글자'(「서시」에서)가 되고, '인정스레 웃으시고'나 '말씀 중에 넘치신 눈물과 사랑'(「베다니 서정」에서)처럼 표정과 감정까지도 그렸다. 또한 '생명의 개가'나 '빛', 그리고 '영원히 우주의 정신'(「그리스도의 소묘」에서)처럼 은유적인 표현으로 그려 냈다. 그리고 종소리처럼 은은한 '숨결'과 '영원에의 자세'(「초상 앞에서」에서)처럼 숨결과 자세까지도 보여 준다.

하나님과 함께하는 삶

　임인수의 시는 하나님을 향한 자세로 이루어져 있으며, 거듭남의 삶으로 확대된다. 그것은 '땅에 쓴 글씨'를 해독하려는 집념과 자세에서 비롯되기 때문이다. 즉 '땅에 쓴 글씨'가 불행한 여인에게 해방의 자유를 안겨 준 것처럼, 임인수의 시는 하나님과 함께하는 삶을 추구한다.

　　괴로움과 슬픔이
　　다하는 그날
　　나는 백지로
　　돌아가리라

　　이렇게 외로이
　　무심(無心)은 불타올라
　　임의 품에 안기는 버릇

　　모습은 말씀이 되고
　　글자가 되고

　　　☆보이지 않는 손길에
　　　이끌림이어
　　　임은 항상 나를
　　　부르시도다.

　　　　　　— 시집《땅에 쓴 글씨》의 「서시(序詩)」 전문

이「서시」는 《땅에 쓴 글씨》의 첫 장에 편집되어 시집 전체의 시세계를 암시해 준다. 그의 시가 지향하고 있는 사상을 함축시켜 놓았다. 그의 시집 표제인 《땅에 쓴 글씨》에 대한 스스로의 해독으로 볼 수 있다. 기독교 신앙인으로서의 삶의 모습과 지향하는 삶의 지표를 추구했다. 이 시의 '임'은 삶 속에 나타난 감상적인 대상이 아니라 우주와 생명의 창조자이다. 즉 하나님을 '임'으로 지칭한다. 그것은 '임'으로 표현함으로써 하나님과의 관계를 가장 가까운 관계로 설정했다. 특히 '하나님'과 '예수 그리스도'나 '신'이란 어휘는 시어로서는 관념적인 시어이다. 이 어휘를 '임'으로 표현함으로써 우리의 감정이 어색함이 없도록 순수하게 받아들일 수 있는 경지를 개척했다. '임'이란 표현을 통해 형이상학적 존재를 감성적으로 표현하는 데 성공한 시이다.

이 시는 3연과 마지막 연 뒤에 작은 활자인 4행으로 구성되어 있다. 1·2·3연을 감상하기에 앞서 마지막 부분의 4행을 이해해야만, 그 맥락에서 시 전체를 쉽게 이해할 수 있다. 이 4행은 "보이지 않는 손길에 / 이끌림이어 / 임은 항상 나를 / 부르시도다"라고 적고 있다. 전형적인 신앙인의 삶에 대한 고백이며, 지금까지의 삶에 대한 진술이다. 그것은 하나님의 손길에 이끌리어 살아왔고, 그는 나를 부르고 있다고 고백한다. "임은 항상 나를 / 부르시도다"는 언제나 하나님과 함께하고 있는 삶에 대한 고백이다. 이「서시」의 본문 말미에 있는 구절은, 시 전체를 이해하는 데에 출발점의 역할을 감당한다. 그것은 '임'인 하나님과 함께하는 삶의 위치에서 이해해야만 공감대를 형성할 수 있기 때문이다.

제1연은 만나고자 하는 '임', 즉 하나님을 만나기 위한 준비의 '백지' 상태를 표현했다. 이 세상의 삶과 죽음을 "괴로움과 슬픔이 / 다하는 그 날"로 함축하고 있다. 그리고 그날에는 "나는 백지로 / 돌아가리라"라고 고백한다. 그것은 육체적인 죽음은 이 세상에서의 괴로움과 슬픔이 끝나는 것이다. 그리고 새로운 만남과 영원한 삶을 영위하기 위한 관문이다. 새로운 만남을 위해 '백지' 상태, 즉 하나님이 인간을 창조했을 때의 가장 순수하고 깨끗한 모습을 지니겠다는 다짐이다. 육체적인 죽음 이후에 순수한 모습 그 자체로 돌아간다는 의미이다.

제2연은 제1연의 순수한 신앙의 삶을 심화시키고 있다. 즉 신앙적인 삶에 대한 표현이다. "이렇게 외로이 / 무심(無心)은 불타올라"는 현실적 삶에서 벗어나 "나는 백지로 / 돌아가리라"란 다짐의 신앙을 승화시킨 구절이다. 그래서 신앙의 삶을 "임의 품에 안기는 버릇"으로 표현했다. 신앙의 삶은 '임', 즉 하나님과 함께하는 삶이며, 그의 품에 안기는 삶이기 때문이다.

제3연의 "모습은 말씀이 되고 / 글자가 되고"는 요한복음 1장 1절과 14절을 떠올린다. "태초에 말씀이 계시니라 이 말씀이 하나님과 함께 계셨으니 이 말씀은 곧 하나님이시니라"(1절)와 "말씀이 육신이 되어 우리 가운데 거하시매……"(14절)라고 기록되어 있기 때문이다. 하나님의 모습 자체가 '말씀'이 되고, '글자'가 되는 삶을 표현했다. 그것은 신앙의 삶 속에서 하나님과의 일체가 된 경지, 즉 영적인 자각의 상황이다.

이 시는 하나님과 함께하는 삶을 추구했다. 육체의 죽음 이후 '백지' 상태로 돌아가고, 일상적인 삶 속에서 하나님의 품에 안기는 버릇, 그리고 "모습은 말씀이 되고 / 글자가 되고"란 신앙의 깊은 경지에 다다른 것이다. 이 삶은 신앙의 육화(肉化), 즉 신앙의 생활화에서 비롯되었다.

　　피할 수는 없어라
　　나의 청춘의

　　나중인 나중에서

들리어 온 것

높이 뜻은 하늘에서
내리시는가

어린 맘 새와 같이
설레이는 이 가슴

우러러 다만
사리이노니

피할 수는 없어라
나의 청춘의

피로써 물들인
이 잔이어.

—「잔(盞)」의 전문

  이 시는 "피할 수는 없어라"란 구절처럼 하나님 앞에서 절대순종하는 신앙인의 자세를 승화시켰다. '잔'은 '하나님의 말씀'이다. 제3연의 "높이 뜻은 하늘에서 / 내리시는가"에서 '높이 뜻'은 '하나님의 말씀'으로, "피할 수는 없어라"고 운명적인 순종의 신앙을 보여 준다. 하나님의 말씀을 거역할 수 없는 신앙의 삶이다. 제4연의 "어린 맘 새와 같이 / 설레이는 이 가슴"이란 구절에서 보여 주듯이, 하나님이 주시는 말씀은 어린 마음을 지녔기 때문에 하늘을 나는 새처럼 설레이는 가슴일 수밖에 없다. 하나님의 말씀이 담긴 잔이기 때문이다. 특히 마지막 연의 "피로써 물들인 / 이 잔이어"란 구절의 '피'는 성경에서 생명의 근원이다. 구약에서 하나님께 범죄한 자들이 짐승의 피를 제단에 쏟고, 그 제물을 하나님께 드리는 속죄 제사를 통해서만 죄에 대한 용서를 받을 수 있었다. 또한 신약에서는 예수 그리스도께서 십자가를 지고 보혈(寶血)을 흘리며 죽을 수밖에 없었던 이유도 바로 피 흘림이 없으면 사함이 없기 때문이었다. 생명의 근원이 피에 있다는 이 사상이야말로 모든 대속원리의 중심에 있기 때문이다. 그래서 일상적인 잔이 아니라 죄를 용서해 주는 잔이고, 예수 그리스도가 모든 인간을 구원하기 위해 흘린 피로 물들인 잔이다. 구원의 잔이기 때문에 피할 수 없음을 고백한 것이다.

> 불꽃과 같이 활활 타는
> 임의 눈 앞에는
>
> 한 걸음 발길조차 감출 수 없는
> 이 영원에의 시발(始發)
>
> ―「길」에서

이 시는 신앙에 대한 길이다. 그 길은 "이리하여 먼저 나는 / 옷부터 갈아입어야 했다 / 상각(想覺)이나 시비(是非)나 이루움[形成]도 / 다음에 오는 것"이란 구절처럼 현실적인 모든 허허로운 옷을 벗어버리고, 새로운 옷을 갈아입었을 때에 길이 열린다. 언제나 "불꽃과 같이 활활 타는 / 임의 눈 앞에는 // 한 걸음 발길조차 감출 수 없는 / 이 영원에의 시발(始發)"처럼 신앙의 길에 대한 의지이다. 그 길만이 영원한 생명을 영위할 수 있는 길이기 때문에 그 길을 향해 쉼없이 걸어가야 한다는 것을 천명한 것이다.

  임인수의 시는 절대적인 신앙의 순수성을 일관되게 지키고 있다. 묵상하는 모습을 연상시켜 주고, 결단한 신앙의 자세로 예수 그리스도를 사모하는 간절한 마음을 보여 준다. 철저하게 하나님 앞에서 변화됨을 형상화하고, 그 변화는 앞으로 하나님 앞에서 얻는 영원한 생명으로까지 비약된 것이다. 그는 시를 통해 하나님을 떠나서 존재할 수 없음을 보여 준다.

토속적 정서 속에 체험적 신앙을 접목
– 이성교의 시

한국교회 토착화 운동과 기독교시

이성교는 1956년 《현대문학》지에 「윤회(輪廻)」, 「혼사」, 「노을」이 추천 완료되어 문단에 등단한 이후, 첫 시집인 《산음가(山吟歌)》(1965년, 문학사 펴냄)를 비롯한 《겨울바다》, 《보리 필 무렵》, 《눈 온 날 저녁》, 《남행(南行) 길》, 《강원도 바람》, 《동해안(東海岸)》 등 10권의 시집과 시선집 《대관령을 넘으며》, 《동해안 연가》, 《이성교시전집》, 그리고 황금찬(黃錦燦), 유안진(柳岸津)과 함께 3인 신앙시집인 《영혼은 잠들지 않고》(1985년, 영산출판사 펴냄), 《하늘 가는 길》, 《소망의 나무》, 신앙시선집 《내 신앙 저쪽에는》 등을 펴냈다. 그의 시들은 등단 초기부터 지금까지 토속적인 정서를 추구했다. 주로 강원도의 민속적인 소재와 자연을 주요 소재로 하여 향토미(鄕土美)와 토속미(土俗美)를 중시하고, 전통적인 정서를 바탕으로 하여 한국적인 서정주의 경향을 지향했다. 이러한 토속적인 정서 속에 기독교 신앙을 접목한 새로운 기독교시의 지평을 넓혔다. 1960년대부터 본격화된 한국교회의 토착화 운동에서 기독교시가 이성교의 시로 시도되었음을 평가될 수 있기 때문이다.

윤병로(尹柄魯)는 《강원도 바람》이란 시집의 해설에서 "이성교는 김소월(金素月), 박목월(朴木月), 서정주(徐廷柱)의 뒤를 잇는 한국적 리리시즘의 대표적 시인으로 평가받아 왔다. 김소월이 평안도를 노래했고, 박목월이 경상도를, 서정주가 전라도를 각각 노래했다면, 이성교는 강원도를 노래했다는 이야기가 나오게 된 것이다"라고 분석했다. 서정주는 이미 첫 시집 《산음가》의 서문에서 "그의 강원도적인 골격(骨格)과 풍류(風流)와 서정(抒情)을 담은 여러 시편들이 오랜 세월을 두고 우리 민족의 애송(愛誦)을 받을 것을 나는 믿어 의심치 않는다"고 예견하기도 했다. 그의 시는 유년 시절의 체험을 바탕으로 고향인 강원도의 배경과 풍물 등 토속적인 문화를 소재로 형상화했다. 강원도는 일반적으로 산과 바다, 그리고 바람을 떠올릴 수 있고, 상징되어 왔다. 1965년에 발간된 《산음가》가 강원도의 '산'을 소재로 했다면, 1971년도에 발간된 《겨울바다》는 '바다'를 주된 소재로 했다. 1974년에 발간된 《보리 필 무렵》은 강원도의 자연과 삶 속의 토속성을 추구했다. 그리고 1992년에 발간된 제6시집인 《강원도 바람》은 주로 '바람'을 소재로 추구했다. 이 시들은 정감 있는 향토적인 언어와 일상적인 언어로, 우리 민족의 토속적인 정서가 자연스럽게 용해되어 나타났다.

 1979년에 발간된 《눈 온 날 저녁》부터는 토속적인 정서와 향토적인 소재에 기독교 신앙이 접목되어 새로운 기독교시를 개척했다. 특히 그는 《눈 온 날 저녁》의 시집 후기에서 "나는 옛날부터 모든 것을 나 혼자의 힘으로 해결하려고 했다. 그러나 거기에는 한계가 있었다. 나는 이것을 극복하기 위하여 하나님을 영접하게 되었다. 하나님을 영접한 이후에는 문제가 달라졌다. 모든 것이 제대로 술술 풀렸다"면서, "앞으로의 내 시는 풍요해질 것이다"라고 문학적인 신앙을 고백하기도 했다. 종로서적 출판부에서 기획한 '믿음의 시선'인 《하늘 가는 길》(1989년)에는 기독교시 60편이 수록되어 있다. 그는 이 시집의 「머리말」에서 기독교시에 대한 견해를 밝혔다.

과연 기독교시는 무엇인가? 새삼스런 얘기 같지만, 기독교시는 하나님의 마음이 깃들어져 있는 시다. 이런 시라야 시 자체에서 빛이 나고 감동이 생기는 것이다. 하나님의 마음이 깃들어져 있는 시엔 기독교와 시가 일치하는 것이다. ……중략…… 좋은 기독교시는 오랫동안 기도 가운데 쓰여진 시라야 한다. 하나님의 잔잔한 음성 가운데 응답을 받고 쓴 시라야 한다. 그저 마지못해 쓴 시, 성경 속에 나오는 몇 마디 말을 섞어 가지고 얼버무려 쓴 시, 술기가 들어가 혼미한 정신 가운데 쓴 시는 그야말로 가짜다.

이 글에서 기독교시는 하나님의 마음이 깃들어져야만 감동을 줄 수 있다고 서술했다. 성경 속의 생경한 언어를 배제하고, 하나님의 잔잔한 음성 가운데 응답을 받아, 기도 가운데 쓰여진 시가 되어야만 한다. 또한 바른 신앙의 정신으로 시작(詩作)해야 한다고 창작방법도 제시했다. 그리고 이 시집의「머리말」에서 "신앙에도 그 깊이가 있고 질이 따르듯이 앞에 기독교만 무조건 내세웠다고 해서 다 좋은 신앙시는 아닐 것이다"라면서, "원칙적으로 두 가지 점에서 문제가 되어야 한다. 하나는 좋은 신앙으로 쓰여진 작품이냐? 또 다른 하나는 신앙을 바탕으로 했더라도 시다운 시냐? 이런 점을 고려해야 할 것이다"라고 기독교시의 방향을 언급했다.

이성교는 이 두 시집에서 밝히고 있듯이 하나님을 영접한 이후《눈 온 날 저녁》부터 기독교시를 본격적으로 창작해 왔다. 특히 기독교시의 질적인 깊이를 위해 고뇌한 것을 고백한 것처럼, 기존의 기독교시와는 차별화했음을 볼 수 있다. 이러한 그의 시는 토속적인 정서와 향토적인 소재에 체험적인 신앙을 접목해 절제된 언어와 간결한 시작법(詩作法)으로 추구해 왔다. 첫 시집《산음가》부터 지금까지 일관성 있게 추구해 왔던 시세계에 체험적인 신앙을 접목시킨 것이다. 시의 형태나 구조, 이미지의 전개, 그리고 흔히 사용하는 시어나 리듬도 달라진 것이 없다. 그의 시에 자주 등장하는 '까치소리'나 '까치집' 그리고 '명절'은, 우리의 전통문화에 기독교 문화를 접목시킨 성과이다. 또한 '무지개'나 '햇빛', '불빛' 등 일상적으로 친숙한 언어를 통해 성경적인 상징과 비유를 활용한 것도 독보적인 시세계를 개척했다.

이성교는 기독교시의 토착화란 관점에서 보면, 제일 먼저 시도하고 성과를 거둔 시인이다. 1960년부터 본격화됐던 우리나라의 토착화 운동은 복음전달의 실효성과 방법론을 새롭게 제시하는 계기가 되었다. 토착화란 역사적으로 각 나라의 문화적인 배경과 전통이 다르기에 복음을 전달하는 과정에서 복음이 거부를 당하지 않고 수용되도록 그 문화와의 동일화를 모색하는 과정이다. 현대신학의 한 조류로서 세계교회협의회(WCC)에서 구체적으로 제기된 문제이지만, 역사적으로는 기독교 역사를 통해 계속 제시되어 온 문제이다. 1960년대 전경연 교수(한신대)와 유동식 교수(연세대)의 토착화 논쟁에 이장식 교수(한신대)와 박봉랑 교수(한신대) 등이 참여했고, 윤성범 교수(감신대)의 단군신화 논쟁을 거쳐 토착화 신학의 한 형태로 1970년대에 출현한 한국적 신학인 민중신학의 태동이다. 이러한 기독교의 토착화란 관점에서 보면, 기독교문학에서는 이성교가 선구자적인 시인으로 평가될 수 있다. 지금까지 토속적인 문화를 일관성 있게 수용한 기독교시들이 없었기 때문이다. 이러한 그의 시에는 전통적인 문화의 정서 속에 성숙한 신앙인의 생활이 담겨져 있고, 오직 하나님만을 향한 자세로 거듭나는 삶을 추구했다. 또한 신앙의 생활화를 통한 하나님의 섭리에 순응하는 자세와 하나님을 향한 의지가 형상화되었다.

'까치소리'는 '기쁜 소식'인 복음

아침 햇살이
온 누리에
쫙 퍼질 때
까치소리가 요란하다.

반가운 소식이
무더기로 올 모양이지.

몇 굽이를 넘은
깊은 마음속에
또다시 명절이 오고 있다.

조금도 염려하지 말자
구하는 것마다
다 주실 것이다.

밤새 얼었던 마음이
다 녹아지고,
또다시 밝은 빛이 스며든다.

달고 오묘한 말씀이
가슴에 부딪칠 때마다
또다시 밖에서는

까치소리가 들린다.

　　　　　　　　　　　　　　　　　　　―「까치소리」 전문

　이「까치소리」도 이성교가 지금까지 추구한 토속적인 정서와 향토적인 시의 맥락에서 감상해야 한다. 이 시에는 "까치소리"나 "명절" 등이 주는 토속적인 정서가 바탕에 흐르고 있다. "까치소리"가 주는 것은 "반가운 소식"으로 토속적인 정서이다. "명절"도 마찬가지이다. '기쁜 날'이나 '좋은 날'을 "명절"로 표현했다. "까치가 울면 반가운 손님이 온다"는 전래 이야기를 통해 하나님 앞에 간구의 응답에 대한 결과인 명절의 '좋은 날'이나 "달고 오묘한 말씀"으로 나타나고 있다. 까치소리에 기대하던 마음은 하나님의 말씀대로 "조금도 염려하지 말자 / 구하는 것마다 / 다 주실 것이다"라고 실현되는 심상을 엿볼 수 있다. 이 시의 "까치소리"나 "명절"이란 표현은 우리의 전통적인 정서를 담고 있다. 예부터 까치소리가 들리면 '반가운 사람'이나 '반가운 소식'을 가지고 온다고 인식되어 왔고, 명절만큼 즐겁고 좋은 날이 없었기 때문이다.

　이 시에서 "까치소리"는 "반가운 소식"이고, "달고 오묘한 말씀"은 하나님의 '복음'이다. 그것은 "조금도 염려하지 말자 / 구하는 것마다 / 다 주실 것이다"로 구체화되어 있다. 토속적인 정서의 바탕 위에서 "까치소리"를 '복음'으로 환원시켜 주었다. 이러한 것은 이성교의 시적인 기법이며, 시적인 재치로 스스럼없이 공감대를 형성시켜 주고 있다. 이와 같이 이 시를 이해하는 데 어떤 장애물도 없다. 읊는 그대로 이해하면 된다. 우리의 일상적인 생활에 대한 심상을 꾸밈없이 자연스럽게 표현하고 있기 때문이다.

　이 시는 6연으로 구성되어 있다. 제1연은 아침 햇살이 쫙 퍼질 때에 까치소리가 요란하게 들린다. "아침 햇살"과 "까치소리"는 하나의 이미지로 이해할 수 있다. "아침 햇살"이 쫙 퍼질 때에 "까치소리"의 이미지는 극대화되기 때문이다. 이 "아침햇살"과 "'까치소리"는 제2연에서 "반가운 소식"이 "무더기로 올 모양이지"로 연상작용을 한다. 아침 햇살이 쫙 퍼질 때에 까치소리가 요란하고, 반가운 소식이 무더기로 올 것으로 기대한다. 제3연의 "몇 굽이를 넘은 / 깊은 마음속에"는 지난날의 삶을 함축하고 있다. 특히 "몇 굽이를 넘은"의 삶은 역경과 고난의 삶이었으며, 그 삶을 극복하며 지내 왔음을 암시해 준다. 그리고 "명절"은 설날처럼 즐겁고 '좋은 날'을 의미하고 있다. 역경의 삶이었던 마음속에 또다시 좋은 날이 오고 있다고 희망한다. 제4연은 신약성경의 빌립보서 4장 6절인 "아무것도 염려하지 말고 다만 모든 일에 기도와 간구로, 너희 구할 것을 감사함으로 하나님께 아뢰라"를 바탕에 두고 구성했다. 그래서 성경의 가르침대로 조금도 염려하지 말고 하나님께 구하는 것마다 다 주실 것이라고 확언하고 있다. 신앙에 대한 믿음의 확신이다. 그것은 축복의 메시지이다. 제3연의 '좋은 날'이 오고 있기 때문에 염려하지 말고 구하는 것마다 "다 주실 것이다"란 메시지를 들려준다. 하나님의 말씀에 충실한 신앙적인 삶이다.

제5연은 제1연의 "까치소리"와 제2연의 "반가운 소식", 제3연의 "명절"인 좋은 날과 제4연의 하나님의 메시지로, 밤새도록 불안하고 어둡던 마음, 즉 얼었던 마음이 하나님의 복음으로 녹아지고 하나님의 말씀인 복음의 메시지로 거듭나려는 삶을 의미한다. "밤새 얼었던 마음"은 불안하고 어둡던 삶으로 이해할 수 있으며, "밝은 빛"은 '복음'의 의미를 지니고 있기 때문이다. 제6연은 "달고 오묘한 말씀" 즉 하나님의 말씀의 '복음'인 반가운 소식을 접할 때마다 밖에서 까치소리가 들린다. 하나님의 말씀으로 감동을 받을 때마다 까치소리가 들리는 것은 반가운 소식이기 때문이다.

이 시의 전체적인 구성은 '까치소리→반가운 소식→밝은 빛→달고 오묘한 말씀'으로 연결되고, 그것은 '복음'이다. 그리고 "몇 굽이를 넘은"이나 "밤새 얼었던 마음"은 '복음'으로 "밝은 빛"으로 이어진다. 역경과 고난의 삶이었지만 하나님의 복음으로 밝은 삶을 영위하고 있음을 보여 준다.

기다림의 성숙한 신앙

이성교의 기독교시 대부분은 하나님에 대한 기다림의 절정으로 무르익고 있다. 그것은 신앙과 생활이 일치하는 데에서 비롯되고, 하나님과의 성숙한 관계임을 보여 준다. 그래서 그 기다림의 절정은 금방 나타날 듯한 하나님을 예감하게 되고, 그 맞을 마음의 준비까지도 서두르는 모습으로 나타난다. 성숙한 신앙의 삶에서 비롯되는 것이다.

> 멀지 않아 임이
> 구름 타고 오실 테지.
>
> 먼 하늘에서
> 까치소리 들린다.
>
> 우리 모두 다
> 그 임을 맞기 위하여
> 마음을 가다듬어
> 서편 하늘을 바라보자.
>
> ―「날아온 편지」에서

이 시는 "멀지 않아 임이 / 구름 타고 오실 테지"란 예감으로 출발한다. 지금까지의 기다림에 대한 절정을 형상화시켰다. 그것은 성숙한 신앙인의 태도에서 비롯된다. 또한 "먼 하늘에서 / 까치소리 들린다"고 실토하는 심성(心性)은 기다림의 절정이 빚어낸 발로이다. 까치소리는 반가운 소식을 전해 주기 때문에 하늘에서 들리는 까치소리란 하늘의 반가운 소식이다. 그것은 하나님이 오신다는 소식인 것이다. 이에 따라 "우리 모두 다 / 그 임을 맞기 위하여 / 마음을 가다듬어 / 서편 하늘을 바라보자"고 오실 하나님을 맞이하기 위한 자세까지도 보여 준다. 이와 같은 신앙의 태도는 다음의 시에서도 그대로 표현되어 있다.

음력 세밑
가난한 마음속에는
흐린 하늘만 차 있습니다.

흐린 하늘이
꽹과리 속에 돌고 있습니다.

참으로 깊은 산골의 하늘
그 하늘 속에
까치소리 들립니다.

우리가 바라는 귀한 손님이
짚신 신고 오실 모양입니다.
흐린 하늘 속에는
쌀가루가 지천으로 깔려 있습니다.

온 동리 사람들과
같이 떡을 해야지요.
그리하여 명절을
제일 잘 세어야지요.
우리 하나님을 모시고요.

—「흐린 하늘」의 전문

이 시도 「날아온 편지」와 같은 심성의 발로가 바탕이 되어 있다. 까치 소리가 들리고 그 까치소리에 따라 귀한 손님, 즉 임(하나님)이 오실 것 같은 환상의 세계를, 오늘이란 현실에서의 모든 이의 임으로 환원시킨다. 설날을 앞두고 가난한 마음속에는 맑은 하늘이 아니라 흐린 하늘일 수밖에 없다. 이 '흐린 하늘'이란 명절을 맞이할 수 있을 만큼 넉넉한 생활이 될 수 없다는 의미이다. 가난한 생활이기 때문이다. 이 흐린 하늘이 "꽹과리 속에 돌고 있습니다"란 '즐거운 날'이 오고 있음을 희망적으로 암시한다. 그것은 제3연에서 "그 하늘 속에 / 까치소리가 들립니다"라고 '기쁜 소식'이 올 것을 희망적으로 화답한다. 제4연에서 '귀한 손님'이 오실 것으로 전해 준다. 그 귀한 손님은 우리와 친근한 정서인 짚신을 신고 오실 것이다. 그래서 "흐린 하늘 속에는 / 쌀가루가 지천으로 깔려 있습니다"란 축복의 메시지를 전한다. 특히 "온 동리 사람들과 / 같이 떡을 해야지요"는, 「날아온 편지」의 "우리 모두 다 / 그 임을 맞기 위하여 / 마음을 가다듬어 / 서편 하늘을 바라보자"와 다를 것이 없다. 즉 "온 동리 사람들과"나 "우리 모두 다"는 너와 나가 하나로 동참하고 있음을 보여 준다. 그것은 이성교의 시가 개인사적인 의미를 벗어나 우리 모두의 공동체적인 의미를 부여하고 있다는 증거이다.

그의 시에 나타난 하나님은 어느 개인에게만 한정된 하나님이 아니라 우리 모두가 기다리는 하나님이며, 우리 모두의 하나님으로 존재함을 부각시켜 준다.

'까치소리'와 '명절'의 토속적 정서

이성교의 시에 자주 등장하는 '까치소리'나 '까치집', '명절'도 공동체적인 의미를 담고 있다. 또한 "우리가 바라는 귀한 손님이 / 짚신 신고 오실 모양입니다"(「흐린 하늘」에서)처럼 '짚신' 등 토속적인 문화와 정서 속에서 전개시킨다. 운보 김기창이 갓 쓴 예수 그리스도, 혹은 두루마기 입은 예수 그리스도를 한국적인 문화 속에 표현한 것처럼, 하나님은 우리의 문화 속에 우리와 함께 계심을 함축시키고 있다. 바로 이성교의 '까치소리'나 '까치집' 그리고 '명절'은 우리의 문화 속에서 기독교의 상황을 조화시키고, 그 결과는 토착적인 정감으로 시적인 가치성을 부여받고 있다.

① 아침 햇살이
　온 누리에
　쫙 퍼질 때
　까치소리가 요란하다.

　　　　　　　　　　　　　—「까치소리」에서

② 앞산에 떠오른 해도
　유난히 큰 웃음을 발하여
　금빛을 마구 뿌리고

성령의 새 바람을 일으키고 있습니다.
이에 따라 까치도
마구 반가운 손님을 부르고 있습니다.

— 「영혼의 하얀 눈」에서

③ 강(江)물이 불고
까막까치가 울더니
검은 돌마을엔 서기(瑞氣)가 찼다.

— 「검은 돌마을의 봄」에서

④ 그렇기 때문에
까치집엔 늘
불이 켜져 있다.

— 「까치집」에서

⑤ 그 어렵던 날
삶을 같이해 준 까치집에도
큰 경사가 일겠다.

— 「소망의 나무」에서

위 시의 '까치소리'나 '까막까치', '까치집'(방점은 필자)은, 이외에도 「날아온 편지」, 「흐린 하늘」, 「이 가을에」, 「새 눈」 등의 시에도 등장하고 있다. ①, ②, ③의 '까치소리'는 기쁜 소식, ④, ⑤의 '까치집'은 안식처로 표현되고 있지만, 공통적으로는 기쁜 소식을 전해 주는 매개체로 활용된다. 하늘에서의 기쁜 소식을 '까치소리'로 표현함으로써 깊은 공감대를 형성하여 준다. 그것은 우리 모두가 지니고 있는 "까치소리"가 반가운 소식, 즉 기쁜 소식을 전해 준다는 인식된 정감에서 비롯되고, 그의 초기시 당시부터 추구한 한국적인 전통정신을 그대로 보여 주는 데에 연유한다.

특히 이성교가 시에 자주 사용한 '명절'도 신앙의 공동체적인 의미를 추구한다. 명절은 우리 민족이 전통적으로 해마다 일정하게 지켜왔던 설날이나 추석을 말한다. 성경에서는 하나님을 높이며 거룩하게 지켜야 할 절기를 의미한다. 히브리인들에는 3대 명절인 유월절(출애굽기 12장 3절~20절), 칠칠절(출애굽기 34장 22절), 장막절(레위기 23장 34절) 외에 민족 구원의 날인 부림일(에스더 9장 17절~32절)과 성전회복의 날인 수전절(요한복음 10장 22절) 및 월삭(민수기 10장 10절), 안식일(레위기 23장 3절), 희년(레위기 25장 8절~17절) 등의 명절이 있었다. 이 명절은 즐기는 날이며 기쁜 날로 축제의 의미도 내포되어 있다.

① 이제 사람들이
　왁자지껄하는 걸 보니
　분명 큰 명절(名節)이
　다가올 모양지

— 「까치집」에서

② 몇 굽이를 넘은
　깊은 마음속에
　또다시 명절이 오고 있다.

— 「까치소리」에서

③ 확실히 새해엔
　　다가올 명절도
　　오래오래 머물 것만 같다

— 「눈온 날 아침」에서

④ 온 동리 사람들과
　　같이 떡을 해야지요
　　그리하여 명절을
　　제일 잘 세어야지요
　　우리 하나님을 모시고요.

— 「흐린 하늘」에서

　위 시에서 명절(방점은 필자)은 신앙적인 삶의 즐거운 날로 표현했다. 그것은 하나님의 축복이다. 그 축복의 날은 즐거운 날이고 기쁜 날일 수밖에 없다. ①, ③, ④는 공동체적인 의미를 담고 있지만 ②는 신앙적인 삶 속에서의 즐거운 날, 즉 신앙적인 삶이다. ①의 명절은 마지막 연인 "어서 속히 / 큰 행차(行次)를 보았으면"에서 보여 주는 것처럼 재림의 날을 가리키고 있다. 예수 그리스도가 재림하는 날을 '큰 명절'로 표현한 것이다. ②는 복음의 기쁨으로 마음속 깊이 찾아오는 평안과 평화를 담아줄 축복을 의미한다. ③은 눈이 하얗게 내린 날의 아침에 대한 이미지를 통해 다가올 명절의 즐거운 날이 계속될 것 같은 예감을 승화시켰다. ④는 설날에 귀한 손님인 하나님을 모시고 지내겠다는 의지를 노래했다. 온 동리 사람들과 함께 음식을 준비하겠다는 것은 신앙의 공동체적인 삶을 보여 준다, 하나님과 함께하는 삶의 공동체를 의미한다. 그것은 복음화된 마을(동리)을 꿈꾸고 있다고 볼 수 있다.

한편 "까마귀가 까옥까옥 울고 가는 / 무서움도 모르고 // 믿는다고 하면서 / 말씨가 다르다 / 전혀 거르지 않는…… // 운율이 없는 시(詩) /맺히지 않는 시(詩) / 넉두리의 시(詩) / 전혀 예수 향기 없는 시(詩)가 / 언덕 위 풀꽃처럼 널려 있다"(「말세(末世)의 시(詩) - 기독교시들을 대신하여」)고 까마귀 울음소리로 경고(警告)를 내린다. 불길한 징조로 승화시켰다. 무서움도 모르고 믿는다고 말씨가 다른 상식을 벗어난 행태를 비판한 것이다. 예부터 까마귀는 색이 검고 울음소리가 흉하고 흉조(凶鳥)로 불리었기 때문이다.

하나님 중심의 삶을 추구

이성교의 기독교시에는 성숙한 신앙인의 생활이 담겨져 있다. 오직 하나님만을 향한 자세로 거듭나는 삶을 추구한다. 그래서 그의 시는 신앙의 생활화에 대한 표현이며 하나님을 향한 의지로 형상화되어 있다. 특히 "말씀으로 오시는 이 / 눈 부셔라/향기로워라 // 먼 하늘에서 / 긴 물줄기까지 / 그냥 빛이 돋아라"(「말씀으로 오시는 이」에서)란 구절처럼 하나님 말씀에 중심된 삶이다. 바른 신앙생활은 하나님의 말씀에서 비롯되기 때문이다.

이러한 그의 시는 하나님 앞에 가까이 다가가는 기도의 행적이며, 마음의 기쁨을 스스럼없이 표현한 찬송이다. 또한 하나님의 사랑과 은혜로 오늘의 삶을 영위하는 자의 고백이다. 그래서 그의 시의 바탕은 하나님 중심주의로 이루어져 있다.

살에 피가 나도록
길이 빤질빤질 달아 있다.

그 길 뒤에 쏘내기 내리기도 하고
번개가 치기도 하고
어디선가 꽃내음이 풍기기도 한다.

하늘 가는 길
눈에는 길이 뚜렷이
펼쳐져 있다.

비집고 올라가는
산 위에는
무지개 피고
노래소리 들린다.

기왕 바람으로
왔을 바에는
가벼운 몸으로
껑충 뛰어넘을 수는 없을까.

눈 돌린 곳마다
이상한 향기(香氣)가 퍼지고
배에는 생수(生水)가 솟는다.

봄내 앓던 병(病)도
어디로 가고
몸은 구름 위에

떠 있다.

—「하늘 가는 길」의 전문

이 시는 이성교의 신앙을 단적으로 표현해 준다. 또한 지금까지의 신앙에 대한 역정(歷程)이기도 하다. 그리고 이성교 스스로가 서 있는 신앙의 시간성을 말해 준다. 이 시의 전체 구조는 어제와 오늘, 그리고 내일을 향해 이루어져 있다. 오늘의 위치에 오기까지는 숱한 고난의 역경이었음을 고백한다. 그것은 "살에 피가 나도록 / 길이 빤질빤질 달아 있다"란 구절이나, "그 길 뒤에 쏘내기 내리기도 하고 / 번개가 치기도 하고"란 구절을 통해 고난의 세월을 감지할 수 있다. 그 고난의 세월은 궁극적으로 새로운 세계의 도래를 가져다준다. 즉 "어디선가 꽃내음이 풍기기도 한다"란 구절이나, "하늘 가는 길 / 눈에는 길이 뚜렷이 / 펼쳐져 있다", 또한 "무지개 피고 / 노래소리 들린다", 그리고 "눈 돌린 곳마다 / 이상한 향기(香氣)가 퍼지고 / 배에는 생수(生水)가 솟는다"라고 표현하고 있기 때문이다. 이러한 것은 일상의 세속적인 생활을 벗어나 거듭남의 삶을 획득하고 있음을 보여 준다. 그것은 "봄내 앓던 병(病)도 / 어디로 가고 / 몸은 구름 위에 / 떠 있다"고 스스로의 달라진 삶의 위치를 확인시켜 준다. 특히 신앙의 삶은 제4연의 "비집고 올라가는 / 산 위에는"이란 구절처럼 순탄하지 못한 험난한 삶 속에서 획득할 수 있음을 표현했다. 그 험난한 삶을 극복해야만 "무지개 피고 / 노래소리 들린다"는 것처럼 환희의 날을 맞이할 수 있다. 이 「하늘 가는 길」은 이성교 스스로에 대한 신앙의 역정일 뿐만 아니라 온전한 신앙생활로 추구하는 길임에 틀림없다.

간밤 먼 산(山)봉우리에서

천둥이 치더니
결국 당신이 나타났습니다.
당신은 가시 위에 돋힌
진주(眞珠) 이슬이었습니다.

당신과 나와는
어차피 하늘에서 만날
운명(運命)이지요.

눈물 속에 환히 핀 꽃
그 꽃 속에 온갖 비밀(秘密)이
숨겨져 있습니다.
나의 시(詩)도 노래도……

강물 저편에
무지개가 떴습니다.
다시는 벌(罰)하지 않겠다는
약속(約束)이지요.

—「임의 환상(幻像)」의 전문

　이 시는 환상 속에서 만난 임(하나님)과의 관계, 그리고 약속을 형상화했다. 그 임을 가시 위에 돋힌 진주 이슬처럼 가장 아름답게 표현하고 있다. 또한 "당신과 나와는 / 어차피 하늘에서 만날 / 운명이지요"란 구절처럼, 화자와 하나님을 앞으로 서로가 하늘나라에서 만날 운명으로 규정한다. 그것은 하나님이 요구한 삶을 영위하고 있다는 표현이다. 그 임은 눈물 속에서 환히 핀 꽃이며 온갖 비밀이 숨겨져 있다. 이러한 임은 무지개로 다시 벌하지 않겠다는 약속이라고 규정했다. 성경에서 무지개를 하나님의 약속으로 표현했기 때문이다. 무지개를 통하여 다시는 홍수로 땅 위에 거하는 모든 생물을 멸망시키지 않겠다는 것을(창세기 9장 8절~17절) 상기시켜 준다. 특히 첫 연에서의 '천둥'은 하나님이 나타날 것에 대한 신호이다. 천둥이 치는 것처럼 하나님이 나타나신다는 것을 보여 준다. 또 하나님을 가시 위에 돋친 진주 이슬로 미화시켰다. 그것은 평범한 인간이 아니라 하나님이시기 때문이다. 이 시도 「하늘 가는 길」과 같은 성숙한 신앙인의 자세를 감지할 수 있다. 이와 같이 이성교의 시는 하나님을 향한 고백이며, 그 고백은 기도와 찬송으로 이루어져 있다.

'빛'에 대한 탐색과 추구
– 박이도의 시

기독교적인 긍정사고의 시작(詩作)

박이도(朴利道)는 1959년 〈자유신문〉에 「음성(音聲)」, 1962년 〈한국일보〉에 「황제와 나」란 시가 신춘문예에 당선된 이후, 《회상(回想)의 숲》(1969년, 삼애사 펴냄)을 비롯한 《북향(北鄕)》, 《폭설》, 《바람의 손끝이 되어》, 《불꽃놀이》 등 18권의 시집과 시선집 《빛의 형상》, 《순결을 위하여》, 《침묵으로 일어나》, 《반추》, 《지상의 언어》, 그리고 시론집 《한국 현대시와 기독교》 등을 펴냈다. 그의 시세계는 초기의 기독교적인 상상력에 근거한 서정적이며 감성적인 세계로부터 점차 현실과 일상의 세계를 그리는 데로 변모하는 면모를 보인다고 평가되기도 했다. 다섯 번째 시집인 《불꽃놀이》는 박이도 스스로가 지금까지 지향하고 있는 기독교적인 시작(詩作)의 길이 무엇인가를 뚜렷하게 보여 준다. 그는 구원의 빛에 대한 탐색과 추구로 새로운 기독교시의 깊이를 보여 주고, 성숙한 신앙인의 삶에 대한 길을 인도한다. 그래서 구원의 빛을 찾아가는 진지한 시작(詩作)임을 보여 주었기 때문이다.

박이도의 《침묵으로 일어나》(1988년, 종로서적 펴냄)와 《삭개오야 삭개오야》(2008년, 창조문예사 펴냄)는 기독교시만을 모은 시집이다. 여러 시집에 수록되었던 시중에서 기독교 신앙을 주제로 담은 시만을 모았다. 《침묵으로 일어나》에는 40편이 수록되어 있는데 제6시집인 《안개주의보》까지 수록된 시들이다. 《삭개오야 삭개오야》는 《침묵으로 일어나》에 수록된 일부와 그 이후에 펴낸 시집에서 기독교시 80편을 가린 것이다.

   그는 《침묵으로 일어나》의 「머리말」에서 기독교시에 대한 견해를 밝혔다.

> 시를 읽고자 하는 마음가짐은 그 자체로서 중요한 의미를 지닌다. 그 마음가짐을 한 가지로 한정 지을 수는 없으나 언어예술을 통한 자기 정화의 의도가 심리적 바탕에 깔려 있기 때문이다.
> 그 무엇에 대한 기대 심리, 그것은 인간에게 있어서 가장 순수한 동기일 수 있으나 자칫 정도를 넘칠 소지가 많은 것이기도 하다. 신앙시에 대한 인식도 이 같은 차원에서 생각하면 적당하지 않을까.
> 여기 묶은 시편들은 특히 신앙의 테두리 안에서 쓰여진 것들이다. 삶 자체가 바로 훌륭한 체험이요 경험의 요소이니 만큼 살아갈수록 신앙적인 시적 경험에 힘입을 수밖에 없다.
> 신앙시는 평범하고 소박한 소재일수록 좋다. 일상의 삶을 그대로 드러낼 수 있기 때문이다. 그러나 종교적 신앙 의지가 문학적으로 조화되려면 고전주의적 정신이 중요하다고 본다.

   이 「머리말」에서 "언어예술을 통한 자기 정화의 의도가 심리적 바탕에 깔려 있기 때문이다"나, "그 무엇에 대한 기대 심리"는 신앙적인 행위에서 비롯된 것이다. 또한 "삶 자체가 바로 훌륭한 체험이요 경험의 요소이니 만큼 살아갈수록 신앙적인 시적 경험에 힘입을 수밖에 없다"면서, "신앙시는 평범하고 소박한 소재일수록 좋다. 일상의 삶을 그대로 드러낼 수 있기 때문이다"라고 신앙적인 삶을 통한 기독교시에 대한 시작(詩作)

을 고백했다. 그러나 신앙의 삶이 문학적으로 조화되려면 고전주의적인 정신이 중요하다고 덧붙였다.

그리고 시집《삭개오야 삭개오야》의「머리말」에서도 문학적인 행위에 대한 신앙을 고백했다.

> 나의 문학과 신앙의 흔적을 정리하고 되돌아볼 기회가 왔다.
> 한국 문단에 참여한 지 50주년이 되었기 때문이다.
> 내 문학적 행위와 믿음의 이데아는 각각의 세계가 아니요 한 몸이 되어 살아왔다.
> 결국 나는 세상의 삶에서 얻는 희로애락을 절제하고 단순명료하게 살기 위해 시를 썼다. 하나님과의 관계가 멀어질 때, 즉 내적으로 갈등하는 소외감을 풀기 위해 시를 썼다. 결국 내 인생은 이 두 가지 삶의 자세를 지키기 위한 세월이었다는 생각이 든다. "이 절망의 시대에 항상 긍정의 세계관으로 '고귀한 생명의 탄생'을 목도한다"고 지적한 외우(畏友), 고(故) 김 현 교수의 말이 필자에겐 오히려 왜 그렇게 되었을까 하는 반문(反問)의 계기를 준 적이 있었다. 그 이후에도 평자들의 평가는 대체로 기독교적인 긍정사고가 담겨 있다는 것이었다.

문단에 등단한 지 50주년을 맞아 기독교시만을 정리하여 펴낸 시집이다. 그는 일반적인 시와 기독교적인 시는 하나의 세계로 추구해 왔음을 고백한다. "하나님과의 관계가 멀어질 때, 즉 내적으로 갈등하는 소외감을 풀기 위해 시를 썼다"고 고백했기 때문이다. 그래서 그의 시에는 "기독교적인 긍정사고"가 담겨 있다고 평가되어 왔다.

이러한 박이도는 문단에 등단과 함께 기독교시를 창작해 왔다. 첫 시집인《회상의 숲》에도「발견」,「육안(肉眼)」,「노엘」,「전날 밤」,「수난(受難)」,

「이 수난을」 등이 수록되어 있다. 특히 〈한국일보〉 신춘문예 당선작인 「황제(皇帝)와 나」는 구약적인 조사법(措辭法)이나 창세기적인 발상의 일단을 확인할 수 있다고 신규호(申奎浩)는 《침묵으로 일어나》의 해설에서 밝히기도 했다. 그는 1967년 한국기독교문인협회 창립에 적극 참여하기도 했다. 제5시집인 《불꽃놀이》에는 「빛의 갱부(坑夫)」, 「사케오」, 「높은 곳, 먼 곳에」, 「깨어 있을 때」 등 기독교시의 진미를 보여 주었다.

구원의 빛을 찾는 작업

박이도는 '빛의 시인'이다. '빛'이 지닌 기독교적인 상징과 비유로 심도 있게 형상화하고 성과를 거두었기 때문이다. 그의 기독교시 대부분은 구원의 빛을 찾아가는 방황과 구도의 고백이다. 성숙한 신앙인을 비유적으로 갱부(「빛의 갱부(坑夫)」)와 어부(「새벽꿈」)로 표현하고, 빛을 캐는 광부와 빛을 낚아 올리는 어부로서의 작업에 심혈을 기울인다. 바른 신앙을 지니기 위한 작업의 여정이다. 그 여정 속에서 구원의 빛을 찾아가기 위해 오늘의 스스로를 처형시키고, 언제나 말씀으로 깨어 있는 삶을 영위하도록 한다. 영원한 삶을 획득하기 위한 '빛의 작업'이다.

빛은 생명뿐만 아니라 이 세상에 질서를 가져온다. 성경에서는 진리나 구원, 하나님의 현존하심과 의로운 역사, 그 말씀, 예수 그리스도, 계시 등을 비유하여 하는 말이다. 대부분 생명의 원천(전도서 17장 7절)으로 표현된다. 보편적인 의미로는 '구원', 또는 '위험으로부터의 구제'를 가리킨다. 어두움이 죄의 상징이라면 빛은 거룩과 순결의 상징이다(이사야 5장 20절, 로마서 13장 12절, 요한1서 1장 6절~7절, 2장 9절~11절). 요한은 "하나님은 빛이시다"(요한1서 1장 5절)라고 강조했다. 또한 예수는 "세상의 빛"(요한복음 8장

12절)이라고 진술한다. 하나님의 말씀도 빛으로 상징되었다(시편 119편 105절. 이사야 8장 20절).

박이도 시에서의 빛은 영원한 생명의 길로 인도하는 의미를 지닌다. 성경에 나타난 빛에 대한 상징적인 의미를 복합적으로 수용한 것이다. 그 빛 안에서의 진정한 삶을 추구한다.

> 의식(意識)의 전진
> 계속 뚫어 내는 빛에의 광맥
> 더러는 역(逆)의 세계로
> 신선한 공기를 마시기 위해
> 지상에 오른다
> 박제된 노을
> 싸늘하게 누워 있다
> 거리를 잴 수 없는 곳에서
> 처음 그 빛의 숨결이 들려 온다
> 태초의 빛을 찾기 위해
> 나는 혼돈(混沌)에 빠진다
>
> 지상의 어둠
> 무형(無形)의 빛
> 그 변주의 시간 속에
> 나는 역(逆)으로 갱(坑)을 따라 내려간다
> 가장 날카로운 괭이로
> 검은 광맥을 뚫어 낸다
> 새 빛을 찾아

어둠을 살라 먹는
살아 있는 공간(空間)의 지금 시간을 위해
빛의 원형을 캐러 간다
한 발짝씩 어둠을 뚫어 내고
빠져나가는 힘의 축적을 위해
빛의 자장(磁場)에 손을 뻗는다

처음 나의 빛을 찾기 위해
살아 있는 의식(意識)을 찾기 위해
나는 완전한 어둠 속으로
갱부(坑夫)의 눈을 뜬다
천년(千年)이 걸릴까, 내 빛의 작업은

—「빛의 갱부(坑夫)」의 4, 5, 6연

「빛의 갱부」는 신앙의 삶을 비유와 상징으로 구성한 대표적인 시이다. '빛의 원형'이나 '빛의 씨방', '태초의 빛', '무형(無形)의 빛', '빛의 자장' 등이 '빛'에 대한 의미를 확대시켜 주고, 바른 '신앙의 삶'을 영위하는 것은 "빛의 작업"임을 보여 준다. 이 시는 6연으로 되어 있다. 첫 연에서 '그 때의 빛'은 창세기적의 태초의 빛을 연상시켜 주고, '빛'이 상징한 하나님이나 예수 그리스도를 떠올리게 한다. "나의 관념(觀念) 속에서 뛰쳐 나온다"란 구절은 '빛'에 대한 추상적이고 공상적인 관념적 사고의 틀에서 벗어난다는 행위이다. 제2연부터는 이러한 '빛의 원형'을 찾아 광부가 되고, '빛의 씨방'을 캐기 위해 갱도의 지하로 내려간다. 마지막 연까지 '빛의 씨방'을 캐기 위한 광부의 빛에 대한 작업이다.

 이 시에서 가리키고 있는 오늘의 현실, 즉 이 지상은 어둠으로 가리워져 있다. 따라서 빛이 하나님의 본성의 표현인 것처럼, 어둠은 하나님의 구원과 그 요구하는 뜻을 알지 못함을 가리킨다. 그것은 죄와 불법의 영역이며, 더 정확히는 그것들의 본성이다. 하나님 자신이 뜻하시는 바를 명백히 드러내는 빛은 자체의 우월한 힘으로 어둠의 진정한 본성을 들추어내며, 그렇게 함으로써 어둠에 판결을 내리고 그것의 지배로부터 구원될 수 있다는 것을 시사한다.

지상의 어둠 속에서 "새 빛을 찾아"서 "빛의 자장에 손을 뻗는" 것은 갱부의 작업이다. 그 빛을 향한 작업은 "천년이 걸릴까"라고 묻는다. 그것은 진지한 빛의 작업이다. 이러한 빛을 찾는 작업은 영원한 생명을 추구하는 삶을 의미하고, 신앙의 삶에 대한 존재의 가치를 부여해 주는 길임을 암시해 준다.

> 새벽꿈에
> 바닷가 어부가 되다
> 빛의 언어(言語)로 그물 치는
> 싱싱한 언어(言語)를 건져 내는 어부
>
> 바다에선
> 빛이 쌓이는 것을 볼 수 있다.
> 금화(金貨)처럼 흩어지며 의미(意味)를 낳고
> 정갈한 이미지를 보여 주는
> 미지(未知)의 언어(言語)를 낚는
> 새벽꿈
>
> ―「새벽꿈」에서

이 시는 "빛의 언어"를 낚는 어부의 작업이다. 성숙한 신앙인의 모습이다. 이 시에서의 '빛'은 앞에서 서술한 것처럼 '하나님'으로 떠올릴 수 있다. 그리고 "빛의 언어"는 '하나님의 말씀'으로 이해해야 할 것이다. "빛의 언어(言語)로 그물 치는"이란 구절은 하나님의 말씀으로 무장한 삶이다. 빛의 언어로 그물을 치고 "싱싱한 언어"와 "미지(未知)의 언어"를 낚는 것은 성숙한 신앙인의 삶을 보여 준다. 신앙의 삶은 하나님을 바라보며 하나님의 말씀을 묵상하는 삶 속에서 "싱싱한 언어"나 "미지(未知)의 언어", 즉 하나님의 말씀을 깊이 깨달을 수 있기 때문이다.

다른 시에서도 '빛'에 대한 표현이 자주 등장한다. 「천사의 꿈을」에서는 "붉은 해 환한 빛의 날을 / 감동으로 맞이할 수밖에 없어", 「세례 이후」에서는 "마지막 현상 앞에 정지한 빛이 / 위대한 신앙의 표적으로 박제(剝製)되는 모습을……", 「기도송·2」에서는 "힘의 말씀이 빛으로 솟는 / 새 시간을 체험합니다. 아멘", 「그는 누구인가」에서는 "이 깊고 넓은 어둠의 땅에 / 한 줄기 빛으로 오십니까", 「맨발의 사자(使者)여」는 "저기 어둠 속으로 오신 / 빛의 사자여", 그리고 「높은 곳, 먼 곳을」, 「깨어 있을 때」, 「빛과 그늘 2, 3, 4」, 「전날 밤」, 「주여 강림하소서」, 「예수 탄생하심」 등의 시에서도 '빛'이 지닌 기독교적인 상징과 비유를 적절하게 구사했다. 이 '빛'은 '불'과 '불씨', '금빛', '해' 등으로 변형되어 시적인 깊이를 더해 준다.

이러한 빛의 작업은 성숙한 신앙인의 삶에서 비롯된다. 구원의 길을 향한 여정에서 감당해야 할 사명이다. 신앙인 누구나가 '빛'을 캐는 광부이고 '빛'을 낚는 어부의 삶을 지니고 있기 때문이다.

말씀으로 깨어 있는 삶의 길

　박이도의 '빛'에 대한 탐색과 추구는 임인수와 전혀 다르다. 임인수가 정적이라면 박이도는 동적이다. 임인수의《땅에 쓴 글씨》의 경우에는 '빛'을 예수 그리스도와 동일시해 그 모습을 초상화로 그리듯이 그렸다면, 박이도는 '빛'을 탐색하고 추적해 갔기 때문이다. 그래서 박이도의 시에서 추구하는 신앙은 수동적이 아니라 능동적인 삶에서 비롯된다. 어떤 타의의 힘에 의한 것이 아니고 스스로가 해결하려는 노력의 결과이다. 그의 시에 나타난 신앙은 견고하고 흔들림이 없다. 스스로가 지향하고 있는 궁극적인 목적에 도달하기 위해 길 위에서 번민하고 방황할 뿐이다. 그것은 또 다른 지름길을 마련하기 위한 수단이며, 깊은 번민을 통해 바른 신앙의 길을 터득하도록 일깨워 준다. 「빛의 갱부」에서도 엿볼 수 있는 것처럼 적극적인 활력을 내뿜는다. 그것은 그때의 빛을 찾기 위해 관념 속에서 뛰쳐나오고, 태초의 빛을 찾기 위해 혼돈에 빠진다. 또한 가장 날카로운 괭이로 검은 광맥을 뚫어 내고, 빛의 자양에 손을 뻗는 작업을 계속 진행한다. 그 작업은 숙명적인 자세로 받아들인 데에서 적극성을 동반하고, 빛을 찾을 수 있다는 확신을 지니는 데에서 시작된다. 그래서 이 「빛의 갱부」에게는 어떤 장애물도 허락되지 않는다. 타협이나 실패도 용납할 수 없음을 깨닫는다. 끊임없는 작업만이 '빛'을 찾을 수 있다는 것을 믿고 있기 때문이다.

　　말씀에 깨어 있을 때
　　하늘이 보인다
　　어둠 속 선형(線形)으로 내리는
　　빛들의 형상

시간이 거리(距離) 위에 놓인다

　　하늘이 다가온다
　　밝음으로 깨어나는
　　의식의 숨결
　　차라리 침묵으로 일어나
　　나는 뛰어간다
　　가까이 다가오는 빛들의 형상
　　내가 지금 살아남을
　　소리내어 메아리쳐 본다

　　새로이 탄생하는 생명의 소리
　　천사의 옷은 눈부시어
　　보이지 않고
　　나의 찬미는
　　아름다워
　　들리지 않네
　　아— 이 짧고도 긴 순간

—「깨어 있을 때」의 전문

 이 시에서도 하나님의 말씀으로 깨어 있을 때만이 빛들의 형상을 볼 수 있음을 보여 준다. 성경에는 '깨어 있으라'와 '깨다'의 자동사가 많이 사용된다. 마태복음 26장 38절 "너희는 여기 머물러 나와 함께 깨어 있으라"든지, 41절에도 "시험에 들지 않게 깨어 있어 기도하라"고 한다. 또한 고린도전서 16장 13절에도 "깨어 믿음에 굳게 서서 남자답게 강건하라"고 타일러 주의시킨다. '깨어 있다'란 그 자체는 '살아 있다'는 생명성을 부여하고, 삶의 정지가 아니라 존재의 가치성을 부여해 준다.

  이 시의 핵심은 '깨다'라는 자동사로 인해 그 의미를 부여받는다. 깨어 있을 때만이 하늘을 볼 수 있고 어둠 속으로 내리는 빛들의 형상도 볼 수 있기 때문이다. 또한 하늘이 가까이 다가오고 밝음으로 깨어나는 의식의 숨결도 감지할 수 있으며 살아남을 수 있다고 깨닫는다. 그것은 새로이 탄생하는 생명의 소리이다. 천사의 옷은 눈이 부시어 보이지 않고, 찬미는 아름다워 들리지 않는 황홀함에 도취된다. 그 "새로이 탄생하는 생명의 소리"는 "짧고도 긴 순간"으로 간직한다. 이러한 것은 일상생활 속에서 평범하게 지나쳐 버릴 수 있는 신앙행위이지만, 그 신앙행위로 인해 새롭게 태어나는 생명의 소리를 들을 수 있다. 그 터득은 깨어 있을 때만이 부여받을 수 있고 가능할 수 있음을 가르쳐 준다.

    밤으로 들어가는 터널,
    그림자마저 떨쳐 버리고
    오직 홀로 남아서 눈을 뜬다
    밤이 깊어 갈수록
    잠 깨어 있었네
    보석처럼 빛나는 별을 바라보며
    눈물, 눈물 흘려야지

    밤과 낮의 어느 시간에도
    죽음의 그림자는 있는 법
    영혼이 살기 위하여
    나는 죽어야 함을

어둠 속에서만 들려 오는
이 침묵의 말씀
폭풍으로 쏟아지는 빛의 환영(幻影)을
온몸에 받으며
불꽃처럼, 보석처럼
스스로 타 버려야 하네

깃발이 나부끼듯
하늘 높이 날아간
비둘기 떼의 나래짓으로
이 순간을 뛰어넘어야 하듯
높은 곳, 먼 곳에
나의 형상을 붙들어야 하네.

― 「높은 곳, 먼 곳에」의 전문

빛은 언제나 어둠 속에서만 빛의 무게를 저울질할 수 있고, 그 자체의 위력을 과시할 수 있다. 어둠 속에 합류되는 생활이 아니라 어둠 속에서도 깨어나 높은 곳과 먼 곳을 향해 찾아 나서는 자세를 엿볼 수 있는 시이다.

첫 연에서 밤의 어둠 속에 묻히지 않고 그림자마저 제쳐 버리며 홀로 남아 눈을 뜨고 있다. 보석처럼 빛나는 별을 바라보며 눈물을 흘리는 것은 빛에 대한 열망을 암시한다. 제2연은 밤에만 죽음의 그림자가 있는 것이 아니라 환한 대낮에도 죽음의 그림자인 어둠은 도사린다. 그 죽음의 그림자로 하여금 영혼이 살기 위해서 영혼의 껍질인 육체가 죽어야 한다는 것을 시사한다. 제3연에서도 하나님의 말씀은 어둠 속에서만 들려온다. 그것은 어둠 속에서만 하나님의 말씀인 빛을 확인할 수 있다. 제2연에서는 영혼의 껍질이 죽어야 하지만, 제3연 3행부터는 말씀, 즉 빛으로 타 버려야 한다. 그것은 깃발이 나부끼고, 하늘 높이 날아간 비둘기떼의 나래짓으로 스스로가 타 버리는 순간을 찾아야 된다는 의지를 담고 있다. 마지막 연에서도 빛의 세계, 그 높은 곳과 먼 곳에 화자인 스스로의 형상을 붙들어야 한다고 신앙적인 삶의 깊이를 보여 준다.

'거듭남'의 삶을 추구

요한복음 3장 3절에는 "사람이 거듭나지 아니하면 하나님의 나라를 볼 수 없느니라"고 거듭남의 삶을 강조한다. '거듭나다'는 것은 '위로부터 태어나다'란 뜻이다. '거듭남' 즉 죄 때문에 죽을 수밖에 없는 생명이 다시 새 생명을 약속받는 전 인격적이고 근본적인 변화, 곧 '중생(重生)'을 말한다. 이는 전적으로 위에 계신 하나님의 주권적인 역사로만 가능함을 보여 준다. 그래서 성경은 '거듭난 자'를 '하나님께로부터 난 자'(요한복음 1장 13절, 요한1서 3장 9절), '하나님의 자녀'(요한복음 1장 12절), '새로 지으심을 받은 자'(갈라디아서 6장 15절), '새로운 피조물'(고린도후서 5장 17절)이라고 한다. 거듭남은 예수 그리스도를 믿음으로 가능하고(요한복음 14장 6절), 영적인 성장의 출발점(에베소서 4장 24절)이 되는 동시에 종말에 있을 완전한 구원과 연결된다(베드로전서 1장 3절~12절). 특히 "사람이 거듭나지 아니하면"이란 "위로부터"(요한복음 3장 31절)라는 의미를 지닌다. 만일 사람이 영원하고 참된 의미의 생명을 가지려 하려면 그것은 위로부터 와야 한다. 위로부터 새롭게 태어나는 것이다. 생물학적 생명은 부모를 통해 자손에게로 이어지지만 하나님의 생명은 하나님만이 주실 수 있다는 데에서, 그것은 위로부터 오는 것이다.

시 「일상(日常)」은 이러한 거듭남의 생활을 통해 하나님 나라에 참여할 수 있음을 시사한다. 즉 새롭게 태어나는 삶을 영위하고 있음을 암시해 준다.

> 요사이 나는
> 매일 죽는다
> 밤마다 하루를 일기(日記)로 진술하고
> 그날의 '나'를 완전히 처형해 버린다
> 어둠 속으로 강물 위에 띄워 보내고
>
> 다시는 생각나지 않게
> 알약 하나씩 먹는다
>
> 새날에, 새사람으로
> 탄생하기 위하여
> 아침 식탁에 앉는다
> 어린아이들과 함께
> 먼저 식기도를 한다
>
> ―「일상」의 전문

이 시는 새날에 새사람으로 탄생하기 위해 매일 죽고 스스로를 처형해 버리는 결단의 생활이다. 오늘을 보낸 밤마다 회개하는 삶 속에서 새롭게 태어난다. 그것은 거듭남의 생활을 통해 새사람으로 탄생할 수 있기 때문이다.

제1연은 요즘 매일 죽는 '나'를 발견한다. 밤마다 하루의 생활을 일기(日記) 속에 진술하고 그날의 스스로를 처형해 버린다. 그 죽은 스스로를 강물 위에 띄워 어둠 속으로 영원히 보내 버린다. 신앙인의 회개하는 삶이다. 제2연은 그날의 '나'를 처형해 버린 것에 대해 어떤 미련도 없이 잊어버리겠다는 결의를 보여 준다. "알약"은 하나님의 말씀으로 이해해야 할 것이다. 제3연은 아침 식탁에서 어린아이들과 함께 새사람으로 태어나기 위해 기도를 올린다. 그것은 "새날에, 새사람으로" 새로운 출발을 의미한다. 이러한 이 시는 그날의 '나'를 '처형'시키고, 새 날에 '새사람'으로 탄생하기 위해 기도를 한다. 즉 '나 → 처형 → 기도 → 새사람'이 된다.

> 잠깐 떠오르다
> 다시 사라지는 것
> 나의 형체는 없어지고
> 나는 둥둥 떠오른다
> 구름 한 점
> 떠 있는 저것이
> 나의 형체일까
>
> 모두가 손뼉을 치는 축제(祝祭)
> 탈을 벗고
> 자연수(自然水)를 마시며
> 몸무게를 잃는다 유쾌하다
> 아무에게도 나는
> 보이지 않는 사람

차라리 파랑새가 되었으면······
가까이
그대 가까이 떠 있으리
나는 살아 있으리

—「그대 가까이」의 전문

  이 시도 형체가 없어지는 데에서 새로운 나의 형체를 만난다. "나의 형체는 없어지고 / 나는 둥둥 떠오른다 / 구름 한 점 / 떠 있는 저것이 / 나의 형체일까"란 구절처럼 신앙의 삶은 새롭게 변화되고, 새롭게 태어난다는 것을 보여 준다. 신앙인의 거듭남을 위한 신앙의 행위이다. 하나님 곁에 가까이 갈 수 있기 때문이다. 시 「일상」에서 "처형"으로 표현한 것을 이 시에서는 "없어지고"로 대치한다. 그것은 똑같은 의미를 동반한다. 지금의 나의 형체가 없어지고 하나님 곁에 가까이 있는 형체로 환원된다. 그것은 지금의 '나'가 없어지는 데에서 새로운 '나'로 태어난다는 의미이다.

창조의 섭리를 형상화

밤사이
하나님은 쉬지 않고
나의 형상(形象)을 새로이 지으신다

이른 아침 뜰에 나서면
풀섶에 숨은 이슬

햇살이 꿰어 매듯
사랑을 엮어 주네
밤사이 진 감꽃들이
하얗게 웃음 짓는다
못다 한 결백(潔白)의 생명(生命)으로
내 형상(形象)을 짓는다

아, 밤사이
내가 무엇을 꿈꾸었나
어둠에 빠져 허우적거리며
먼 데만을 향해
손짓을 하였구나

이 아침의 밝음을 두고
이슬의 총명(總明)과
감꽃의 결백(潔白)을 두고
나의 참 형상(形象)을 두고.

―「나의 형상」의 전문

 창세기 1장 1절에 "태초에 하나님이 천지를 창조하시니라"고 기록되어 있다. 이 말은 천지가 저절로 생겨난 것이 아니라 하나님께서 창조하신 것을 의미한다. 성경에서 창조는 아주 중요한 위치를 차지하고 있다. 그것은 이 세상의 모든 피조물이 그들의 창조주이신 하나님께 전적으로 의존되어 있기 때문이다. 특히 창조의 방법은 '말씀에 의한 무에서의 창조'이다. 이러한 하나님의 창조는 만드신 것을 과거의 것으로 사라져 버리게 하는 것이 아니다. 현재도 보존되고 유지되며 미래에 완성된다는 특징을 지니고 있다.

　이「나의 형상」은 일상의 삶 속에서 하나님의 창조섭리를 형상화했다. 신앙의 삶 속에서 하나님은 쉬지 않고 나의 모습을 창조하신다고 일깨워 준 시이다. 하나님의 창조섭리가 끝난 것이 아니라 계속되고 있음을 보여 준다. 이 시는 고린도후서 5장 17절에 바탕을 두고 있다. "누구든지 그리스도 안에 있으면 새로운 피조물이라 이전 것은 지나갔으니 보라 새것이 되었도다"란 구절을 일상의 삶 속에 대입해 형상화했다. 이 시에서 그리스도를 믿을 때 누구든지 새로운 피조물로 창조됨을 보여 준다. 이것은 아담 안에서 죄인이 되었으나 예수 그리스도 안에서 의인이 되는 새로운 창조를 가리키고 있기 때문이다.

　이 시는 4연으로 구성되어 있다. 제1, 2연은 하나님의 창조섭리를 형상화했다. 제1연은 나의 형상을 통해 하나님의 창조섭리가 계속되고 있음을 보여 준다. "밤사이"란 구절을 통해 계속 진행되고 있는 하나님의 창조성을 강조한다. 지금 밤사이에도 하나님은 쉬지 않고 나의 형상을 만들고 있기 때문이다. 그것은 그리스도 안에서 새롭게 창조되고 새 삶을 누리고 있다는 의미이다.

　제2연은 자연의 계속되는 창조와 내 형상의 창조를 노래한다. "이른 아침 뜰에 나서면 / 풀섶에 숨은 이슬 / 햇살이 꿰어 매듯 / 사랑을 엮어 주네"나, "밤사이 진 감꽃들이 / 하얗게 웃음 짓는다"는 창조의 섭리에서 비롯된다. 밤을 보낸 이른 아침의 '이슬'을 통해 햇살이 꿰어 매듯 엮어 주는 '사랑'을 발견한다. 또한 밤사이에 진 감꽃에서 하얀 '웃음'을 본다. 이슬의 '사랑'이나, 감꽃의 '웃음'은 창조된 자연의 순수성이다. "못다 한 결백의 생명"은 이슬의 '사랑'이나 감꽃의 '웃음'에서 연유한 깨끗하고 죄가 없는 생명을 의미한다. 이러한 자연의 깨끗함, 즉 순수함으로 내 형상이 창조됨을 보여 준다.

   제3, 4연은 현세적 참회의 모습으로 전환되어 있다. 제3연의 "내가 무엇을 꿈꾸었나"라고 반문하는 것은 참회의 모습이다. "어둠에 빠져 허우적거리며 / 먼 데만을 향해 / 손짓을 하였구나"는 어둠에 빠져 바른 길을 향하지 못한 참회에 대한 답변이다. 그리고 제4연에서 깊은 참회의 모습을 보여 준다. "이 아침의 밝음"과 "이슬의 총명", 그리고 "감꽃의 결백"과 "나의 참 형상"을 두고 어둠에 빠져 허우적거린 것을 참회한다. 제3, 4연은 하나님의 지으심을 깨닫지 못한 채 쓸데없이 "먼 데만을 향해" 허우적거린 현실적 자아를 깨닫고 깊이 회개하고 있음을 보여 준다.

   「나의 형상」은 기독교시가 빠지기 쉬운 창조섭리의 관념적 상황에서 벗어나 보편적 예술성을 획득하는 데 성공한 시이다. 특히 하나님의 창조섭리가 오늘에도 계속되고, 나의 형상을 통해 자연스럽게 나타나고 있기 때문이다. 그리고 창조의 섭리 속에서 참회의 모습은 시적인 가치성을 더해 주고 있다고 평가된다. 무엇보다도 이 시는 신앙의 삶 속에서 '창조의 섭리'와 '참회의 모습'을 깨달을 수 있다고 보여 준다. '나의 형상'을 통해 하나님의 창조섭리를 발견하고, 참회의 삶을 지닐 수 있기 때문이다.

신앙생활의 건강한 삶
– 이 탄의 시

기독교 정신의 육화(肉化)

이 탄(李炭)은 1940년 대전에서 출생했으며, 본명은 김형필(金炯弼)이다. 1964년 〈동아일보〉 신춘문예에 「바람 불다」가 당선되어 문단에 등단했다. 2010년 7월 29일 별세하기 전까지 첫 시집인 《바람 불다》(1967년, 장문사 펴냄)를 비롯한 《소등(消燈)》, 《줄풀기》, 《옮겨 앉지 않는 새》, 《대장간 앞을 지나며》, 《미류나무는 그냥 그대로지만》, 《철마의 꿈》, 《당신의 꽃》, 《반쪽의 님》, 《혼과 한잔》 등 12권과 《잠들기 전에》 등 시선집, 《현대시와 상징》과 《현대시 작법》등 시론집이 있다. 그리고 기독교시만을 모은 《꽃은 깊은 밤 홀로》(1988년, 종로서적 펴냄)란 시집이 있으며, 60편의 시가 수록되어 있다. 기존 시집인 첫 시집 《바람 불다》부터 제6시집인 《미류나무는 그냥 그대로지만》에 수록된 시들이다.

이 탄의 시는 시에 자주 사용하는 시어인 '생명(生命)'과 '인정(人情)'이 시사하듯이 인생론적인 감회의 서정이 근저(根底)에 깔려 있다. 유연한 회화체(會話体)와 산문조의 문맥에 내밀(內密)한 정서를 짙게 깔아 주제를 선명하게 나타냈다. 사물과 사물과의 먼 관계를 압축하여 연결하고, 관념을 구체적인 사물로 형상하여 일상생활의 객관적인 심리현상을 드러냈다. 참신한 감각으로 끊임없이 자기 괴리의 세계를 다양하게 인식하고 형상화하는 것이 그의 시의 특징이다.

이 탄의 기독교시는 성경의 생경한 언어나 지형, 그리고 사물을 등장시키지 않는다. 기독교 정신을 사물과 일상생활 속에서 찾아내고, 건강한 삶을 추구한다. 신앙의 생활화로 육화(肉化)된 언어의 집합체이다. 우리의 주변에서 생성하고 있는 언어와 일상적인 정서를 통해 신앙의 길로 인도한다. 사물의 관조와 신앙적인 명상을 결합시킴으로써 신앙적인 삶의 달관과 신앙적인 자아의 성찰을 보여 준다.

이 탄이 사용하고 있는 시어들은 어려운 것이 없다. 그 시어들을 나열하면 일상생활에서 통용하고 있는 그대로이며, 그는 시어로써 적절하게 구사하는 고도의 완벽한 기술을 보여 준다. 또한 일상생활에서 얻은 소재를 소박한 정서를 통해 실현하는 솜씨라든지, 현상에 대한 사실적인 묘사를 통해 그 뒤에 숨은 의미를 간접적으로 부여한다. 이러한 기법은 이 탄이 지닌 특유의 미래 지향적인 결의를 보여 주고, 누구나의 평범한 삶에 대한 이야기로 객관화시켜 형상화한다.

이러한 그의 시는 맑은 하늘처럼 산뜻한 인상으로 따사함을 적셔 주고 포근함을 주는 인간적인 정(情)과 사랑을 담아 준다. 그것은 신앙적인 삶과 시작(詩作)이 일치된 증거이다. 신앙의 생활화로 육화된 삶에 대한 결과이다. 일상생활에서 흔하게 사용하는 언어와 서민적인 삶의 정서, 그 자체로 의미를 형성하여 유인하고 있으며, 새로운 삶을 위한 창조의 길로 인도하기 때문이다.

    장마 뒤 묶여 있는 배처럼
    내가 강 건너 사람에겐 아무것도 아닐 때
    반짝이는 햇빛을 보면서
    내가 햇빛에 대해서 아무것도 아닐 때

갖고 싶은, 하고 싶은 이웃에서 한발 떨어진
그저 비켜서 있는 물체일 때
호적에 적혀 있는 그저 이름이기만 할 때
후들거리는 다리에 힘을 주면서
겨우 내 식구들한테만이라도
작은 사랑이었으면 사랑이었으면

저녁 식탁에서 듣던 어머니의 음성을
기억하며
내게 주던 이웃의 사랑을
소중히 해야지 하면서
내 손을 보면
비어 있는 손

내가 아무것도 아닐 때
너의 사랑을 사랑으로 보는
너의 상처를 상처로 보는
너의 진실한 목소리를 진실로 듣는
기관들이라도 멀쩡하기를, 흙이 되는 날까지
　　　　　　　　—「내가 아무 것도 아닐 때」의 전문

이 시는 기독교 정신에 입각(立脚)한 스스로를 돌아볼 수 있는 계기를 마련해 준다. 그것은 하나님 앞에 회개와 바람의 기원이다. 장마가 진 뒤에 묶여 있는 배와 아무것도 할 수 없는 화자인 스스로를 동일선상에 올려놓고 비교한 것이다.

배는 물 위에서 움직일 때 일을 하고 존재의 가치성이 인정을 받는다. 건너 주어야 할 사람을 보고도 배가 그대로 있듯이, 화자인 나도 배처럼 아무 일도 할 수 없기 때문에 바라만 보는 상황이 그려져 있다. 이 상황 속에서 내가 "아무것도 아닐 때"라고 돌아보면서 "작은 사랑이었으면 사랑이었으면" 하고 기원한다.

예수 그리스도의 사랑에 대한 실천은 갖가지 형태로 행할 수 있다. 그 사랑의 실천은 가장 가까운 데에서 비롯되어야만 짙은 향기와 빛을 줄 수 있다. 이 시는 사랑의 실천에 대한 가장 기본적인 눈을 지닐 수 있도록 일깨워 준다. "작은 사랑이었으면"이란 기원을 통해 큰 사랑을 지닐 수 있음을 가르쳐 준다. 그것은 예수 그리스도의 희생적인 사랑이 우리의 삶에 대한 생활화로 비롯될 수 있음을 일깨워 주기 때문이다.

첫 연에서 "작은 사랑이었으면" 하고 기원했다면, 둘째 연은 스스로를 자성하고, 셋째 연에서 신앙의 삶을 다짐한다. 특히 둘째 연에서 "저녁 식탁에서 듣던 어머니의 음성을" 기억하고, "내게 주던 이웃의 사랑을 / 소중히 해야지 하면서 / 내 손을 보면 / 비어 있는 손"이기 때문에 아무것도 줄 수 없음을 확인한다. 저녁 식탁에서의 어머니의 말씀은 하루의 모든 것을 반성하도록 일깨워 주는 교훈이다. 그리고 이웃의 사랑을 소중하게 간직하면서도 화자인 내가 줄 수 있는 것은 아무것도 없음을 깨닫는다. 그것은 아무것도 없는 빈손이기 때문이다. 셋째 연은 화자가 아닌 너의 사랑을 사랑으로, 상처를 상처로 보는 눈과 진실한 목소리, 그리고 진실로 듣는 귀를 소망한다. "기관들이라도 멀쩡하기를, 흙이 되는 날까지"란 구절처럼 죽는 날까지 진실된 삶, 즉 신앙의 삶을 다짐한다. 그것은 바른 신앙인의 삶인 것이다.

이러한 이 탄의 시는 '신앙의 생활화'로 '성경'의 가르침을 일상생활 속에서 축출해 내고 있다. 생활 그 자체를 그대로 보여 줌으로써, 신앙인의 모습을 보여 준다. 그것은 기독교 신앙의 생활화로 육화된 삶에서 비롯됨을 보여 주기 때문이다.

거듭나는 삶의 길

이 탄의 기독교시의 대부분은 거듭나는 자의 생활을 추구한다. 끊임없는 회개를 통해 새 생명을 얻을 수 있음을 가르쳐 준다. 그래서 그의 시들은 '삶의 새로워짐'과 '기뻐함', '생명을 얻음'의 결과를 보여 준다. 그것은 거듭나는 삶의 결과이다.

> 멀기만 한 목소리
> 햇빛 같은 눈빛
> 잡으려고 손을
> 씻는다
>
> 눈물 번지는 눈의 고독
> 그림자를 벗기려고
> 손을 씻는다
>
> 낙엽처럼, 아픔도 물들었으면
> 떨어지련만
> 대낮에도
> 나는 박쥐

    그 날개
    후려치려고
    손을
    씻는다

    어둠도 씻어 내릴 수
    있는
    그대 거룩한
    손을 보기 위하여
    손을 씻는다

―「손을 씻으면」의 전문

    이 시의 궁극적인 이상은 하나님을 만나는 데 있다. 하나님을 만나기 위해 손을 씻는 것이다. "손을 씻는다"는 것은 죄를 씻어 낸다는 표현이며, 씻어야 할 '손'으로 상징된 삶을 하나님 앞에서 '회개'하는 모습이다. 첫 연과 마지막 연의 "멀기만 한 목소리 / 햇빛 같은 눈빛"(첫 연), "어둠도 씻어 내릴 수 / 있는 / 그대 거룩한 / 손을 보기 위하여"(마지막 연)에는 하나님을 만나기 위한 열망이 함축되어 있다. 하나님의 목소리는 멀기만 하지만 햇빛 같은 눈빛을 지니고 계신다. 그 거룩한 손으로 세상의 어둠도 씻어 내릴 수 있다는 신앙적인 믿음에서 비롯된 것이다. 그리고 "손을 씻는다"의 반복을 통해 거듭남의 생명인 새로운 삶의 길로 인도됨을 의미한다. 회개를 통해 새롭게 태어날 수 있기 때문이다. 그것은 신앙의 길이다. 특히 둘째 연과 셋째 연, 넷째 연은 죄에 대한 회개로 같은 의미를 지닌다. 둘째 연은 "눈물"이 상징한 처절한 회개의 모습을 떠올려 주고, 셋째 연과 넷째 연은 한 연으로 "대낮에도 / 나는 박쥐" 같은 삶이다. 잘못된 삶에 대한 표현이다. "그 날개 / 후려치려고"란 구절처럼 처절한 회개의 모습이다.

> 타지 않은 사랑을 시험하기 위하여
> 풀무질을
> '사드락'의 걸음 소리를 다시 듣기 위하여
> 풀무질을
> 믿음에 붙은 검부럭지를 뜯어내기 위하여
> 풀무질을
> 석화처럼 붙은 말을 태워 버리기 위하여
> 풀무질을
> 얼마나 단단한 시인가 두드려 보기 위하여
> 풀무질을
>
> 대장간 앞을 지나며
> 앵무새의 부리가 아니라 부리다운
> 부리를 만들기 위하여 누군가가
> 풀무질하는 것 같아 한참 보다 간다
>
> ─「대장간 앞을 지나며」의 전문

이 탄은 《한잔 가득 별을 부어 마셨다》(1991년, 스포츠서울 펴냄)란 시해설집에서 이 시에 대한 시작(詩作) 배경을 다음과 같이 설명했다.

> 사드락은 성경 속에 나오는 인물로 친구간에도 믿음이 있었다고 한다. 그 믿음을 알기 위하여 쇠관 밑에다 불을 지른 것이다.

석화, 즉 굴을 다 말라서 아무것도 아닐 때까지 풀무질을 해보고, 시가 얼마나 단단한지 알기 위하여 풀무질을 해보는 것이다. 시를 쓴답시고 으스대거나 거만 부리는 사람의 시가 얼마나 훌륭한 것인지 알기 위하여 풀무질을 하는 것이다.
풀무질을 상상력의 물질로 만들어 놓고 하나하나 시험해 보았으면 오죽이나 좋겠나. 그저 부족한 인간의 머리로 믿음을 시험해 보고자 한 것이다.

대장간에서는 풀무질로 바람을 일으켜 쇠를 달구고 단단한 연장을 만든다. 대장간에서는 풀무로 바람을 일으키기 때문에 없어서는 안 될 기구이다. 풀무질로 믿음을 시험해 보는 삶이다. "'사드락'의 걸음 소리를 다시 듣기 위하여 / 풀무질을"이란 구절의 사드락은 금 우상에게 절하기를 거부함으로써 풀무불에 던져지는(다니엘 3장 12절~30절) 환난을 당했으나 끝까지 신앙을 지켰다. 특히 화자는 믿음의 사람인 사드락을 통해 사드락의 믿음을 닮으려고 한다. 단단한 믿음을 지니기 위한 삶에서 비롯되고 있기 때문이다.
이 시는 대장간에서 숱한 풀무질을 통해 하나의 연장이 나오듯이 하나님의 말씀, 즉 신앙 안에서 새 생명을 얻을 수 있음을 가르쳐 준다. 대장간 앞을 지나다가 스스로를 되돌아보고 있다. 뜨겁지 못한 사랑과 발걸음 소리, 올바른 믿음을 저해하는 요소, 그리고 석화처럼 붙은 말, 즉 잔소리나 하찮은 말, 시(詩)까지도 풀무질로 시험해 본다. 플무질을 통해 "타지 않은", "뜯어내기", "태워 버리기", "두드려 보기" 등의 행위로 가릴 수 있기 때문이다. 총체적으로 거듭남의 삶을 의미한다. 이 풀무질은 신앙의 생활화로 연유한 회개의 자세이다. 그것은 이 탄 스스로에 대한 신앙고백이지만 우리의 신앙고백으로 환원시켜 준다.

「대장간 앞을 지나며」와 같이 이 탄의 모든 시들은 일상생활 속에서 누구나 평이하게 겪는 일들을 놓치지 않고 삶의 근원적인 문제로 확산시킨다. 그래서 그의 시는 회개(자성)와 거듭남의 삶을 위한 새로움을 창조해 준다.

> 돌멩이처럼 굴러 있는 그런 것들의
> 틈에서 사는 평범한 하루
> 아침이 왔다 가고 저녁이 왔다 가고
> 더러는 왔다 갔는지 모르게 가고
>
> 아직 한번도
> 내가 부른 아침, 내가 부른 저녁은 없었지만, 이제
> 아침이나 저녁은 가족 같은 걸
>
> 연기가 새어 나오는 틈으로 새어 나가듯
> 틈에서 사는 하루
> 그래도 보이는 하늘은 높다
> 늘 푸르다
>
> 돌멩이처럼 사라져 간들
> 깨끗한 귀 깨끗한 눈으로
> 틈을 메우며 살려는 재미
>
> ―「틈」의 전문

이 시도 「대장간 앞을 지나며」와 같이 길거리에 아무렇게나 놓여 있는

돌멩이를 통해 화자인 스스로의 생활을 되돌아보고 있다. 평범한 하루를 '틈'과 '틈'에서 사는 것으로 인식한다. 그 틈은 "돌멩이처럼 굴러 있는 그런 것들"이나, "연기가 새어 나오는 틈으로 새어 나가듯"이란 것이다. 그래서 "아침이 왔다 가고 저녁이 왔다 가고 / 더러는 왔다 갔는지 모르게 가고"(첫 연에서)나, "아직 한번도 / 내가 부른 아침, 내가 부른 저녁은 없었지만, 이제 / 아침이나 저녁은 가족 같은 걸"(둘째 연), 그리고 "그래도 보이는 하늘은 높다 / 늘 푸르다"(셋째 연에서)나, "돌멩이처럼 사라져 간들 / 깨끗한 귀 깨끗한 눈으로 / 틈을 메우며 살려는 재미"(마지막 연)란 구절처럼, 부정적으로 바라보는 것이 아니라 긍정적으로 바라보는 하루의 삶이다. 불평과 불만 없이 평범하게 하루를 살려는 의지로 충만되어 있음을 보여 준다. 넓고 푸른 하늘같이 희망을 갖고 싶은 애정을 지니고 있으며, "깨끗한 귀"와 "깨끗한 눈"으로 상징된 바른 삶, 즉 신앙의 삶을 영위하겠다는 의지를 보여 준다. 바로 이러한 것의 근원은 신앙의 생활화로 다져진 생리에서 비롯된 것이다.

건강한 삶의 신앙

생활, 그 자체는 항상 깨어나는 데에서 거듭난 삶을 영위할 수 있고 스스로의 자신을 확인할 수 있다. 그것은 하나님 앞에서 회개를 통해 가능하다. 회개가 없는 생활은 건강한 삶도 지속할 수가 없다. 회개하지 않는 생활은 오늘을 만족할 수 없으며 세속적인 삶으로 축소시키는 것이다. 언제나 스스로의 모든 것을 아뢰고 펼쳐 놓을 때에 새로운 출발이 시작될 수 있기 때문이다. 이 탄의 시는 새로운 출발을 위한 결의와 시작의 시간성 위에서 의미를 부여한다. 그 결의와 시작은 신앙 안에서 비롯될 수 있음을 가르쳐 준다.

　기도는 신앙인과 하나님과의 교제 또는 대화를 말한다. 즉 하나님과의 상호교통을 위해 행하는 것이다. 기도는 주술적인 수준에서 하나님과의 영적인 교제 및 하나님의 뜻과 행위와의 일치로까지 나아간다. 신앙인은 하나님께 예수의 이름으로 '찬양'과 '경배', '감사', '죄의 회개', '간구', '중보'를 드린다. 하나님은 신앙인의 아룀을 듣고 말씀하시며, 하나님의 뜻을 보여 주시고, 그 간구에 응답하신다. 기도는 신앙인의 호흡이며 하나님의 자녀들만이 가지는 특권이다.

　　꽃은 깊은 밤 홀로
　　깨어나, 별을 본다
　　잎을 두 손같이 펴
　　은혜의 빛을 받는다.

　　걸음보다 많은
　　어둠
　　시간보다 많은
　　눈물
　　눈물이 눈물을 낳지 않도록
　　꽃은 깊은 밤
　　홀로
　　피어난다.

　　지혜 있는 자의 눈망울로
　　아침마다 새로 피는

꽃이 있어

햇빛은 늘 새롭다.

—「꽃은 깊은 밤 홀로」의 전문

　이 시는 깊은 밤에 하나님 앞에서 기도하는 자의 모습을 형상화했다. 기도를 신앙인의 일상생활 속에서의 단순한 행위가 아니라 기도의 모습을 아름다운 행위로 극대화시켜 준다. 이 시에서 기도의 시간을 '깊은 밤'이란 시간적인 공간의 설정으로 홀로 하나님과의 만남을 가질 수 있고, '기도의 모습'을 '꽃'으로 상징화한 것은 기도하는 모습이 꽃처럼 아름다운 모습이기 때문이다. 그리고 그 기도를 통해 거듭난 삶을 획득하고 새로운 출발을 보여 준다.

　이 시에는 깊은 밤에 홀로 깨어나 기도하는 아름다운 모습을 담고 있다. 그 '기도하는 모습'을 '아름다운 꽃'으로 비유하고 있다. 즉 '기도하는 자'를 '꽃'으로 표현했다. '꽃'을 '기도하는 자'로 의인화한 것이다. 그것은 기도하는 모습이 어떤 것보다도 아름답기 때문이다.

　이 시는 에베소서 5장 15절~16절, "오직 지혜 있는 자같이 하여 세월을 아끼라"란 구절을 연상시킨다. 기도를 통해 '지혜 있는 자의 눈망울'로 거듭나고 새로 피는 꽃이 되었다. 그것은 새로운 삶을 영위하게 됨을 보여 준다. 이러한 결과는 기도로 비롯됨을 보여 주는 시이다.

　첫 연은 기도하는 모습과 하나님으로부터 내려지는 '은혜의 빛'을 형상화했다. "꽃은 깊은 밤 홀로 / 깨어나, 별을 본다"는 것은 기도하는 자를 '꽃'으로 의인화하고, "별을 본다"는 하나님을 향한 마음이다. 그리고 "잎을 두 손같이 펴 / 은혜의 빛을 받는다"는 두 손을 펴서 하나님의 은혜를 받고 있음을 보여 준다. 즉 깊은 밤에 홀로 깨어나 하나님께 기도를 드리고, 그 기도를 통해 은혜의 삶을 체험하고 있음을 보여 준다.

둘째 연은 삶의 역경과 기도의 결과를 형상화했다. "걸음보다 많은 / 어둠 / 시간보다 많은 / 눈물"은 세속의 삶에 대한 아픈 세월을 총체적으로 집약해 표현했다. '어둠'은 '빛'의 반대개념으로 '악의 세력', '영적인 무지함', '타락함', 즉 '죄의 원인'을 상징적으로 나타낸다. 그리고 '눈물'은 육체적인 고통보다는 정신적인 비탄을 의미한다. 그래서 '어둠'의 삶을 통해 '눈물'의 삶임을 보여 준다. 이러한 삶은 "눈물이 눈물을 낳지 않도록 / 꽃은 깊은 밤 / 홀로 / 피어난다"고 기도의 삶과 거듭나는 삶을 떠올린다. 그것은 "눈물이 눈물을 낳지 않도록"이란 구절처럼 죄가 죄를 낳지 않고, 비탄의 삶을 종결시키려는 의지의 표현이다.

마지막 연인 "지혜 있는 자의 눈망울로 / 아침마다 새로 피는 / 꽃이 있어 / 햇빛은 늘 새롭다"란 구절은 기도에 대한 결과, 즉 기도의 열매이며 응답이다. 기도를 통해 '지혜 있는 자'로 태어나고 새로운 삶으로 출발하는 것을 의미한다. "지혜 있는 자의 눈망울로"는 기도의 결과로 거듭난 모습이며, "아침마다 새로 피는" 것은 거듭나는 삶이다. "햇빛은 늘 새롭다"는 새로운 삶에 대한 여정이다.

이 시는 기도의 삶으로 거듭난 삶을 획득한 결과이다. 기도를 통해 세속의 역정과 비탄을 극복하고 새로운 삶의 출발을 보여 주었다. 특히 기도의 모습을 아름다운 꽃으로 비유한 것은 기도의 삶이 아름답고 그 열매도 아름답기 때문이다.

이 탄의 기독교시 대부분은 거듭나는 자의 생활을 추구한다. "그의 긍휼하심을 따라 중생의 씻음과 성령의 새롭게 하심으로 하셨나니"(디도서 3장 5절)나, "너희는 유혹의 욕심을 따라 썩어져 가는 구습을 따르는 옛 사람을 벗어 버리고 오직 너희의 심령이 새롭게 되어 하나님을 따라 의와 진리의 거룩함으로 지으심을 받은 새사람을 입으라"(에베소서 4장 22절~24절)는 것처럼, "하나님의 아들을 믿는 믿음 안에서 사는 것"(갈라디아서 2장 20절)을 일깨워 준다. 그의 기독교시들은 일상생활 속에서 빚어지는 그의 삶 그대로를 하나님 앞에 펼쳐 보이고 있다. 그의 기독교시는 전체적인 구조의 시간성이나 영혼론이 구김 없는 진실과 사랑 속에서 이루어져 있으며, 하나님 앞에서 건강한 삶의 모습을 추구한다.

깨달음의 삶을 추구

나는 항상
성탄절이다

누가 누구하고 싸울 때도
내가 싸우지 않을 수 있는 것은
거룩한 빛의 날
성탄절이 있기 때문이다.

나에겐 365일이
온통 성탄절이다
나에게 듣기 싫은 목소리로
마치 야단치듯 대하거나 좋은 말을 해주거나
3·8선을 생각하거나
나에게는 감사한 마음이다.
모두, 감사한 마음이 퍼져 나가면
이뤄지지 않는 것이 있겠는가

—「종소리」의 일부

이 시의 화자는 '성탄절' 같은 삶을 추구한다. '성탄절'은 예수 그리스도가 인류를 구원하기 위해 이 땅에 오신 날로 '기쁜 날'이며, "거룩한 빛의 날"로 상징할 수 있기 때문이다. 무엇보다도 '성탄절'을 '기쁜 날'로 집약해 표현할 수 있다. '성탄절' 같은 삶은 기쁘고 즐겁게 살겠다는 의미이다. '성탄절' 같은 마음을 지니면 싸우지 않아도 되고, 야단이나 3·8선의 싸움도 '성탄절' 같은 넓은 마음으로 받아들인다. "나는 항상 / 성탄절이다"나, "나에겐 365일이 / 온통 성탄절이다"고 고백하는 것은, 화자의 삶이 '성탄절' 같은 삶임을 보여 준다. "내가 싸우지 않을 수 있는 것은 / 거룩한 빛의 날 / 성탄절이 있기 때문이다"라고 화자의 일상적인 삶을 설명한다. '성탄절'이 주는 교훈으로 일상적인 삶을 생활화한 구절이다. 그것은 성탄절 같은 삶으로 용서와 화해, 감사의 삶을 살겠다는 신념의 의지를 보여 준다. 그리고 "모두, 감사한 마음이 퍼져 나가면 / 이뤄지지 않는 것이 있겠는가"란 구절은, 오늘의 모두가 '성탄절' 같은 삶에 대한 감사한 마음을 지녀야 한다고 염원한다. 감사한 마음의 삶은 안 될 일이 없다고 신앙적인 삶의 희망을 보여 준다. 성탄절 같은 삶이란 바른 신앙인의 삶이다. '성탄절'의 의미를 일상의 생활 속에 육화시킴으로써 바른 삶을 제시한 것이다.

　　너는 나의 숲이 되고
　　나는 너의 숲이 되자

　　숲에는 지금 의지(意志)가 내리고
　　숲에는 지금 '한 말씀'이 내리고
　　숲에는 지금 우리의 모든 것이 내리고 있다

나는 너의 숲이 되고
너는 나의 숲이 되자

—「약속」의 전문

　이 시는 화해와 일치의 삶을 추구한다. 화해란 소원한 관계가 다시 일치에 도달하는 것을 이르는 말이다. 성경에서는 주로 하나님과 인간의 화해를 다루고 있다. 에덴동산의 선악과 사건 이후 인간들은 창조주인 하나님으로부터 소외되었으나, 하나님 자신이 이러한 소원한 관계를 극복하기 위한 여러 조처들을 취해 오셨으며, 그 절정이 곧 예수 그리스도를 통한 것이다(로마서 5장 6절~11절). 하나님과 인간 사이의 화해 이후 부차적으로 따르는 것이 인간들 상호의 화해(로마서 11장 24절, 고린도전서 7장 11절)이다. 하나님과 화해한 자는 세상에서 사람 사이에서도 화목을 이르도록 가르친 것이다. "예물을 제단에 드리려다가 거기서 네 형제에게 원망 들을 만한 일이 있는 것이 생각나거든 예물을 제단 앞에 두고 먼저 가서 형제와 화목하고 그 후에 와서 예물을 드리라"(마태복음 5장 23절~24절)는 예수 그리스도의 가르침은 하나님과 화해한 자가 세상에서 어떤 화해의 삶을 살아야 할지를 명쾌하게 보여 주었다. 이 탄은 《한잔 가득 별을 부어마셨다》란 시해설집에서 "실질적인 화해를 보고 쓴 것"이다고 밝혔다.

　실질적인 화해 속에는 벗, 가정의 식구, 결혼한 남녀 등을 넣어서 읽어 보면 쉽게 알 수 있다. 그동안 서로 나쁜 관계, 말하자면 한데 어울릴 수 없는 사이가 됐다가 다시 어울리는 경우가 있을 것이다. 이렇게 다시 어울리는 경우를 실질적인 화해로 보았다. 그럴 경우 우리는 서로를 위해 기도를 올릴 수 있다. "너는 나의 숲이 되고 / 나는 너의 숲이 되자"는 약속만 한다면 새며 짐승이며 온갖 곤충들이 날아다니는 기쁨의 동산이 될 것이다. 그동안 우리끼리도 싸우기만 했으니 그 싸움을 안 하는 실질적인 화해를 하며 기도를 하면 의지, 한 말씀, 모든 것이 이 숲에 가득할 것이라는 것이다.

또한 "우리와 같은 경우는 대표적으로 독일이 있었는데, 1년 전에 통일을 했다. 우리도 어서 바삐 여건이 이루어져 남북이 통일되기를 바란다"면서, "그러기 전에 남북을 왕래하는 길도 열고 가족 친지를 만나 보았으면 한다. 나는 남쪽에서 태어났으며 북쪽에는 친척이 없다. 그렇지만 한 세상 살다가는 목숨, 그 한 세상에 가족과 생이별을 하다니. '숲이 되고 / ……숲이 되자'"란 구절로 표현했다. 숲처럼 서로가 어울려 살아야 한다는 의미이다. 이 시는 화해를 통한 하나된 모습을 보여 준다.

또한 이 시는 "이와 같이 우리 많은 사람이 그리스도 안에서 한 몸이 되어 서로 지체가 되었느니라"(로마서 12장 5절)를 연상시킨다. 이 구절은 서로 겸손하게 사랑해야 할 필요성을 설명하기 위해 몸과 지체의 유기적인 관계를 말한다. 그것은 예수 그리스도 안에서의 하나됨, 즉 일치됨을 뜻한다. 이 시에서도 "한 말씀"이 내리는 숲은 일치된 공동체임을 의미한다. "너"와 "나"가 하나될 수 있는 것은 예수 그리스도의 사랑 안에서 이루어질 수 있음을 일깨워 준다. 그래야만 하나님의 말씀, 즉 '한 말씀'을 들을 수 있기 때문이다.

> 가난한 자에게 복이 있나니가
> 아니라
> 가난을 아는 자에게는 복이 있나니
> 가난한 자에게는 복이 있나니가
> 아니라 가난을 아는 형제들에게는 복이 있나니

> 이렇게 고쳐 외면서
> 복이 있나니가 아니라
> 복을 만날 수 있나니라로
> 고쳐 놓고서
> 장화를 신고
> 햇빛을 보면서 잡초를 골랐다
> 갈 밭이 없으면 마음의 밭이라도 갈 것이라
> 그러면서 마음의 밭을 갈았다
> 마음의 밭을 갈아야 복을 만나니를
> 수없이 외면서
> 해 뜨고 해 지는 것을
> 볼 수 있는 눈을 감사하면서
>
> —「마음의 밭」의 전문

 이 시는 하나님의 말씀에 대한 깨달음의 경지를 보여 준다. 마태복음 5장 3절에서 11절까지 '복'에 대해 설명했다. 각 절마다 "복이 있나니"로 '복'에 대한 길을 제시했다. 이 구절에서 앞에 제시한 말만 잘 지키면 뒤에 저절로 '복'이 있다고 해석될 수 있다. 그러나 이 탄은 마태복음 5장 3절의 경우 "심령이 가난한 자는 복이 있나니"를 "가난을 아는 자에게는 복이 있나니"로 바꿔 가난을 알아야만 복을 받을 수 있다고 깨달았다. 그리고 "마음의 밭을 갈아야 복을 만나니를 / 수없이 외면서 / 해 뜨고 해 지는 것을 / 볼 수 있는 눈을 감사하면서"란 구절처럼, '행동'과 '실천'이 선행돼야만 복을 받고 감사하는 마음을 깨달을 수 있다고 말한다.

 이러한 이 탄의 기독교시들은 일상생활 속에서 빚어지는 그의 삶 그대로를 하나님 앞에 펼쳐 보인다. 그래서 이 탄의 기독교시에 대한 전체적인 구조의 시간성이나 영혼론은 구김없는 진실과 사랑 속에서 이루어져 있으며, 하나님 앞에서 건강한 모습으로 서 있음을 발견할 수 있다. 건강한 삶이란 항상 거듭나려는 자세를 통해 지속시킬 수 있다. 이 탄의 시들은 오늘의 우리에게 건강한 삶의 길을 인도해 주는 등불이다.

하나님 중심의 성숙한 삶
― 임성숙의 시

신앙적 성찰의 시작(詩作)

  임성숙(林星淑)은 1933년 충남 공주에서 출생했으며, 1967년 《현대문학》에 3회 추천완료로 문단에 등단했다. 첫 시집인 《우수의 뜨락》(1970년. 현대문학사 펴냄)을 비롯한 《꽃》, 《우물파기》, 《여자》, 《소금장수 이야기》, 《하늘보기》, 《당신이 누구신지 참으로 안다면》, 《기다리는 연습》, 《고난의 양식 슬픔의 자산》, 《삶, 풀꽃 같은 무위》, 《오늘 나 있음을》 등 시집 15권, 시선집인 《여덟 개의 변주곡》과 《하늘을 보기까지》를 펴냈다. 특히 1976년 《현대시학》에 연재한 「여자」란 제목의 연작시는 '여자란 무엇인가'를 구체적인 실상과 이미지의 창출로 추구했다. 여자는 우주의 핵심인 동시에 수용(受容)의 원형임을 전개했다. 이러한 그의 경향은 일상적인 자아(自我)와 실존적인 자아의 대립 또는 갈등을 놓고 일상적인 자아의 허구성과 기만성을 폭로하고, 삶의 진정한 양식에 대한 각성을 표출함에 있어 개인의 고통과 열망을 사회적인 차원으로 고발하고자 하는 사고적이고 비판적인 의식적인 시를 쓴다고 《한국시 대사전》(1988년. 을지출판공사 펴냄)에서 설명했다. 그의 시들은 지금까지 가정과 생활주변의 소재를 인륜적인 바탕에서 사고하고 비판하는 주지적인 경향을 보여 주었다. 여성적인 서정 위주의 가냘프고 섬세한 것이 아니라 지성적인 사고로 시를 창작했다는 평가이다. 특히 2017년 등단 50년을 맞아 펴낸 시선집 《하늘을 보기까지》의 해설에서 조명제 시인은 다음과 같이 평가했다.

> 시는 지성과 감성의 균형감각 위에서 창조될 때 그 보편성과 위대성을 담보할 수 있다. 지성에 치우치면 예술적 낭만성을 잃기 쉽고, 감성에 치우치면 격조와 구조적 미학 형상에 취약해지기 쉽다. 시작(詩作)에 있어서 개성 멸각은 기본이지만, 그 개성 멸각이 무엇을 의미하는지를 아는 것이 진정한 개성적 표현과 창조를 가능케 한다. 일찍이 지성적 시인으로 평가받아 온 임성숙 시인은 시력(詩歷) 50여 년을 그 균형적 감각 위에서 시를 써 온 것으로 개괄할 수 있을 듯하다.

조명제 시인은 임성숙이 지성과 감성의 균형적인 감각 위에서 시를 창작해 왔다고 설명했다. 또한 조 시인은 "슬픔과 우수의 시인, 갇힘과 자유를 통찰한 명상과 침묵의 시인, 고통과 절망의 힘으로 힌 생을 건너며 달관과 깨침의 언어로 담담히 죽음의 경계를 내다보는 시인"이라고 덧붙였다.

임성숙은 1983년 영산출판사에서 양명문(楊明文), 장수철(張壽哲)과 함께 3인 신앙시집 《신비한 사랑》을 펴냈다. 이 시집에 그는 15편의 시를 수록했으며, 「나의 신앙, 나의 시」란 산문에서 문학적인 신앙을 고백했다. 1989년 종로서적 출판부에서 기획한 '믿음의 시선'인 《당신이 누구신지 참으로 안다면》은 기독교시만을 모은 시집이다. 52편의 기독교시가 수록되어 있으며 「머리말」에서 다음과 같이 밝히기도 했다.

> 나이 들면서 헛되게 여겨지는 세상 것에의 애착이 희미해지는 반면, 보다 참다운 본질적인 것, 영혼의 기쁨을 추구하는 믿음의 생활을 갈구

하다 보니 쓰는 시마다 조금씩은 신앙의 냄새를 풍기게 되는 것 같다. ……중략…… 앞으로 내 신앙이 자라는 만큼 내 시도 아름다워지고 순수해지고 우리 모두의 영혼을 황홀하게 할 수 있다면 얼마나 감사한 일이겠는가. 하나님이 허락하시는 내 남은 삶을 통해 하나님이 지으신 만물을 진정 사랑하는, 찬양의 노래를 부르고 싶다.

임성숙은 "헛되게 여겨지는 세상 것에의 애착이 희미해"지고, "보다 참다운 본질적인 것"과 "영혼의 기쁨을 추구하는 믿음의 생활을 갈구"하므로 신앙적인 삶으로 시작(詩作)이었음을 고백했다. 세상적인 삶에서 벗어나 신앙적인 삶으로 전환되는 자세를 피력했다. '세상 것'이 헛되게 여겨지는 것은, 성숙한 신앙의 삶을 통한 깨달음에서 비롯된다. 이러한 삶은 시편 39편 6절인 "진실로 각 사람은 그림자같이 다니고 헛된 일로 소란하며 재물을 쌓으나 누가 거둘는지 알지 못하나이다"란 구절을 연상시킨다. 헛된 일에 분요(紛擾)한 것은 영원하지 못하며 없어지고 말 것에 매여 사는 것이다. 세상의 재물과 부귀, 명예 등을 추구하기에 허덕이다가 짧은 인생을 바치는 어리석은 삶이다. 하나님이 없는 삶, 그 자체는 헛되고 어리석은 것으로 간주될 수밖에 없기 때문이다. 특히 그의 기독교시가 "모두의 영혼을 황홀하게 할 수 있다면 얼마나 감사한 일이겠는가"라고 반문하면서, "하나님이 허락하시는 내 남은 삶을 통해 하나님이 지으신 만물을 진정 사랑"하고, "찬양의 노래를 부르고 싶다"고 염원했다. 영혼을 황홀할 수 있도록 감동적인 시와 하나님의 창조섭리에 대한 사랑의 시, 그리고 하나님을 찬양하는 시에 대한 의지를 피력했다. 이것은 하나님 중심의 바른 신앙적인 삶에서 비롯된 것이다.

임성숙은 시집 《당신이 누구신지 참으로 안다면》 이후 기독교시의 창작에도 몰두해 왔다. 특히 제9시집인 《엄살빼기 군살빼기》의 경우에는

제7부에 기독교시만을 수록했다. 「고상(苦像)」을 비롯한 「그대는 모르지」, 「빈 방」, 「고독」, 「생일선물」, 「하루」, 「위로」, 「대역사(大役事)」, 「봄은 부활」, 「비가 와도 볕이 나도」 등 10편이다. 신앙의 생활화로 견고하게 내면화된 세계를 형상화했다. 하나님 앞에 가까이 가려는 삶이 그대로 나타난다.

임성숙의 기독교시는 시집 《당신이 누구신지 참으로 안다면》의 「머리말」에서 밝혔듯이 "헛되게 여겨지는 세상 것에의 애착"을 버리는 데에서 출발한다. 재치 있는 발상과 구성으로 신앙의 생활화를 통한 지난날의 참회와 고백에 의한 하나님 중심의 일관된 삶을 추구했다. 하나님 앞에서의 존재 확인이나 참회와 고백, 소망 등을 형상화했기 때문이다. 하나님 앞에서의 끊임없는 성찰을 통한 시작(詩作)에 대한 결과이다.

신앙의 생활화로 삶을 추구

임성숙의 기독교시는 신앙이 생활화되어 있음을 그대로 보여 준다. 일상의 모든 생활이 하나님과 함께하고 있기 때문이다. 그것은 신앙에 의한 삶을 영위하고 있다는 증거이다. 「만종을 울린다」란 시를 보면 신앙이 생활화되어 있는 삶이다.

오늘 저녁 끼니는
감사의 꽃무늬 식탁보 깔고 차린
포근하게 찐 감자 한 개 옥수수 한 대
느타리버섯 볶음 살포시 반 종발
싱싱한 오이 토마토 양파 두세 조각씩
내게 풍족한 만찬이다.

덤 같은 후식으로 쌉쌀한 쑥차와
　　　친구가 보내 준 곶감 하나
　　　찰진 그 단맛 가슴 가득 녹이며
　　　오늘 몫의 행복을 먹여 주신 하나님께
　　　만종을 울린다

　　　　　　　　　　　　　―「만종을 울린다」의 전문

　일상생활의 정황에 대한 내성적(內省的) 관찰에서 빚어낸 시이다. 섬세한 정서의 내면적 풍경을 보여 준다. '찐 감자 한 개', '옥수수 한 대', '느타리버섯 볶음 반 종발', '오이, 토마토, 양파 두세 조각씩', '쌉쌀한 쑥차', '곶감 하나'를 열거한 식탁 위의 풍경이다. 그것은 섬세한 정서에 연유한 것이다. 특히 아름다운 "꽃무늬 식탁보"를 '감사'의 마음으로 표현하고 "풍족한 만찬"으로 인식한 것은 신앙의 생활화에서 자연스럽게 표출되는 정서이다. 이러한 시는 일상적인 삶 속에서의 생활화된 '감사의 삶'을 보여 준다. 저녁식사도 하나님께서 먹여 주시고, "오늘 몫의 행복"도 하나님께서 주셨다고 고백했다. 그것은 신앙의 생활화로 비롯된 하나님께 감사하는 생활이기 때문이다.

　　　오늘 부는 바람 오늘 내리쪼이는 햇빛
　　　피어난 꽃망울들 충만한 생기 향기
　　　반짝이던 음산하던
　　　주어진 그대로 즐거워하라

　　　비록 내 의지와는 상관없이
　　　가령 오늘 내가

통통배에 실려 출렁이는 먼 바다 복판
작은 섬에 짐짝처럼 실려 왔다 하여도
오늘 나 여기 왜 와 있어야 하는가
굳이 따져 묻지 말라

오늘 나 여기 있어 관상하게 하는
푸른 바다 아담한 섬 동산
지천으로 피어 있는 야생화 나무 돌멩이
공양되는 산나물밥 해초반찬
동행한 인연들 어울려 겸허히 즐거워하라

날마다 새롭게 내게 주어진 우주만상
일상의 기적
오늘 나 있음을 기뻐하라
오늘 즐거워하라

— 「오늘 즐거워하라」의 전문

이 시는 하나님의 섭리에 순종하는 삶이다. 성숙한 신앙인의 자세임을 보여 준다. 각 연의 마지막 행인 "주어진 그대로 즐거워하라"(1연)나 "굳이 따져 묻지 말라"(2연), "동행한 인연들 어울려 겸허히 즐거워하라"(3연), "오늘 즐거워하라"(4연)처럼, 하나님의 섭리에 순종하라는 명령이다. 1연의 경우에는 오늘 부는 바람이나 내리쪼이는 햇빛, 피어난 꽃망울 향기, 그리고 반짝이든 음산하든 간에 주어진 그대로 즐거워하라는 것이다. 2연은 내 의지와는 상관없이 여기에 있는지를 따져 묻지 말라고 한다. "통통배에 실려 출렁이는 먼 바다 복판 / 작은 섬에 짐짝처럼 실려 왔다 하여도 / 오늘 나 여기 왜 와 있어야 하는가"에 대해 실망하거나 원망하지 말라는 것이다. 그것은 모든 것들이 하나님의 섭리로 이루어지기 때문이다. 3연은 푸른 바다와 아담한 섬 등 자연의 모든 것, 그리고 산나물밥과 해초반찬, 동행한 인연들과 어울려 즐거워하라고 한다. 하나님의 창조섭리에 순응하고, 이 세상의 모든 것과 더불어 함께 살아가야 한다는 것을 표현했다. 4연은 날마다 새롭게 주어진 우주만상과 일상의 기적, 오늘 존재하고 있음을 기뻐하고 즐거워하라고 일깨워 준다. 오늘을 살아가는 모두에게 들려주는 잠언적인 메시지이다.

> 비실대는 꿈길 속
> 나를 깨어 있지 못하게 하는
>
> 환각의 잠
> 피곤의 늪
> 혼돈의 어둠
>
> 깨어나려고 몰아내려고
> 비록 한순간이라도
> 깨어 있는 나를 확인하려고
> 빛 속에 머무는 영원의 눈과 마주치려고
>
> 나는 어둠 속에 물구나무 서서
> 시를 쓴다, 기도드린다
>
> ―「깨어 있기」에서

이 시는 오늘의 생활 속에서 하나님 앞에 깨어 있는 삶을 추구한다. 상징적으로 표현한 "환각의 잠"이나 "피곤의 늪", "혼돈의 어둠"은 하나님 앞에 깨어 있지 못하게 하는 장애물이다. 오늘의 비신앙적인 환경 속에서 신앙의 삶을 영위하기 위해 깨어 있어야 한다. 이러한 '잠'과 '늪', 그리고 '어둠'을 몰아내고 깨어 있는 삶이어야만 "비록 한순간만이라도 / 깨어 있는 나를 확인하려고 / 빛 속에 머무는 영원의 눈과 마주치려고" 소원하는 삶이 될 수 있다.

신앙의 삶은 하나님 앞에 회개하고 기원하기 때문에 동적일 수밖에 없다. 정적인 삶은 고여 있는 물과 같고 변화될 수 없는 삶이다. 하나님 앞에 '깨어 있다'는 그 자체가 동적이고 새롭게 변화될 수 있는 삶을 지닐 수 있기 때문이다.

'참회'와 '고백'의 삶

임성숙의 시는 '고백적인 시'가 주류를 이룬다. 고백에는 이중적인 의미가 있다. 믿음으로 하나님의 존재와 권위를 인정하는 것과 자신이 범한 죄들을 인정하는 것이다. 고백의 뜻은 '인정하다'와 '허용하다'(요한복음 1장 20절, 사도행전 24장 14절, 히브리서 11장 13절)이다. 또는 하나님의 은혜에 감사하여 하나님을 찬양하는 것(히브리서 13장 15절)이기도 하다. 성경에서 하나님 앞에서의 죄의 고백은 용서받는 것이 필수조건으로 가르쳐 주고 있다. 그의 시는 하나님 앞에서 스스로의 모습을 그대로 드러내고 하나님이 요구하는 삶으로 일관되어 있다. 그래서 그의 시는 하나님 앞에 고백하는 데에서 새로운 삶을 획득한다.

나 문득 생각하니
오랫동안
하늘을 바라보지 않았네
오만 가지 공해와 땀에 전
내 눈은
땅만 보고 지냈네.

가을 푸른 하늘에
침침한 눈을 헹구자.
날마다 몇 번이고
하늘을 바라보며 헹구고
또 헹궈 내자.

가을 하늘 닮은 눈으로
우리 서로를 볼 수 있도록
오랫동안 잊고 지냈던
그대의 사랑스런 얼굴을
바라볼 수 있도록

—「하늘 보기」의 전문

　이 시는 지난날에 대한 참회를 통해 새 삶의 길을 결단한다. 첫째 연은 참회의 모습을 표현하고 있으며, 둘째 연과 셋째 연은 결단의 모습을 나타낸다. 즉 "오랫동안 / 하늘을 바라보지 않았네"나, "오만가지 공해와 땀에 전 / 내 눈은 / 땅만 보고 지냈네"란 구절은 신앙의 힘이 작용한 참회이다. "오랫동안 / 하늘을 바라보지 않았네"란 그 자체는, 신앙을 떠난 생활임을 보여 준다. 또한 하나님을 바라보지 못하고 그러한 신앙을 지니지 못한 생활이었음을 돌아본다. 그래서 "오만 가지 공해와 땀에 전 / 내 눈은 / 땅만 보고 지냈네"란 구절은 구체적인 고백이다. 이 시에서 '하늘'과 '땅'은 신앙생활에 대한 구분이다. '하늘'은 신앙생활의 연속이지만 '땅'은 신앙생활을 떠난 세상살이로 한정시킨다. "땅만 보고 지냈네"는 신앙생활에서 벗어나 과거의 생활인 세상살이에 집착한 삶이었음을 표현한다. 《당신이 누구신지 참으로 안다면》란 시집 「머리말」의 "헛되게 여겨지는 세상 것에의 애착"에 대한 정서를 시로 승화시켰다. 그러나 "가을 푸른 하늘에 / 침침한 눈을 헹구자"란 다짐은, 오만 가지 공해와 땀에 절었던 생활 속에서 벗어나 하나님을 향한 생활로 전환하기 위한 것이다. "날마다 몇번이고"란 생활의 반복을 통해 맑고 높은 "가을 하늘 닮은 눈"을 지니게 되고, 그것은 "오랫동안 잊고 지냈던 / 그대의 사랑스런 얼굴을 / 바라볼 수 있도록" 하기 위한 표현이다.

「하늘 보기」는 하나님을 바라보는 삶, 즉 신앙의 생활화를 추구했다. "오랫동안 / 하늘을 바라보지 않았네"란 회한을 통해 "오랫동안 잊고 지냈던 / 그대의 사랑스런 얼굴을 / 바라볼 수 있도록"이란 결단의 깨달음을 지니게 된다. 그것은 신앙의 생활화가 가져오는 결과로 신앙적인 생활의 연속을 의미한다. 신앙의 생활화란 끊임없는 참회와 고백으로 지속될 수 있다. 언제나 참회가 선행되지 않을 경우 새롭게 태어나는 스스로를 만날 수 없고 하나님 앞으로 가까이 다가갈 수 없기 때문이다.

    당신께서 기름 부어 쓰다듬어 주시던
    비단 머릿결
    마른풀 쑤세미 되어 돌아왔습니다.

당신과 눈 맞추던
맑은 호수, 샛별 눈동자
진수렁에 흐려지고 짓물러 돌아왔습니다.

복사꽃 얼굴, 몸매
황폐한 광야 되어 절룩이며 돌아왔습니다.
반짝이던 재치 향기롭던 피
모두 모두 탕진해 버리고
당신께서 지켜주신 영혼 한 떨기

못내 당신 그리워
가물거리는 마지막 심지를 돋구어
남루를 끌고 돌아왔습니다.

돌아온 것만 대견하고 기쁘신
내 하나님 아버지
조건 없는 사랑 믿고 돌아왔습니다.

—「탕자, 돌아왔습니다」의 전문

이 시는 진정한 죄의 고백과 하나님에게로 돌아오는 과정을 형상화시켰다. 새로운 삶과 사랑에 대해 본질적이고 구체적으로 표현한 누가복음 15장 11절~18절에 기록된 탕자의 비유를 연상시킨다. 양면적인 삶을 통해 하나님의 조건 없는 사랑을 부각시켰다. 하나님을 떠난 생활과 하나님 사랑의 생활을 대조시킴으로써 하나님의 위상을 보여 준다. 하나님을 떠난 생활, 그 자체를 탕자의 생활로 규정하고 하나님 앞으로 돌아왔음을 고백한다. 하나님 사랑의 생활은 "당신께서 기름 부어 쓰다듬어 주시던 / 비단 머릿결"이나, "당신과 눈 맞추던 / 맑은 호수, 샛별 눈동자", 그리고 "복사꽃 얼굴, 몸매", "반짝이던 재치 향기롭던 피", "당신께서 지켜주신 영혼 한 떨기", "조건 없는 사랑" 등의 구절이다. 그리고 하나님을 떠난 생활, 즉 탕자의 생활은 "마른풀 쑤세미", "진수렁에 흐려지고 짓물러", "황폐한 광야 되어 절룩이며", "모두 모두 탕진해 버리고", "남루를 끌고" 등의 구절이다. 이 두 상황의 현상을 통해 나타나고 있듯이 처절했던 과거가 새로운 삶으로 탈바꿈하고 있음을 볼 수 있다. 이 시의 핵심은 마지막 연인 "돌아온 것만 대견하고 기쁘신 / 내 하나님 아버지 / 조건 없는 사랑 믿고 돌아왔습니다"란 구절에 함축시켰다. 그것은 과거보다 오늘의 현실이 중요함을 시사한다. 지난날의 생활을 회개하고 하나님 앞으로 돌아왔을 때에는 새로운 삶을 지니게 된다고 암시한다. 그것은 기독교가 지향하고 있는 신앙임을 그대로 보여 준 것이다.

그대 옷자락 휘날리는 방향으로
이사 가려 한다.

훌훌 털어 버리고 싶은
때 묻은 이사짐을 꾸린다.

사랑스런 그대
뒷모습이 보이기 시작할 때
수없이 자리를 옮길 때마다
엎치락뒤치락 보채던 욕망의 잔뿌리

언젠가 잔뿌리마저 말끔히 뽑혀
강물에 씻기워 흘러가고
맨발로 맨손으로
마지막 이사할 그때까지
머나먼 그 땅에 정착할 때까지
때 묻은 이삿짐을 꾸리고 또 꾸리며
그대 옷자락 펄럭이는
사막이든 광야든 꿀 흐르는 샘가든
어디든지 이사 가려 한다.

―「이사」의 전문

  이 시는 하나님을 향한 생활을 그대로 추구하고 있음을 고백한다. 이승에서 저승, 이 세상에서 저 제상, 이 땅에서 저 땅으로 이사를 가기 위해 이삿짐을 꾸리는 광경을 형상화했다. 하나님이 계신 하늘나라로 이사를 하기 위한 준비 과정이다. 이사를 갈 곳은 "그대 옷자락 휘날리는 방향"인 "머나먼 그 땅"이며, "사막이든 광야든 꿀 흐르는 샘가든" 간에 어디든지 "그대 옷자락 펄럭이는" 곳이다. 그곳은 "사막"과 "광야"가 아닌 "꿀 흐르는 샘가"인 하늘나라이다. 그러나 "엎치락뒤치락 보채던 욕망의 잔뿌리 / 언젠가 잔뿌리마저 말끔히 뽑혀 / 강물에 씻기워 흘러가고 / 맨발로 맨손으로"란 구절처럼 하늘나라로 이사를 가기 위해 정리하는 모습을 표현했다. 특히 "욕망의 잔뿌리"란 헛된 세상의 모든 것이다. "그대 옷자락 휘날리는 방향", 즉 "사막이든 광야든 꿀 흐르는 샘가든 / 어디든지 이사 가려 한다"는 고백을 통해, 끊임없이 하나님과 함께 생활하고 있음을 보여 준다. 그것은 하나님을 향한 지향적인 생활에서 비롯되고, 그 생활로 인해 스스로의 삶이 평안을 얻고 있음을 볼 수 있다.

하늘이 땅에 내린 풍성한 선물들
내 소유처럼 탐하여 차지한 많은 것
미련 없이 반환해 가며
조금씩 가벼워지는 나의 체위 나의 영혼
하늘 계단 오를 걸음마 연습 시작한다.

때늦은 나이 막다른 땅바닥에서

— 「땅을 바라보다가」에서

  이 시는 하늘나라에 가기 위한 과정을 "걸음마 연습"으로 표현했다. 하나님이 주신 풍성한 선물들을 내 소유처럼 탐하여 차지한 많은 것들에 대한 참회와 이러한 것을 미련 없이 반환하는 삶이다. 탐한 욕심을 버리는 삶은 가벼워질 수밖에 없다. 이 삶 자체가 "하늘 계단 오를 걸음마 연습 시작한다"고 표현되었다. 그것도 때늦은 나이인 막다른 이 땅에서 깨달았음을 고백한 것이다.
  이와 같이 임성숙의 기독교시는 하나님 중심의 삶을 추구한다. 「탕자, 돌아왔습니다」나 「이사」 등의 시에서 볼 수 있듯이 하나님 중심의 생활을 지향하고 그 생활을 통해 거듭나는 삶을 영위한다. 하나님 앞에서 거짓없이 진실하게 고백하는 데에서 시적 성과를 얻어 낸다. 그것은 새로운 삶을 지니기 위한 간구로 이루어지고 있지만 언제나 깨어 있는 모습으로 하나님을 찾아 나서고 있기 때문이다. 어떤 고난과 역경도 신앙으로 극복할 수 있음을 보여 준다.

신앙인의 성숙한 삶

　임성숙의 시들은 하나님 앞에서 스스로를 확인시켜 주고, 하나님 앞에 존재되어 있음을 일깨워 준다. 하나님만을 향한 바른 신앙인의 성숙한 삶을 지향하는 데에서 비롯된다.
　그의 시에는 오늘의 현실을 초월하려는 의지가 담겨 있다. 그것은 하나님 앞에서 깨어 있는 자세를 지니게 된다. 스스로의 모든 것을 그대로 하나님 앞에 내어놓음으로써 하나님과 함께하는 새로운 삶을 부여받고 생동하는 삶을 지니게 된다.

　　　내가 살아 있다는
　　　그 감격만으로
　　　기뻐할 수 없다면
　　　나는 개천에서 뛰노는
　　　송사리 떼만도
　　　언덕 위에 너울대는
　　　수목만도 못한 것
　　　아닌지요.

　　　나보다 더 아파하는 이를
　　　아파하며
　　　위로할 수 있는 사랑이
　　　나의 사는 낙이 되지 못한다면
　　　나는 벌레만도 못한
　　　짐승만도 못한

미련한 것 염치없는 것
　　아닐는지요.

　　　　　　　　　　　　　　　—「참회록」의 전문

　이 시는 일상적인 삶의 현상을 통해 스스로의 존재를 확인한다. 그것은 성경의 가르침대로 스스로의 삶을 영위하려는 자세임을 보여 준다. "내가 살아 있다는 / 그 감격만으로 / 기뻐할 수 없다면"이란 구절이나, "나보다 더 아파하는 이를 / 아파하며 / 위로할 수 있는 사랑이 / 나의 사는 낙이 되지 못한다면"이란 구절은 스스로를 자각하게 한다. "나는 개천에서 뛰노는 / 송사리 떼만도 / 언덕 위에 너울대는 / 수목만도 못한 것"이나, "나는 벌레만도 못한 / 짐승만도 못한 / 미련한 것 염치없는 것"이란 구절로 스스로를 되돌아보는 삶이다. 그것은 성경의 가르침을 일상생활 속에서 실천하려는 의지가 충만함을 보여 준다. 특히 "없다면"이나 "못한다면", "아닌지요"나 "아닐는지요"린 반문을 통해 신앙의 삶을 다짐한다.
　다음의 시에서도 스스로의 반문을 통해 존재를 확인하고 신앙을 결단하고 있는 삶을 보여 준다.

　① 예수 그리스도
　　당신이 누구신지
　　당신은 나에게 어떻게, 왜, 계신지
　　내가 누군지
　　나는 당신 앞에 무엇인지

　　　　　　　　　　—「당신이 누구신지 참으로 안다면」에서

② 고통입니까
위로입니까
연단입니까
이렇게 수없이 눈물로 만났던 주님

— 「고통 속에서라도」에서

③ 소돔, 고모라에 의인(義人) 다섯이 없었던가
의인 하나가 더 없었던가
침침한 눈이 번쩍 뜨일 부싯돌은
어디 굴러 있는가.

— 「갈망(渴望)」에서

④ 그대에게 진실을
무엇에 담아 보낼까
진실이 변질되지 않는 그릇이라면
금 그릇

— 「그대에게 진실을」에서

 이 시들은 "누구신지", "계신지", "누군지", "무엇인지", "없었던가", "있는가", "보낼까"란 반문을 통해 신앙의 깊이를 더하고 하나님과 가까이 존재하고 있음을 확인시켜 준다. ①은 예수 그리스도와의 관계에 대한 반문을 통해 스스로의 존재를 확인한다. ②는 고통과 위로, 연단의 눈물로 주님을 만나게 됨을 고백하고, ③은 침침한 눈이 번쩍 뜨일 의인을 기다리는 자세, ④는 하나님께 진실을 담아 보낼 그릇을 표현한다. 이러한 시는 신앙인의 성숙한 삶을 보여 준다.

① 장마철 반짝 볕든 한나절처럼
   꿈에 본 고향집 아름다운 꽃밭 있었네

   꿈결같이 놀다 깨어나니 어느새 황혼길
   머잖아 돌아갈 고향
   먼 하늘 바라보는 나그네 종점이네

— 「나그네길」에서

② 뵌 일도 말도 없으신 그분
   때론 아득히 높은 곳에
   때론 낮은 자리 바로 곁
   밥상머리에 베갯머리 맡에 계셔
   산수유 향기처럼 계셔
   그윽히 나를 시켜보신다.

— 「고독」에서

①의 시는 네 연으로 구성된 「나그네길」의 셋째 연과 넷째 연이다. ②는 네 연으로 구성된 「고독」의 마지막 연이다. ①은 하늘나라를 고향집으로 인식하고, '아름다운 꽃밭=돌아갈 고향=종점'으로 전개했다. 이 세상의 삶은 나그넷길로 "꿈결같이 놀다 깨어나니 어느새 황혼길"임을 확인시켜 준다. ②는 일상생활 속에서 하나님이 함께 계심을 확인시켜 보여 준다. 지금까지 뵌 일도 없고 말도 없으셨던 하나님은 "때론 아득히 높은 곳에" 계시기도 하고 "때론 낮은 자리 바로 곁"에 계신다. '밥상머리'나 '베갯머리 맡'에 산수유 향기처럼 계신다. 그리고 지켜보신다고 확신하는 신앙이다. 하나님은 언제나 함께하신다는 깨달음의 신앙을

보여 준다.

　이와 같이 임성숙의 기독교시는 일상적인 생활 속에서 신앙적인 성찰에 의해 신앙의 삶을 영위할 수 있도록 일깨워 준다. 신앙의 생활화로 하나님 앞에서 참회하고 고백하는 삶의 길로 인도한다. 특히 하나님 앞에서 스스로가 존재하고 하나님과 함께하는 오늘의 삶을 확인시켜 준다. 신앙인의 성숙한 삶을 추구하고 있기 때문이다.

인간 구원을 위한 잠언적 메시지
– 박종구의 시

시는 구원의 메시지

박종구(朴鍾九)는 1941년 전남 순천에서 태어났으며, 목사이면서 시인이고 아동문학가이다. 1974년 〈경향신문〉 신춘문예에 동화「은행잎 편지」가 당선되어 문단에 등단해 아동문학가로 활동했다. 1976년에는 《현대사학》에 시「풍경」과「선지자」가 추천되어 시작(詩作)에도 주력해 왔다. 시집은 《그는》(1999년, 쿰란출판사 펴냄)을 비롯한 《그러므로 사랑은》, 그리고 저자 자신은「기도문집」으로 표기했지만 '기도시'만을 모은 기도시집 《우리 기도를 들어 주시고》(1989년, 신명애출판사 펴냄), 동화집은 《은행잎 편지》를 비롯한 《하늘나라 편지》와 《어린양의 편지》, 문학이론집 《동화의 이론과 실제》, 칼럼집 《주어를 바꾸면 미래가 보인다》와 《제5물결》, 목회자 료집 《세계예화 대사전》 등 28권을 펴냈다. 이러한 그의 문학은 일반적으로 오늘의 산업사회에서 기계화되어 가는 삶 속에서의 인간소외를 풍자해 새로운 가치를 추구했다는 평가이다. 특히 그의 기독교시들은 거듭남을 통한 바른 신앙의 삶을 추구하고, 인간 구원을 위한 잠언적인 메시지로 바른 신앙의 길을 제시한 것이 특징이다. 그의 시 중에서「그는」은 서사적인 기법으로 성경적이고 신학적인 바탕으로 예수 그리스도를 새롭게 조명했다.

그의 대부분의 시는 성숙한 신앙으로 삶에 대한 관조(觀照)적인 자세로 형상화했다. 상징과 비유로 잠언적인 사유(思惟)의 작용으로 시의 깊이를 더해 준다. 특히 빛의 이미지를 통한 구원의 삶을 추구하고, 거듭남의 길로 인도한다.「오순절」의 경우에는 "그것은 말씀이었네 / 높음에서 쏟아지는 빛의 조각들 / 깊음에서 달아 올린 물빛 언어들 / 마침내 / 입술에 와 닿는 숯불로 / 우리를 부르심이여"(3연)란 구절에서, '말씀'은 '빛의 조각들'이고 '물빛 언어들'이며, '숯불'로 우리를 부른다고 전개했다. '빛의 조각들'과 '물빛 언어들'이란 은유적인 표현과 적절한 시어로 시의 깊이를 더해 준다. 특히 '빛의 조각들'은 높음, 즉 하늘에서 쏟아진다고 표현한 것도 고뇌의 시작(詩作)에서 비롯된 결과이다. 성경의 이미지인 빛으로 신앙의 삶을 인도한다.

그는 시집《그는》의「머리말」에서 기독교문학에 대한 본질과 방향, 문학인의 사명과 자세를 설명했다.

> …… 생략 …… 인간에 충실한 문학은 그것이 곧 신학이며, 신에 충실한 학문은 그것이 곧 문학이다. 그러므로 궁극적으로 인간을 살리는 이데올로기, 즉 인간 구원의 메시지가 문학의 본질이 되어야 한다는 것은 너무나 자명한 진리다. 여기에서 문학이나 문학인의 사명이 투명해진다.
> 그러므로 문학인이 그 작업의 차원을 인간 구원의 수준에 둘 때 문학 본령의 범주에 선다. 그런 차원에서 역사를 해석하고 미래의 비전을 제시하며 바른 인간의 모습을 창작해야 한다.
> 어떻게 그 작업이 가능할 것인가.
> 여기에는 정답이 하나밖에 없다. 곧 신과 더불어 창조자의 세계에 진입하는 것이다. 누가 시인을 이상적인 나라에서 추방해야 한다고 했는가.

오히려 그 나라를 세우고 다스리는 주체가 되는 것을.
그러므로 문학은 신과 인간의 관계를 어떻게 형상화하느냐에 따라서 그 존재의 가치를 잴 수 있다. …… 생략 ……
나는 오랫동안 시를 묵상해 왔지만 그것을 밖으로 내놓는 데는 소극적이었다. 내가 예민했던 것은 어떻게 시처럼 살 수 있을까 하는 물음, 그것이었다.
나에게 있어서 시를 쓰는 작업은 본래의 자아를 찾는 삶의 몸짓, 곧 신앙의 증언이다. 그러므로 시는 자아실존과 같은 빛깔이어야 한다. 이와 같은 나의 긴장은 의도적인 메시지 강조로 서정성이 건조해지기도 했다. 극복해야 할 과제이다.

이 「머리말」에서 그는 "작가의 삶이 신앙에서 얼마나 진솔한가에 따라서 그 작품이 드러나기 때문이다. 문학은 객기나 위선의 산물이 될 수 없다. 오직 진실의 바다에서 진실의 언어를 달아 올리는 진실한 목소리여야 한다"고 창작의 자세와 삶도 언급했다. 이것은 하나님과 문학 앞에서의 겸허한 모습에 대한 박종구 스스로의 고백이다. 그는, 문학은 신학이며 하나님 앞에 충실한 학문으로 간주했다. 그리고 인간 구원의 메시지가 문학의 본질이 되어야 한다는 사명감으로 창작에 임하고 있음을 보여 준다. 그래서 "역사를 해석하고 미래의 비전을 제시하며 바른 인간의 모습을 창작해야 한다"면서, "신과 더불어 창조자의 세계에 진입하는 것이다"라고 스스로의 창작의 원칙을 설정하기도 했다. 또한 그는 "문학은 신과 인간의 관계를 어떻게 형상화하느냐에 따라서 그 존재의 가치를 잴 수 있다"고 덧붙였다. 특히 "나에게 있어서 시를 쓰는 작업은 본래의 자아를 찾는 삶의 몸짓, 곧 신앙의 증언이다"면서, "시는 자아실존과 같은 빛깔이어야 한다"고 스스로의 시작(詩作)에 대한 견해를 밝혔다.

그리고 "의도적인 메시지 강조로 서정성이 건조해지기도 했다"고 스스로의 문학을 돌아보기도 했다. 강단에서 설교에 젖었던 습성이 창작활동에도 답습되어 왔다. 이 문제는 성직자 문인뿐만 아니라 기독교 문인들의 작품에서 흔히 드러났기 때문이다. 그것은 한국 기독교문학에 대한 반성이며, 그 과제를 이미 깨닫고 극복했음을 그의 시에서 보여 준다. 이러한 그의 문학적인 신앙고백은 인간 구원의 메시지로 나타난다. 그것은 시를 통한 구원의 길을 제시하고 바른 신앙의 삶을 영위할 수 있도록 인도하기 때문이다.

어제 받은 스물네 시간
하찮게 여긴 구석 지천이온데

나무라지 않으시고
감하지 않으시고

눈뜰 수 있는 그 새벽을
두드릴 수 있는 그 문을

오늘도 이렇게
주시다니요

—「감사」의 전문

이 시는 오늘의 일상적인 생활 속에서 감사의 삶을 형상화했다. 소중한 하루의 시간을 감사하는 마음도 없이 하찮게 여겼는데, 나무라거나 빼지도 않고 하루가 시작되는 새벽과 하늘나라의 문을 두드릴 수 있는 기회, 즉 기도할 수 있도록 오늘을 주심에 감사하는 삶이다. 특히 "두드릴 수 있는 그 문을"이란 구절은 '하늘나라의 문'이다. 기도로 하늘의 문을 두드릴 수 있기 때문이다. "오늘도 이렇게 / 주시다니요"란 마지막 연의 구절은 무한한 하나님의 은혜와 사랑을 함축한 것이다. "저에도 저어도 닿지 않는 / 하늘가 / 오늘도 타인 이름으로 / 내댄 / 하루 // 밤이 되어서야 탈을 벗는다 / 갈수록 익숙해지는 / 나의 일상이여"(「하루」의 전문)란 시에서도 오늘의 생활 속에서 신앙의 삶을 참회하고 돌아봄의 삶을 형상화했다. 이 짧은 시는 구원을 향한 신앙에 달관한 잠언적인 메시지이다.

그리스도의 생애를 조명

박종구의 시 「그는」은 예수 그리스도의 생애를 추구한 역작이다. 구약의 메시아 예언이 그리스도에 의해 어떻게 성취되고 완성되었는가를 추구했다. 서사시적인 구성으로 구원사적인 관점에서 형상화했다는 데에 성과를 거두었다. 이 시는 7편으로 구성되었다. 그리스도의 생애는 신약을 배경으로 전개되지만 구약시대의 예언과 함께 추구했다는 데에서 기존의 시들과 다르다.

1편의 경우에 "앗수르의 잔학이 푸른 달빛 되어 골짜기를 흩뿌릴제 / 안으로 안으로 조여 오던 가시 바늘들"이란 구절은 앗수르에게 멸망한 북쪽 이스라엘 왕국, "바벨론의 말발굽 돌개바람 되어 휘저을제 / 눈 귀 잃고 끌려가던 한의 행렬"이란 구절은 바벨론의 멸망으로 끌려가던 남쪽 유다 왕국을 형상화했다. 2편의 경우는 "출애굽 40년"(출애굽기 16장 35절)이나 "아브라함과 다윗의 자손", "르비딤의 물"(출애굽기 17장 1절~7절, 19장 2절), 3편은 "남은 자의 비파소리 / 버드나무에 걸어 두었던 수금 타는 소리"

(시편 137편), 4편은 "아스라이 에스겔의 환상에 닿아 있었다 / 성전 동편 문지방에서 비롯된 흐름 / 발목을 적시고 무릎에 차고 허리를 넘어 / 온몸이 잠기는 창일 / 그 생수의 강에 깃드는 뭇 생명들"(에스겔 47장), 5편은 에스겔 34장과 시편 23편, 6편은 레위기의 제사법과 사사기 등이다. 구약시대의 사건을 떠올리면서 그리스도의 생애를 적절한 비유와 상징, 함축적이고 간결한 시어로 표현했다.

특히 2편의 경우 구약시대를 넘나들면서 영상으로 보여 주듯이 그리스도의 생애를 추구했다.

알 수 없는 빛깔
비밀스런 손짓에 이끌려
빈 들로 나왔다
그는

출애굽 40년
빈 들 40일
무수한 빛 조각이 새 떼 되어 밀려왔다 가는
함성 속으로 사라지는
흙먼지 바람 속에 던져진 그는
늘 혼자였다

아직도 끝나지 않은 시험
모두가 이편
모두가 저편
유혹은 노상 보암직하고 먹음직하고

지혜도 영생도
신은 눈앞에 닿은 한 오라기 실

— 「그는 · 2」의 1, 2, 3연

    이 시의 첫 연은 마태복음 4장 1절의 "그때에 예수께서 성령에게 이끌리어 마귀에게 시험을 받으러 광야로 가사"란 구절을 떠올린다. 마태복음의 "성령에게 이끌리어"를 "알 수 없는 빛깔 / 비밀스런 손짓"으로, "광야로 가사"를 "빈 들로 나왔다"로 묘사했다. 제2, 3연의 "출애굽 40년 / 빈 들 40일"은 구약과 신약의 사건이다. 신약과 구약의 사건을 연결시켜 예수의 광야 40일을 극대화시켰다. "출애굽 40년"은 애굽에서의 이스라엘의 체류가 끝나고 모세의 인도로 애굽을 떠난 사건이다. 그리고 "빈 들 40일"은 마태복음 4장 1절과 2절의 광야에서 40일 동안 사탄에게 시험을 받으신 것을 표현했다. "흙먼지 바람 속"은 "빈 들"인 '광야'이다. 흙먼지의 바람이 일던 광야는 시련과 위기의 빈 들이었다. 여기에 홀로 나섰고 혼자 남아 사탄과 정면으로 맞섰다.

눈을 감으면 돌덩이는
떡덩이가 되는 것을
아, 누가 만나를 거두라 하는가
성소의 떡상
아브라함과 다윗의 자손
유다 지파의 그 진설병
그가 곧 영원한 떡인 것을

아, 누가 목마르다 하는가

르비딤의 물
수가성의 생수
그가 곧 영원히 목마르지 않는 반석인 것을

아, 누가 경배를 묻는가
예루살렘도 그리심산도 아닌
신령과 진리의 터
그가 곧 영원한 찬양인 것을

아, 누가 그를 시험하는가
빛이 비춰되 깨닫지 못하는 어두움
성소의 촛불
그가 곧 이 땅에 온 참빛인 것을

―「그는·2」의 4, 5, 6, 7연

  제4연의 "눈을 감으면 돌덩이는 / 떡덩이가 되는 것을"이란 구절은, 마태복음 4장 3절의 "시험하는 자가 예수께 나아와서 이르되 네가 만일 하나님의 아들이어든 명하여 이 돌들로 떡덩이가 되게 하라"란 구절을 연상시킨다. '돌'을 '떡덩이'가 되게 하라는 시험이지만 하늘에서 내려온 만나, 즉 "그가 곧 영원한 떡인 것을"이란 해답을 제시한 것이다. 그리고 5, 6, 7연은 각 연의 첫 행에 "아"란 감탄사와 "하는가"(5연), "묻는가"(6연), "하는가"(7연)에 "……인 것을"으로 역설적으로 되묻는 표현에 해답을 제시한다. 그것은 그리스도의 존재성을 부각시키고 시적인 감동을 극대화시켜 준다. 그의 원숙한 시작(詩作)의 결과이다.
  5연의 경우 고린도전서 10장 4절의 "다 같은 신령한 음료를 마셨으니 이는 그들을 따르는 신령한 반석으로부터 마셨으매 그 반석은 곧 그리스도시라"란 구절을 연상시킨다. "르비딤의 물"은, 신 광야와 시내산 사이에 있는 르비딤에서 모세는 물을 얻기 위해 반석을 쳤다(출애굽기 17장 1절~7절, 19장 2절, 민수기 33장 14절). "수가성의 생수"란, 예수가 수가라는 동네의 우물 곁에서 사마리아 여인을 만나 영원히 목마르지 않는 생수에 대해 말씀을 하셨다(요한복음 4장 5절~15절). 이러한 "아, 누가 목마르다 하는가"에 대한 반문에 "그가 곧 영원히 목마르지 않는 반석인 것을"이라고 해답을 말한다. 6연과 7연도 반문하면서 해답을 제시한다. 요한복음의 말씀을 중심으로 형상화했다. "아, 누가 경배를 묻는가"에 대한 답변은 "그가 곧 영원한 찬양인 것을"(6연), 그리고 "아, 누가 그를 시험하는가"에 대한 답변은, "그가 곧 이 땅에 온 참빛인 것을"(7연)이라고 표현했다. 이러한 반문과 답변은 또다시 되물을 수 없도록 사실에 의한 근거를 제시한 것이다.

　이러한 시작(詩作)의 형태는 「에스겔」과 「요나」, 「메시아, 그리고 아담」과 「메시아, 그리고 모세」란 시에서도 그대로 전개된다. 「메시아, 그리고 아담」에서는 선악과 사건의 결과를 "아, 그것은 정죄의 시작이었네 / 아무도 헤어나지 못하는 / 죄-심판-죽음 / 헬라인이나 유대인이나 / 모두가 멍에 아래 신음하는 / 가도 가도 타는 목마름 / 가도 가도 보이지 않는 에덴"이란 구절로 형상화했다. 그리고 「메시아, 그리고 모세」는 모세의 생애를 조명했다. 이 시들은 성경에 충실한 시창작에서 비롯된 것이다. 실제로 그는 시 「포로」에서 성경에 의한 시창작임을 고백했다. "성경을 연다 // 성경이 손을 뻗쳐 지그시 / 내 어깨를 짚는다 / 눈치채기도 전에 나를 / 옭아매고 있다 // 그는"이란 구절로 고백하듯이, 성경적인 삶을 보여 준다. '성경'을 의인화해 성경이 손을 뻗쳐 화자의 어깨를 짚고, 눈치를 채기도 전에 옭아맨다는 것은 성경에 갇혀 있는 삶을 의미한다. 그것은 마지막 연의 "그는"으로 지칭된 그리스도인 것이다. 성경에 포로가 된 삶은 성경적일 수밖에 없기 때문이다.

거듭남과 신앙의 길을 향한 자세

신앙의 삶은 거듭남의 연속이다. 거듭남은 영적인 성장의 출발점(에베소서 4장 24절)이며, 거듭난 자로 새롭게 지으심을 받은 자(갈라디아서 6장 15절)이다. 오늘의 삶을 회개하고 구원의 삶을 향해 출발한다는 의미이다. 오늘도 어제와 같이 그대로의 삶을 영위한다면 고여 있는 물이나 다를 바 없다. 고여 있는 물은 썩어 가게 마련이다. 신앙의 삶은 하나님을 향한 삶이 되어야만 한다. 그래서 신앙의 삶은 정적(靜的)이기보다는 동적(動的)이며 거듭남을 향해 계속 떠나는 행위이다. 박종구의 시는 이 '거듭남의 삶'을 추구했다.

    보아라
    새봄의 대지 위에 어리우는
    저 뽀오얀 입김들
    벗이여
    이 아침 서둘러 출범의 닻을 들자

    생각하면 우리
    너무 오랜 정박이었다
    지루했던 기다림
    서툴렀던 갈등들

오늘은 이대로 접어 두어야 하리라

허술한 얼개
찌그러진 초상들
조급했던 망설임
두려웠던 결단들
나부끼는 낡은 자락일랑
오늘은 이대로 끌어안아야 하리라

이름을 떨치려 했더냐
마냥 첩 놓았던 탑들
겹겹이 둘러쳤던 담장들
창고 그득 무성했던
저 현란한 욕망들
오늘은 이대로 일어서야 하리라

보아라
저기 넘실거리는 우리의 미래
버림으로 비로소 얻는
떠남으로 비로소 만나는
그 속 차오름의 문법
오늘은 두 벌 옷도 챙길 것 없어라
전대를 지녀서 무엇하랴

우리 앞에 트인

저 눈부신 항로
벗이여
이 아침 서둘러 돛을 올리자

급하고 강한 바람 소리
무수한 나래로 비상하는
아, 우리의 새 아침이여

—「출범의 노래」의 전문

 이 시는 거듭남의 삶을 위한 신앙적인 결단과 함께 새로운 삶을 위한 출발의 자세이다. 오늘의 삶 속에서 새로 시작하기 위해 출발하고 있음을 의미한다. 우리가 살고 있는 터전인 오늘의 이 시점을 항구로 설정하고, 구원의 삶에 대한 터전을 바다로 비유하고 있다. 구원의 삶을 위해 돛을 달고 항구를 떠나는 노래이다.

 7연으로 구성된 시이다. 지난날과 오늘의 삶을 이대로 두거나, 이대로 끌어안고 새로운 삶을 향해 떠난다. 새로운 신앙적인 결단과 함께 거듭남의 삶을 향한 항해이다. 그래서 이 아침에 서둘러 닻을 올리고 새로운 마음으로 찬란한 미래를 향해 떠난다. 그것은 지난날에 대한 회개와 신앙의 결단에서 비롯되었다. 하나님을 향한 신앙의 삶이 되어야 하기 때문이다.

 제1연은 떠남에 대한 외연한 당위성을 전개한다. 새봄이 오고, 아지랑이가 피는 계절이다. 봄은 새로운 한 해의 시작이기 때문에 우리의 삶도 새롭게 시작해야 한다는 것을 암시한다. 그래서 "보아라"고 말한다. 새롭게 시작하는 봄이 되었음을 깨우쳐 준다. 그리고 이 봄과 함께 출발해야 한다고 외친다. 그래서 "이 아침 서둘러 출범의 닻을 들자"고 말한다. 새로운 삶의 시작이다.

    제2연을 비롯한 제3연과 제4연은 지난날의 일상적인 삶에 대한 청산이다. 내일을 향한 신앙적인 결단을 형상화했다. 그래서 "이대로 접어 두어야 하리라"(2연)나 "이대로 끌어안아야 하리라"(3연), "이대로 일어서야 하리라"(4연)고 표현한다. 제2연은 변화되지 못한 삶을 되돌아보며 "지루했던 기다림"이나 "서툴렀던 갈등들"을 이대로 접고 떠나야 한다고 암시한다. "너무 오랜 정박"이나 "지루했던 기다림", "서툴렀던 갈등들"은 지난날의 삶을 그대로 집약했다. 신앙적이지 못한 삶을 의미한다. 그래서 "오늘은 이대로 접어 두어야 하리라"고 다짐한다.

    제3연은 지난날의 삶 중에서 일부를 이대로 끌어안고 떠나야 한다. "허술한 얼개"나 "찌그러진 초상들", "조급했던 망설임"이나 "두려웠던 결단들", "나부끼는 낡은 자락"도 끌어안아야 한다. 그것은 버릴 수 없는 삶의 모습이다. 인간적일 수밖에 없는 세속적인 행태이다. 이 모든 것을 이대로 끌어안고 떠남으로써 신앙적인 거듭남으로 치유되고 회복될 수 있기 때문이다. 신앙인의 거듭남에 대한 삶을 함축시켰다.

    제4연은 지난날의 삶 중에서 일부를 이대로 두고 일어서야 한다. 그것은 명예욕이다. 이름을 떨치려 했던 욕심이다. "마냥 첩 놓았던 탑들"이나 "겹겹이 둘러쳤던 담장들", "창고 그득 무성했던 / 저 현란한 욕망들"을 이대로 두고 일어서야 한다고 재촉한다. 거듭남의 삶을 위해 떠나는 이 시점에서는 불필요한 것으로 치부했기 때문이다. 그래서 "이대로 일어서야 하리라"고 결단한다.

    제5연은 신앙인의 자세이다. 신앙인에게는 하나님 나라를 향한 내일이 있기 때문이다. 그래서 "저기 넘실거리는 우리의 미래"를 보라고 외친다. 특히 신앙인은 '비움'과 '떠남' 속에서 거듭남의 삶을 체험한다. "버림", 즉 '비움'은 '나눔'과 '회개' 등으로 해석할 수 있다. 그리고 "떠남"은 새로운 세계를 향하는 데에서 시작된다. 그럼으로써 "차오름"의 기쁨을 지닌다. 이러한 떠남은 두 벌 옷도 챙길 것이 없고, 전대를 지닐 필요도 없다. "저기 넘실거리는 우리의 미래"와 "그 속 차오름의 문법"이 있기 때문이다. 신앙인이 획득할 자산이다.

제6연은 찬란하고 눈부신 신앙의 길이다. "우리 앞에 트인 / 저 눈부신 항로"란 구절로 형상화했다. 그래서 "돛을 올리자"처럼 이 아침에 서둘러 떠나야 한다. 제7연은 서둘러 돛을 올린 이 아침에 강한 바람 소리가 들리고, 새로운 세계를 향한 꿈이 비상한다. 떠남에 대한 희망의 아침을 표현한 것이다.

이 시는 성숙한 신앙의 삶을 그대로 보여 준다. 특히 성경적인 언어를 신앙의 삶인 육화(肉化)된 언어로 형상화한 것이 특징이다. 신앙적인 관점에서 보면 성숙한 신앙으로 이루어지는 관조의 세계이다. 그것은 우리나라의 기독교시가 계속 추구해야 할 길이다.

「출범의 노래」의 이미지는 「출항」, 「새 아침의 노래」, 「만민을 향하여 기를 들라」 등의 시에서도 그대로 이어진다. 「새 아침의 노래」의 "비로소 다 버리고서야 / 이렇게 마주 볼 수 있는 것을 / 비로소 다 떨쳐 버리고서야 / 이렇게 순한 눈빛이 되는 것을"(2연)이란 구절에서 '버린다'는 것은 새로운 것을 '얻는다'란 의미이다. 그 결과로 "이렇게 마주 볼 수 있는 것을"이나 "이렇게 순한 눈빛이 되는 것을"이란 구절처럼 새롭게 확인하게 된다. 그것은 버리는 데에서 시작되고, 그 결과를 가져오게 된다.

공동체적인 삶을 위한 간구

하나님 앞에 간구하는 것은 바른 기도의 삶에서 비롯된다. 기도는 철저히 하나님 중심의 거룩한 행동이 되어야 하고, 하나님의 뜻을 받들어 섬기는 행위여야 한다. 또 언제든지 하나님의 은혜와 긍휼하심에 힘입지 않고서는 바른 기도를 드릴 수 없다. 박종구의 기도시들은 이러한 바른 기도의 자세로 새로운 기도시의 형태를 보여 준다. 새로운 삶과 공동체를 위한 간구로 일관되어 있다. 특히 기도시만을 모은 《우리 기도를 들어 주시고》에는 86편이 수록되어 있다. 이 기도시들은 개인적인 삶을 위한 기도보다 한국 교회와 나라, 평화와 세계 선교 등 공동체적인 삶에 치중되어 있다. 이 기도시집은 「참회의 시간에」를 비롯한 「감사와 찬양」, 「한국 교회를 위하여」, 「나라를 위하여」, 「평화를 이루어 주소서」, 「일터에서」, 「가정에서」, 「기도와 명상 열두 달」, 「세계 선교의 현장에서」 등 제9부로 편집됐기 때문이다.

잿빛 속에 일렁이는 무수한 그림자들
주여!
이 아침
우리들의 눈시울 뜨겁게 하는 이슬로 하여
우리들의 귀를 두드리는 종소리로 하여
에스겔 골짜기의 비전을 보게 하소서
예레미야가 듣던 그 음성을 듣게 하소서

르비딤의 반석이 있는 이 벌판에
증거의 이슬이 내리기 시작한 이 뜨락에
새 일꾼들이 모이게 하소서
보냄받은 일꾼들이 흩어지게 하소서
우리들이 적신 들판마다

벳새다의 이야기가 돋아나게 하소서

이제는 창을 열게 하소서
이제는 소리치게 하소서
밝아 오는 역사의 길목에 서서
금빛으로 내리는 새 아침의 말씀을
주여
옥토에 떨어지게 하소서

—「새 아침의 언어」의 3, 4, 5연

하나님 앞에 간구하는 시이다. "에스겔 골짜기의 비전을 보게 하소서"나, "예레미야가 듣던 그 음성을 듣게 하소서"(3연), "새 일꾼들이 모이게 하소서"나 "보냄받은 일꾼들이 흩어지게 하소서", "벳새다의 이야기가 돋아나게 하소서"(4연), 그리고 "이제는 창을 열게 하소서"나 "이제는 소리치게 하소서", "옥토에 떨어지게 하소서"(5연)라고 간구한다. 특히 4연의 "보냄받은 일꾼들이 흩어지게 하소서"란 구절은 사명을 받은 하나님의 사람들이 곳곳에 흩어지고, 그 사명을 감당하도록 간구한 것이다. 이 시도 직설적인 요구에 대한 간구가 아니라 상징과 비유를 통한 간구로 일관한다. "에스겔 골짜기의 비전"이나 "예레미야가 듣던 그 음성", "벳새다의 이야기" 등 성경적인 사건을 예로 제시하면서 하나님 앞에 요구하는 내용을 간구한다.

「새 아침의 언어」에서 볼 수 있듯이 박종구의 시는 개인적인 간구가 아니라 "우리들"처럼 공동체적인 삶을 위한 '기도시'가 대부분이다. 「친구여 일어나 함께 가자」에서는 "비파와 소고 어우러지는 / 은총의 나래 눈부신 / 새 아침은 밝아 온다 / 친구여 어서 일어나 함께 가자"란 구절처럼 혼자가 아닌 친구와 함께, 지금까지 맞이한 아침이 아니라 "새 아침"으로 가자고 부르짖는다. 그것은 찬양소리 울려퍼지는 하나님의 나라를 향한 염원에서 비롯된 것이다. 무엇보다도 비파와 소고는 수금과 함께 구약시대에 하나님을 찬양하는 데에 사용된 악기들이다. 이러한 공동체적인 의식은 공동체적인 삶을 위한 간구로 나타난다.

① 마냥 우러르게 하소서
　우리들의 놀이마당 그 소꿉장난을
　사랑 그득한 눈빛으로 지켜보시는
　때로는 타오르는 저 불꽃을
　그러므로 우리들 연한 순으로 돋아나게 하소서
　모든 것을 버림으로 채우시는
　모든 것을 주심으로 거두시는
　그 은총의 눈부심으로

　　　　　　　　―「새 날의 기도」의 마지막 연

② 이제는 일어나
　빛을 발하게 하소서
　우리가 잠들고 있던 동안에도
　녹슬지 않았던 갑옷
　그 찬란한 빛의 갑옷을 입고
　어둠을 사르며
　기름을 사르며
　수천의 불덩이로
　수만의 불덩이로

그렇게 불타게 하소서

—「찬란한 빛의 갑옷을」의 마지막 연

③ 너는 너의 자리를
나는 나의 자리를
우리는 우리의 대열을 무너뜨리지 않고
이제는
푸름이 깨어나는 지역으로
우리를 떠나게 하소서

—「푸른 행렬」의 마지막 연

  이 시들은 공동체적인 삶을 향한 간구이다. ①은 "우리들", ②는 "우리가", ③은 "우리는"과 "우리의", "우리를"이란 복수호칭을 사용한다. 복수호칭은 공동체의 의미이다. ①의 경우는 "우리들의 놀이마당 그 소꿉장난을"이란 구절이 암시하듯이 잘못된 세상살이와 삶을 의미한다. "사랑 그득한 눈빛으로 지켜보시는"이란 구절은 하나님의 안타까움과 사랑에 대한 심정을 보여 주고, "때로는 타오르는 저 불꽃을"이란 구절도 같은 맥락에서 이해할 수 있다. 그러나 하나님은 사랑이 그득한 눈빛으로 지켜보시고, 화자는 "우리들 연한 순으로 돋아나게 하소서"라고 간구한다. 그리고 "모든 것을 버림으로 채우시는 / 모든 것을 주심으로 거두시는 / 그 은총의 눈부심으로"란 구절은 하나님의 사랑이다. 그 사랑으로 "연한 순으로 돋아나게 하소서"란 간구이다.

  ②는 공동체적인 삶을 위해 "이제는 일어나 / 빛을 발하게 하소서"란 간구이다. 우리가 잠들고 있던 동안에도 녹슬지 않았던 "빛의 갑옷"은 하나님의 말씀이며 사랑인 것이다. '갑옷'은 무장의 의미를 지닐 수 있기

때문에 빛으로 무장한 것이다. 빛의 무장은 녹이 슬지 않는다. 이 세상의 죄악인 "어둠"과 "기름"을 사르고, "수천"과 "수만의 불덩이"로 "불타게 하소서"란 간구이다.

③은 신앙인의 자세를 간구했다. "푸름이 깨어나는 지역"인 하늘나라로 "우리를 떠나게 하소서"란 간구이다. "너는 너의 자리를 / 나는 나의 자리를 / 우리는 우리의 대열을 무너뜨리지 않고"란 구절은 갖가지의 관점에서 해석할 수 있으나, 남의 것을 넘겨보지 말고 우리의 대열을 무너뜨리지 않는 삶을 간구한 것이다. 다른 말로 표현하면, 욕심을 부리지 말고 분열하지 말라는 의미를 담고 있다. 오늘의 신앙인과 한국 교회, 사회 속에 주는 잠언의 메시지이다.

잠재된 뿌리의식의 형상화
- 엄원용의 시

　엄원용은 기독교 성직자이면서 시인이며 수필가이다. 1974년《수필문학》에 수필로 등단하였으나, 1999년 첫 시집《서로 다른 빛으로 와서》를 출간한 이후 2019년 제10시집인《이 땅의 노래》를 출판했다. 노래시집인《거기 강과 산이 있었네》를 출판하기도 했다. 지금까지 그의 시들은 삶 속에 잠재된 뿌리의식을 형상화하고 잠언적인 일깨움으로 깊은 감동을 준다. 수필집도《뚝배기에 담긴 사상》과《할머니의 추억》을 출판했으며, 기독교 서적인《알고 믿으면 하나님이 보입니다》와《아름다운 교회 성숙한 신앙인》을 비롯한 10권을 출판했다. 특히 그는 1990년에 한국가곡작사가협회를 창립하고, 문인들에게 가곡으로 남을 수 있는 작사 의욕을 높여 왔다. 또한 작곡가들에게 좋은 가사를 제공해 주고 우리의 가곡 부르기 운동을 전개해 왔다.
　제10시집인《이 땅의 노래》에 수록된 시들은 잠재된 뿌리의식을 추구했다. 특히 이 시집의 표제시인「이 땅의 노래」는 뿌리의식이 작용한 결과이다. 이 땅에서 존재하고 있는 모두를 향한 아름다운 노래로 승화시켰다. 저 들판에 아무렇게나 버려진 돌멩이까지도 사랑해야 한다고 부르짖는다. 이 땅을 사랑하는 절절한 마음을 형상화했다.

　　푸른 들 푸른 산하에 곱게 자라고 있는

아름다운 꽃과 나무들만이 우리의 것이 아니다

저 버려진 들판에 널브러진 이름도 없는 돌멩이 하나도
누구에게 빼앗길 수 없는 모두 우리의 것이라는 걸

거친 비바람에 아픈 가슴 쥐어짜며
이름도 모르게 독하게 독하게 자라나는 저 풀꽃도
이 땅에 뿌리를 내린 사랑하는 우리의 것이라는 걸

우리 아버지의 아버지 또 그 아버지의 아버지가
거친 땅을 맨발로 맨발로 일구며
숨 쉬고 통곡하며 독하게 살아온 땅이 아니더냐
노래하며 춤을 추며 살아온 고마운 땅이 아니더냐

죽어 흰 뼛가루를 뿌리며
거름이 되어라
거름이 되어라 아픈 노래를 하며
아버지의 아들 또 그 아들의 아들들이 살아온 땅이 아니더냐

지금도 푸른 하늘 머리에 이고 이 땅을 밟고 살아가는
우리는 모두 그리운 사람들이 아니더냐
　　　　　　　　　　　　—「이 땅의 노래」의 전문

　이 땅에서 삶을 영위하고 있는 모든 사람에게 보내는 메시지를 담은 노래이다. 6연으로 구성된 이 시는 첫 연부터 3연까지 "우리의 것", 4연

과 5연은 "땅이 아니더냐"를 반복함으로써 이 땅의 모든 것은 우리의 것이고, 이 땅에서 지금까지 대대로 살아온 고마운 땅임을 일깨워 준다. 특히 첫 연부터 3연까지는 이 땅에 버려진 돌멩이나 이름도 없는 풀꽃 등 이 땅에 뿌리를 내린 모든 것이 우리의 것임을 깨닫게 한다. 그것은 4연과 5연에 의하면 대대로 일구면서 살아왔던 고마운 땅이며, 죽어서도 흰 뼷가루를 뿌리며 살아온 땅이기 때문이다. 그리고 "거친 비바람에 아픈 가슴 쥐어짜며"나 "거친 땅을 맨발로 맨발로 일구며", "숨 쉬고 통곡하며 독하게"나 "거름이 되어라 아픈 노래를 하며"란 구절 등은 이 땅을 지키고 일구어 오면서 한(恨)을 지닌 민족성까지 함축해 표현했다. 특히 "아니다"와 "아니더냐"란 어휘를 반복함으로써 이 땅에 대한 사랑의 마음을 상승시켰다.

첫 연은 역설적인 표현으로 제2연과 제3연을 강조한다. 푸른 들과 산하의 아름다운 꽃을 비롯한 나무들만이 아니라, 들판에 버려지고 널브러진 이름도 없는 돌멩이와 풀꽃까지 우리의 것이다. 제4연은 이 땅은 할아버지와 아버지 등이 대대로 일구고 살아온 땅임을 일깨워 준다. 고대에는 농기구도 없이 손과 발로 일구어 지금의 옥토로 만들어 왔다. 지금까지 숱한 풍파 속에서 통곡하며 독하게 살아왔으며, 노래하고 춤을 추며 살아온 고마운 땅이다. 제5연은 죽어서 흰 뼷가루를 뿌리며 "거름이 되어라"고 아픈 노래를 부르면서 대대로 살아온 땅임을 일깨워 준다. 죽어서 이 땅에 묻히고 거름이 되기를 기원하는 슬픈 노래를 부르며, 아버지와 아들들이 대대로 살아온 땅이기 때문이다. 마지막 연은 이 땅에서 살아가는 사람들에 대한 공동체적인 연대감을 고취시켜 준다. 이 땅에 살아가는 모두가 하나임을 표현했다. 지금도 푸른 하늘 아래 이 땅을 밟고 살아가기 때문이다. 그래서 이 땅의 모두가 그리운 사람으로 승화시켜 준다.

이처럼 엄원용의 시는 시적인 대상에 대한 깊은 통찰과 사유(思惟)를 순수한 이미지와 시어(詩語)로 구성하는 특징이 있다. 그의 삶 속에 잠재된 전통적인 뿌리의식은 회귀의식(回歸意識)으로 확대되고, 이 땅과 자연 그리고 고향과 신앙을 소재로 전개한다. 그것은 생명공동체적인 삶으로 공유하도록 인도하고, 사물이나 일상의 삶 속에서의 재발견으로 잠언적인 일깨움의 깊은 감동을 준다.

고향에 대한 그리움과 추억

엄원용의 시는 고향에 대한 그리움과 추억을 떠올린다. 어렸을 적에 지냈던 일들이 추억으로 남아 시심(詩心)을 자극한다. 고향에 대한 잠재된 뿌리의식에서 비롯된 것이다. 무엇보다도 성인(成人)의 시각으로 고향집을 바라보고 어렸을 적의 일들을 되돌아본다.

> 한적한 어느 날 버스를 두어 번 갈아타고
> 충청남도 서산시 고북면 봉생리 148번지
> 어느 민가를 찾아가
> 하룻밤 묵어갈 수 없겠느냐고 물으면
> 누추하지만 어서 들어오라고 하겠네
> 아마 그 여인은 무척 예쁜 여인이겠네
> 대문을 들어서면 연기에 그을린 부엌문은 옛날 그대로 있고
> 어릴 적 한아름 되던 대청마루 기둥들은
> 보잘것없이 아주 작게 보이겠네
> 툇마루 앞 감나무 배나무는 이제 늙은 채 옛집을 지키고 있고

그 옆에 전에 없던 배롱나무 한 그루 심어져 있겠네
　　예전에 내가 이 집에서 태어났다고 말하면
　　주인아줌마 아마 깜짝 놀라겠네
　　그게 정말이냐고 물어 오겠네
　　그때는 저기에 사랑채가 있었다고 말하면 한번 더 놀라겠네
　　연분홍 진달래꽃 꺾으며 뛰놀던 고향집 뒷산 마루에 오르면
　　천수만 노을 진 봄바다는 지금도 여전히 눈부시게 빛나겠네
　　　　　　　　　　　　　　　　　　　—「고향집」의 전문

　고향집에 대한 그리움과 추억을 떠올린다. 지금은 다른 사람이 살고 있고, 그 집에서 태어나고 자랐던 화자는 타인이 되어 버린 것이다. "하룻밤 묵어갈 수 없겠느냐고 물으면 / 누추하지만 어서 들어오라고 하겠네"란 구절은, 화자의 고향집에 대한 그리움과 애정에서 비롯된 바람이다. 고향 사람의 넉넉한 인심(人心)을 표현한 것이다. 이 고향집은 "대문을 들어서면 연기에 그을린 부엌문은 옛날 그대로 있고 / 어릴 적 한아름 되던 대청마루 기둥들은 / 보잘것없이 아주 작게 보이겠네 / 툇마루 앞 감나무 배나무는 이제 늙은 채 옛집을 지키고 있고 / 그 옆에 전에 없던 배롱나무 한 그루 심어져 있겠네"란 구절에서 고향집에 대한 구조나 형태를 그대로 보여 준다. 어릴 적에 한아름 되던 대청마루의 기둥들은 보잘것없이 아주 작게 보일 수밖에 없다. 그것은 어렸을 적의 시각에서 벗어나 성인의 시각이 작용한 것이다. 그만큼 숱한 세월이 흘렀음을 암시한다. 그리고 감나무와 배나무 옆에 배롱나무 한 그루 심어져 있겠다는 것은, 고향집의 구조에 대한 화자의 생각에서 비롯된다. 그것은 화자가 지금도 그대로 살고 있다면 감나무와 배나무 옆인 빈 공간에 배롱나무를 심었을 것이기 때문이다. 특히 "연분홍 진달래꽃 꺾으며 뛰놀던 고

향집 뒷산 마루에 오르면 / 천수만 노을 진 봄바다는 지금도 여전히 눈부시게 빛나겠네"란 구절은, 어렸을 적에 뒷산 마루에서 보았던 천수만의 노을 진 봄바다는 지금도 여전히 눈부시게 빛나겠다고 떠올린다. 그것은 자연적인 현상에 대한 순응의 심성을 지니고 있는 데에서 비롯된 것이다.

이러한 고향집에 대한 추억과 그리움은 어렸을 적에 들었던 이야기 속에서도 그대로 나타난다.

> 어릴 적 자주 들었던 자장가
> 할머니가 일찍 세상을 뜬 엄마가 보고 싶어 칭얼대는 손자를 업고
> '아가 아가 울지 마라
> 부뚜막에 놓인 소금 싹이 나면 네 엄마가 온다더라'든지
> '병풍에 그려진 수탉 홰를 치며 울면 온다더라' 하는 자장가는
> 지금 들어도 너무 슬픈 이야기였다
>
> ―「자장가」의 전문

시인은, 할머니가 들려주었던 자장가는 "지금 들어도 너무 슬픈 이야기였다"고 떠올린다. 자장가는 아기를 잠재우기 위하여 부르는 노래이다. 그래서 슬픈 노래가 아니라 아기가 잠들기 위한 포근한 노래여야 한다. 그러나 이 시에서는 지금에 와서 돌이켜 보면 슬픈 노래임을 성인된 시각으로 자각한다. "부뚜막에 놓인 소금 싹이 나면 네 엄마가 온다더라"나, "병풍에 그려진 수탉 홰를 치며 울면 온다더라"란 구절의 자장가는 현실 속에서 불가능한 일이다. 부뚜막 소금이 싹이 나올 수 없고, 병풍에 그려진 수탉이 홰를 칠 수가 없다. 도저히 이뤄질 수 없기 때문이다. 그러나 엄마가 보고 싶어 칭얼거리며 우는 손자에게 "엄마가 온다"

란 믿음을 주기 위한 자장가이다. 아기는 자장가를 반복해서 들으면 그 믿음을 안고 잠을 잘 수 있기 때문이다. 어릴 적에는 몰랐지만 지금 떠올리면 슬픈 자장가일 수밖에 없다.

> 순이네 집 뒤 오백 년이나 묵었다는 홰나무
> 한밤중에 바람이 불면
> '윙윙잉' 소리도 나고, '뚝뚝' 소리도 났다
> 어머니와 아버지는 귀신이 우는 소리라나
> 그러니 어서 자라고 했다
> 나와 동생은 그 소리가 무서워
> 이불을 푹 뒤집어쓰고 잠들곤 했다.
> ―「홰나무」의 전문

이 시도 「자장가」와 같은 맥락에서 이해할 수 있다. 어렸을 적의 순수한 심성을 그대로 보여 준다. 어머니와 아버지가 잠을 자지 않는 아이에게 잠자도록 들려주는 이야기이다. 가난했던 그 시절의 풍경을 한 폭의 그림으로 그려 준다. 그 당시에는 지금처럼 방이 여러 개인 구조의 집에서 살지 못했다. 대개가 방 한 칸에서 가족 모두가 함께 기거했기 때문에 자녀들이 자야만 어머니와 아버지도 잠을 잘 수 있었다. 한밤중에 바람이 불면 '윙윙잉'거리는 바람소리나, 바람에 의해 홰나무의 마른 가지가 끊어지는 '뚝뚝'거리는 소리를 '귀신이 우는 소리'라고 들려준다. '귀신이 우는 소리'로 무서움을 불러일으켜 줄 수 있기 때문이다. 그러면 "나와 동생은 그 소리가 무서워 / 이불을 푹 뒤집어쓰고 잠들곤 했다"고 되돌아본다. 「자장가」와 「홰나무」의 시는 유년 시절의 추억을 떠올려 준다.

잠언적 일깨움의 시학

엄원용의 시는 자연이나 사물을 재발견하는 데에서 출발한다. 그 현상을 그대로 인식하는 것이 아니라 뿌리의식 속에 잠재된 이치와 순응의 길을 창조한다. 가식적으로 구성하지 않고 의미를 부여하는 데에서 일깨움을 주기 때문에 잔잔한 감동을 준다. 그것은 자연의 이치에 순응하고 그 이치에 따라 순종하는 삶을 지니기 때문이다.

사랑은
바람에 날리어 떠나더라
낙엽처럼 서럽게 멀리 날아가더라

헐벗은 나무는 쓸쓸하다

부모도 떠나고 그대도 떠나고
이제는 돌아올 수 없는 이들

밤마다 뒤척이는 것은
바람에 날아간 사랑 때문이라더라.

―「모두 떠나더라」의 전문

이 시는 우리 모두가 겪는 삶을 형상화했다. 세속적인 사랑과 기독교가 추구한 아가페(agape)적인 사랑을 사유하도록 한다. 인간의 삶은 언젠가는 세속적인 사랑처럼 떠난다. 그것은 "바람에 날리어 떠나더라 / 낙엽처럼 서럽게 멀리 날아가더라"고 일깨워 준다. 남자와 여자의 성숙하지 못한 사랑처럼 인간적인 사랑은 영원할 수 없기 때문이다. 봄과 여름, 가을이 지난 나무는 앙상한 가지만 남아 있어서 쓸쓸할 수밖에 없다. "부모도 떠나고 그대도 떠나고 / 이제는 돌아올 수 없는 이들"이란 구절은 "헐벗은 나무는 쓸쓸하다"란 구절로 비유된다. 모두가 떠난 후에는 헐벗은 나무처럼 쓸쓸할 수밖에 없다. 그래서 "밤마다 뒤척이는 것은 / 바람에 날아간 사랑 때문이라더라"고 허무한 삶을 고백한 것이다.

이 시는 허무한 '사랑'의 의미를 새롭게 일깨워 준다. 인간이 지닌 사랑은 어쩔 수 없는 삶의 이치이다. 그것은 기독교에서 가르쳐 주는 무조건적인 사랑을 나타낸 아가페적이지 못하기 때문이다.

누가 내 이름을 부르면
그것은 이름을 부른 것이 아니라 나를 부른 것이다

내 이름은 나의 분신이다
그러니까 내 이름 속에서는 내가 태어나서부터
지금까지의 나의 모든 역사를 담고 있는 셈이다

내가 누군가의 이름을 불렀을 때에도
그것은 이름을 부른 것이 아니라 그를 부른 것이다
그러면 부르는 순간 그 이름은 사라지고
그가 나를 바라보게 된다

그러니 이름은
나와 하나가 되어 같이 숨을 쉬고 살다가

어느 날 이 세상을 떠나면
나와 함께 사라지게 되는 것이다.

―「이름이라는 것」의 전문

　이 시는 화자의 분신인 '이름'의 운명에 대해 일깨움을 준다. '나'나 '그'의 '이름'이란 서로 다른 것과 구별하기 위해 사물이나 현상에 붙여서 부르는 것이고, 사람의 성(姓) 이외에 남과 구별하여 부르는 사람마다의 일컬음이다. 이 사전적인 풀이에 그 이름으로 지칭된 인격체를 포함시키고 있다. 첫 연에서 내 이름을 부르면 "그것은 이름을 부른 것이 아니라 나를 부른 것이다"라고 하여 '이름'과 '나'는 하나임을 표현했다. 이름은 부르기 위한 것이고 '나'로 지칭된 사람을 부른 것이다. 제2연에서 '이름'은 그 사람의 분신임을 일깨워 준다. 이름 속에는 태어나서부터 지금까지의 '나'에 대한 삶의 모든 역사가 담겨 있기 때문이다. 이름을 부르면 '내'가 떠오르는 데에서 연유한다. 제3연은, 화자가 그를 불렀을 때에도 '이름'을 부른 것이 아니라 '그'로 지칭된 인격체를 부른 것인데, 부르는 순간에 그 이름은 사라지고 '그'가 바라보이기 때문이다. 제4연에서 '이름'은 '나'와 하나가 되어 같이 숨을 쉬고 살다가 이 세상을 떠나면 '나'와 함께 사라지게 된다고 말한다. '이름'과 '나'는 하나임을 표현한 것이다. 그것은 제2연의 첫 행인 "내 이름은 나의 분신이다"란 구절처럼 '이름'과 '나'는 구별되지 않고 하나이기 때문이다.
　엄원용은 이처럼 일상생활 속에서 상식적인 테두리에서 벗어나지 않고, 그 상식의 규범 속에서 잠언적인 일깨움의 의미를 찾아내고 있다.

　① 눈으로 바라보는 꽃은 그저 꽃이다

그저 꽃인 것에 마음을 조용히 얹어 줄 때
비로소 꽃이 된다
—「꽃」의 제 1, 2연

② 꽃은 꽃이 되고
나무는 나무가 되고
사람은 사람이 되어야 한다.
—「'답다'라는 말」의 마지막 연

③ 삶은 기다림이다
부모를 기다리고 친구를 기다리고,
기회를 기다리고, 사랑하는 이를 기다린다

기다림은
언젠가는 만날 수 있다는 희망이다
—「행복한 슬픔」의 제 1, 2연에서

④ 빨간 장미에 가시가 있는 것은
예쁘다고 함부로 만지지 말라는 뜻일 게다
고고함은 스스로 지키는 것
아름다움도 가볍게 처신하면 천하게 보인다
—「장미와 가시」의 전문

이 시들은 달관한 경지의 잠언적인 의미를 일깨워 준다. 일상의 삶 속에서 선문답식의 깨달음이다. ①의 "꽃은 그저 꽃이다"거나, ②의 "꽃은 꽃이 되고 / 나무는 나무가 되고 / 사람은 사람이 되어야 한다", ③의 "삶은 기다림이다"나 "기다림은 / 언젠가는 만날 수 있다는 희망이다", ④의 "아름다움도 가볍게 처신하면 천하게 보인다"란 구절들은 사물과 삶을 통달하는 데에서 비롯될 수 있다. 특히 ①의 "그저 꽃인 것에 마음을 조용히 얹어 줄 때"에는 "비로소 꽃이 된다"거나, ③에서 기다림의 연속인 삶은 "부모를 기다리고 친구를 기다리고, / 기회를 기다리고, 사랑하는 이를 기다린다"고 일깨움을 주기 때문이다. 또한 ④의 "빨간 장미에 가시가 있는 것은"이란 구절은 "예쁘다고 함부로 만지지 말라"나, "고고함은 스스로 지키는 것"이란 의미를 부여했다. 이러한 것은 자연의 현상이나 삶 속에서 교훈이 되고 경계(警戒)가 되는 의미를 창조해 부여한 것이다.

신앙, 시적 뿌리로 작용

엄원용의 시적인 뿌리는 기독교 신앙이다. 그의 삶 속에 기독교 사상을 용해시키고 일상생활 속에서 생활화한 결과이다. 성경적인 생경한 언어나 지명은 시어(詩語)로 사용하지 않는다. 직설적이고 관념적인 기독교 사상도 그대로 드러내지 않고, 누구나가 생활 속에서 받아들일 수 있도록 용해시켜 주는 시작(詩作)이다. 사유할 수 있도록 은유적인 표현으로 깊은 감동을 준다. 그것은 신앙의 생활화로 육화(肉化)된 이미지와 서어로 구성하기 때문이다.

세상은 나를 보고 욕심을 버리라 하는데
그것을 못 버리고 여기까지 왔네

따지고 보면 누구나 그 삶이 그 삶인 것을
시 몇 줄 더 쓰고
책 몇 권 더 냈다고 속으로 흐뭇해 하네.

—「교만」의 전문

　이 시에는 기독교의 신앙적인 색채가 전혀 드러나지 않는다. 신앙의 생활화로 육화된 삶을 보여 준다. 일상생활 속에서 교만한 삶에 대한 회개기도이다. 자성(自省)이 전제된 후에 잘못된 교만의 행태를 질타한다. 하나님 앞에 회개하는 자세이다. 교만은 겸손의 반대개념이다. 스스로 우월감을 심층에 품고 언제나 자기가 중심이 되지 않으면 만족하지 못하는 마음의 상태이다. 그러나 성경의 핵심적 교훈은 하나님을 경외하는 것이 최고의 덕이며, 교만은 최대의 죄라는 것이다(잠언 1장 7절, 6장 16절~17절, 베드로전서 5장 5절). "세상은 나를 보고 욕심을 버리라 하는데 / 그것을 못 버리고 여기까지 왔네"란 구절은, 욕심을 버리지 못하고 살아왔다는 고백이다. 그것은 "시 몇 줄 더 쓰고 / 책 몇 권 더 냈다고 속으로 흐뭇해 하네"란 구절로 교만의 결과를 표현했다. 겸손하지 못한 삶에서 비롯됨을 보여 준다. 그것은 "따지고 보면 누구나 그 삶이 그 삶인 것을"이란 구절처럼 깨닫게 된다. 일반적으로 교만은 하나님이 없이 자기 자신에게 관심이 집중될 때 생겨난다. 그리고 교만한 자는 반드시 패망한다는 것이 성경의 교훈이다(잠언 16장 18절). 우상숭배의 죄와 같이 하나님의 심판을 가져온다(이사야 2장 11절, 17절). 이러한 욕심으로 인한 교만의 행태를 버리려는 삶이다. 그것은 신앙의 삶이 작용한 회개에서 비롯된 것이다.

　실컷 울어라
　울고 나면 흐르는 뜨거운 눈물은

얼굴을 적시고
가슴을 적시며 서서히 흘러내린다

그러면
고통도 풀어지고
한도 풀어져 흘러내린다

눈물은 하나님의 손길
가슴 아픈 사람들
하나님은 흐르는 눈물로
다 씻어 내어 주신다

—「위로」의 전문

  이 시는 역설적인 표현으로 스스로의 삶을 위로하도록 한다. "실컷 울어라"란 것은 "뜨거운 눈물"을 동반한다. 그 눈물은 상승작용의 결과를 가져온다. 그것은 '얼굴을 적시고 → 가슴을 적시고 → 고통도 풀어지고 → 한도 풀어지고 → 다 씻어 내'는 행로이다. "실컷 울어라"는 내면적인 측면에서 '고통'과 '한'도 풀어지고, "다 씻어 내어 주신다"란 결과를 가져온다. "주신다"란 것은 하나님의 응답이다.

  제1연은 하나님 앞에 회개하는 모습을 떠올린다. 그것은 하나님을 향하여 흘리는 눈물이다. 하나님께 눈물로 간구하기 때문이다. 뜨거운 눈물이 얼굴을 적시고 가슴을 적실 수밖에 없다. "실컷 울어라"가 전제된 것은 처절한 회개 기도를 요구한 것이다. 성경에 나타난 '눈물 골짜기'를 연상시켜 준다. '눈물 골짜기'는 특정한 지명이라기보다 고통과 괴로움을 상징한 관용적인 표현이다. 시편 84편 6절의 "그들이 눈물 골짜기로 지나갈 때에"는 괴롭고 고통스런 세월을 보내다는 의미일 것이다. 이러한 것은 바르게 살고자 하는 모습이다.

　제2연과 제3연은 요한계시록 21장 4절인 "모든 눈물을 그 눈에서 닦아 주시니 다시는 사망이 없고 애통하는 것이나 곡하는 것이나 아픈 것이 다시 있지 아니하리니 처음 것들이 다 지나갔음이러라"와, 요한계시록 7장 17절인 "……그들의 눈에서 모든 눈물을 씻어 주실 것임이라"를 연상시킨다. 제2연은 눈물의 결과이다. 눈물로 기도한 후에는 하나님의 도움이 시작되기 때문이다(시편 121편 1절~2절).

　제3연은 눈물을 하나님의 손길로 인식한다. 가슴 아픈 사람들이 눈물로 위로받을 수 있고, 잘못한 죄도 씻어 주신다. 모든 눈물을 씻어 주시는 하나님은 극진히 위로하고 눈물이 나는 일들을 종결시켜 주신다. 이는 온갖 고난과 시련을 겪으면서도 신앙의 정절을 지킨 자들에게 하나님이 친히 위로해 주시기 때문이다.

　그의 기독교시들은 「교만」과 「위로」처럼 일상생활 속에서 체험한 삶을 신앙적인 시각으로 형상화한다. 교리적이거나 설교적이지 않은 데에서 시의 깊이를 더해 준다. 이것은 「앞이 캄캄할 때」에서도 그대로 나타난다. 누구나가 같을 수 없는 신앙의 차이를 발견해 내고 있기 때문이다.

　　가야 할 길에
　　큰 벽이 가로막혀
　　앞이 전혀 보이지 않을 때
　　분간 못하게 캄캄할 때
　　더듬거리지 말고
　　눈을 조용히 감고 바라보면
　　길이 보인다 하더이다

태양이 보이고,
하나님이 보이고,
천국이 보인다 하더이다

그런데 그것이 거짓인 것이
눈을 감고 보면
길도, 사람도, 태양도,
천국도 보이지 않고
어둠 속에서
보이는 것은 텅 빈 허공뿐이더이다

아마 누구에게는 보이고
누구에게는 보이지 않는 것은
사람에게는 하늘과 낭처럼
뭔가 차이가 있어서인가 봅니다

―「앞이 캄캄할 때」의 전문

 이 시는 잠언적인 일깨움을 전제한 후에 스스로의 삶에 대한 답안이다. 그것은 누구에게나 다르다고 깨닫는다. 첫 연은 두 가지의 행동이 전개된다. 가야 할 길이 현실적인 벽에 갇혀 앞이 보이지 않고 캄캄할 때이다. 일상생활 속에서 누구나가 경험하기도 한다. 또 하나는 앞의 현상을 해결하기 위한 방법으로 주저하지 말고 눈을 감아 앞을 바라보면 길과 태양, 하나님과 천국이 보인다는 것을 일깨워 준다. 제2연은 믿음을 상실한 마음의 현상이다. 첫 연에서 제시한 방법을 부정한다. 눈을 감고 보면 "길"과 "사람", "태양"과 "천국"도 보이지 않는다. 어둠 속에서 보이는 것은 "텅 빈 허공"뿐이다. 제3연은 첫 연에서 제시한 방법에 대해 보이는 사람과 보이지 않는 사람이 있고, 그것은 "하늘"과 "땅"처럼 차이가 있음을 일깨워 준다. 신앙적인 믿음의 깊이에 대한 차이 때문이다.

  이러한 엄원용의 기독교시들은 기독교적인 색채를 드러내지 않고, 신앙의 생활화로 육화된 이미지와 시어가 주류를 형성한다. 성경적인 의미도 그의 삶 속에서 용해시켜 형상화하고 있다. 그것은 신앙의 삶이 이미 생활화한 삶으로 자리 잡았기 때문이다. 이 시작(詩作)은 누구에게나 거부감 없이 수용되고 있다. 기독교시에 대한 바른 방향임을 보여 준다.

삶 속에 나타난 '하나님의 뜻'을 탐색
– 김상길의 시

섭리의 언어로 '하나님의 뜻'을 추구

김상길(金相吉)은 목사이면서, 아동문학가이며 시인이다. 1980년 《소년》에 동시가 추천되어 아동문학가로 출발했으나, 1983년 《시문학》에 시추천을 받은 이후부터 시작(詩作)에 주력했다. 첫 시집 《숨겨둔 빗장》(1989년. 종로서적 출판부 펴냄)과 《깃발나무》, 산문집 《겨자씨》 등을 펴냈다. 그의 시들은 대부분 기독교시로 사물에 성성적인 의미를 부여해 새로운 형태의 시를 창작해 왔다. 특히 하나님의 뜻이 담긴 '섭리의 언어'로 존재를 확인하고 공동체적인 삶을 추구했다.

《숨겨둔 빗장》의 시집 「머리말」에서 그는 문학적 신앙고백을 다음과 같이 밝혔다.

> 시는 내게 있어서 절망의 토양에서 발아하는 신앙고백이며 은혜로운 존재 확인이다. 그뿐 아니라 더불어 사는 삶의 양식이기도 하다. 나는 현상공간에서 파악한 절대자의 섭리를 양식으로 공유하기 위해 시를 쓰고 있다.
>
> 이런 점에서 진리와 믿음은 내게 자유와 창작의 원천이 된다. 나는 진리 안에서 자유하고 있으며 믿음으로 삶의 현장에 나타난 하나님의 뜻

을 탐색한다.

나의 고백, 나의 확인, 나의 발성이 영원의 찬양 대상인 하나님께 의미가 되고 상처를 입은 사람들에게 공감과 대응이 되었으면 좋겠다.

그에게 시는 "절망의 토양에서 발아하는 신앙고백"이며 "은혜로운 존재 확인", "더불어 사는 삶의 양식"임을 천명했다. 또한 그는 "절대자의 섭리를 양식으로 공유하기 위해 시를 쓰고 있다"고 밝혔다. 그리고 "진리와 믿음은 내게 자유와 창작의 원천"으로, "진리 안에서 자유하고 있으며 믿음으로 삶의 현장에 나타난 하나님의 뜻을 탐색한다"고 밝혔다. 이와 같이 그의 시들은 "은혜로운 존재 확인"이며, "더불어 사는 삶의 양식"으로 "영원의 찬양 대상인 하나님께 의미가 되고", "상처를 입은 사람들에게 공감과 대응이 되었으면 좋겠다"고 소원했다. 그래서 삶의 현장에 나타난 하나님의 뜻을 탐색하고 하나님과 함께하는 삶을 추구했다.

김상길은 2014년 《창조문예》 11월호에 신작시 5편 발표와 함께 「시작여담」에서 《숨겨둔 빗장》 시집의 「머리말」과 동일한 '하나님의 뜻'에 대해 설명했다.

> 섭리의 언어. 나는 섭리의 언어가 시라고 믿는다. 섭리란 무엇인가. '세상과 우주만물을 다스리는 하나님의 뜻'이다. 인생과 본질의 가치, 존엄과 행복은 창조섭리를 회복하는 데 있다. 크리스천 시인에게는 더욱 그렇다. 창조주께서 시인이라는 사명을 주셨을 때 섭리의 언어를 탐색하고 채집하고 연마하고 공유하라고 주셨다. 단순한 시가 아니다. 그냥 언어가 아니다. 언어에 창조주의 뜻이 있으니 천국의 언어요, 천국의 보물이다. 크리스천 시인은 바로 그런 천국의 대사다. …… (생략) ……
> 시인이 섭리의 언어를 탐색하고 채집하여 찾아냈다면, 연마하고 공유

한다는 것은 당연한 일이다. 상처받고 고통받은 데서 치유받고 구원받은 회복의 기쁨을 어느 삶의 구석, 지상의 맨 끝에서 절망하고 있는 이웃과 나누어야 한다. 그것은 천국의 잔치다. 나는 회복을 나누고 싶다. 내가 시를 쓰는 이유다.

그는 "섭리의 언어"로 시작(詩作)을 한다고 밝혔다. 그것은 "하나님의 뜻"이 담긴 언어이다. 그 언어는 단순한 언어가 아니라 "천국의 언어"이며 "천국의 보물"이라고 덧붙였다. 좀더 구체적으로 부언하면 이 세상의 모든 것을 다스려 나가는 하나님의 의지와 사랑, 은혜가 담겨 있어야 하고, 이 우주를 지배하는 이법(理法)인 원리와 법칙의 언어이다. 그리고 그 "섭리의 언어"로 시작(詩作)한 시는 상처받고 고통받은 자에게 치유의 도구가 되고, "구원받은 회복의 기쁨"이 되어야 한다는 분명한 소명의식에서 시를 쓰고 있음을 천명했다.

> 날마다, 날마다
> 그 목소리를 들으며
> 이 정겨운 계단을 오르고 싶습니다
>
> 그 목소리 없이
> 이 시린 마음을 덥힐 수 없습니다
> 그 목소리 없이
> 이 어두운 밤을 걸어갈 수 없습니다
>
> 그 목소리를 들으며
> 늘 깨어 있다가

끝내 내 호흡이 가장 평화로워질 때
영원의 눈을 뜨고 싶습니다

—「그 목소리」의 일부

이 시는 '하나님의 뜻'이 담긴 '섭리의 언어'로 삶을 영위하고 있음을 보여 준다. "그 목소리"는 하나님의 섭리를 의인화했다. 그 목소리가 없으면 아무것도 할 수 없고 이루어질 수 없음을 시사한다. "그 목소리를 들으며 / 이 정겨운 계단을 오르고 싶습니다" 하고 소원하는 것은, 그 목소리가 없으면 이 정겨운 계단을 오를 수 없기 때문이다. 그래서 "그 목소리 없이" 이 시린 마음을 덥힐 수 없고 이 어두운 밤을 걸어갈 수가 없다. "그 목소리를 들으며 / 늘 깨어 있다가 / 끝내 내 호흡이 가장 평화로워질 때 / 영원의 눈을 뜨고 싶습니다" 하고 소원한다. '섭리의 언어'가 작용한 삶이 변화되는 현상이다.

이러한 김상길의 기독교시들은 '하나님의 뜻'이 담긴 섭리의 언어로 시적인 대상인 사물과 정서에 성경적인 의미를 부여해 추구한다. 하나님 앞에서 스스로의 존재를 확인할 수 있도록 일깨워 주고, 공동체적인 삶의 양식이 되어 준다. 그것은 구원의 길로 인도하는 지팡이며 등불인 것이다.

사물 속에서 '성경의 의미'를 창조

김상길의 시들은 새로운 기독교시의 형태를 보여 준다. 그의 대부분의 시들은 일상생활 속의 사물을 통해 성경적인 의미를 부여하고 있기 때문이다. 성경의 모든 것을 그대로 답습하는 것이 아니라 일상생활의 사물을 통해 성경의 의미를 찾아내고 그 의미를 부여함으로써 시적인 가치성을 확대시킨다. 성직자의 시는 대부분 성경의 생경한 언어를 그대로 사용하거나 성경의 구절을 그대로 옮겨 놓은 듯한 형태였다. 그러나 '목사'란 직분을 지니고 있으면서도 김상길의 시는 성경적인 풍습이나 사건에 집착하지 않는다. '목사'란 직분이 보여 주듯이 그의 시들은 성경의 의미를 좇아가는 것이 아니라 일상생활의 사물 속에서 성경의 의미를 창조한다. 그것은 신앙의 삶으로 육화(肉化)된 정서와 바른 시작(詩作) 태도에서 비롯되었다. 신앙의 생활화가 시작에 그대로 적용된 것이다. 그래서 일상생활 속에서 성경의 의미를 찾아내고 있는 것은 김상길이 지니고 있는 독특한 시작의 형태이다.

　　비울 줄 모르고
　　채우기에만 허둥거렸습니다.
　　남보다 앞서서
　　수북이 쌓아 놓았습니다.
　　그 부패하여 냄새나는 떡덩어리를
　　은택의 향기로 알고
　　이웃을 불러들여 자랑했습니다.

　　채울 줄 모르고
　　비우기에만 바둥거렸습니다.
　　그 귀한 보배들을
　　실속 없는 선물,
　　그릇을 상하게 하는 티끌로 알고
　　사람들이 잠든 사이,

소리 내지 않고 비웠습니다.

별이 만발한 이 새벽
당신의 음성에 잠을 치우고
비로소 눈을 떠
비워서 얻는 것과
채워서 버리는 것을 보았습니다.
아, 아름다운 그릇이 무엇인가를
뒤늦게 보았습니다.

—「그릇」의 전문

 이 시는 고린도후서 4장 7절인 "우리가 이 보배를 질그릇에 가졌으니 이는 심히 큰 능력은 하나님께 있고 우리에게 있지 아니함을 알게 하려 함이라"를 형상화했다. 즉 보배는 그리스도의 복음이며 질그릇은 전도자를 가리킨다. 이 시에서 '그릇'이란 사물을 신앙행위로 대치했다. 그릇에 담기는 것은 신앙의 보물이며 신앙 행위의 실적이다. 외적인 모습이 아닌 내적인 삶의 형상화이다. 그것은 일상생활 속에서 깨달음을 통해 바른 신앙의 길로 인도한다. 특히 질그릇에 담긴 보물은 신앙의 행위로 깨달음의 깊이를 보여 준다. 그것은 그릇이 지니고 있는 양면성을 신앙적인 행위의 차원으로 끌어올린다. 즉 그릇이 지니고 있는 용도를 삶의 형태로 환원시켰다. 채우기도 하고 비울 수도 있다는 평범한 이치를 스스로의 생활에 적용시키고 있기 때문이다.

 이 시는 3연으로 구성되어 있다. 제1연은 채우기만 하고, 제2연은 비우기만 했다는 고백이다. 제1연과 제2연은 '그릇'이 지닌 속성을 신앙적인 행위로 형상화했다. 그리고 제3연은 행위에 대한 깨달음이다. 제1연은 그릇에 채우기만 하고 사용하지 않았다고 고백한다. "허둥거렸습니다"나 "남보다 앞서서 / 수북이 쌓아 놓았습니다"는 부지런한 삶을 보여 준다. 그러나 그 결과는 "그 부패하여 냄새나는 떡덩어리를 / 은택의 향기로 알고 / 이웃을 불러들여 자랑했습니다"로 나타난다. 그릇에 담긴 보화를 사용하지 않으니 부패되어 냄새나는 떡덩어리가 되었는데, 그것을 은택의 향기로 알고 이웃을 불러들여 자랑했다는 고백이다.

제2연은 제1연의 채우기만 한 행위에서 비우기만 하는 행위로 전환한 상황을 형상화했다. 그릇에 담긴 보화를 사용하지 않고 비우기만 했다는 행위이다. 그 귀한 보배들을 "실속 없는 선물"이거나 "그릇을 상하게 하는 티끌로 알고" 비웠다며 고백한다. 그것도 사람들이 잠든 사이에 소리 내지 않고 비웠다고 실토한다. 신앙의 보배를 제대로 보지 못하고 깨닫지 못한 모습을 그대로 보여 준다.

제3연은 별이 만발한 새벽에 하나님의 음성으로 깨닫고 있음을 보여 준다. 비로소 깨달음의 눈을 떠서 비워서 얻는 것과 채워서 버리는 것을 깨달았다. 또한 아름다운 그릇이 무엇인가를 분별하는 것도 깨달았다. 그것은 그릇의 용도에 대한 깨달음이다. 어떤 것이 담겼느냐에 따라 아름다운 그릇이 될 수 있기 때문이다. 그릇을 통한 신앙의 깨달음이며 신앙의 교훈이다.

"비울 줄 모르고 / 채우기에만 허둥거렸습니다"와 "채울 줄 모르고 / 비우기에만 바둥거렸습니다"란 고백은, "아, 아름다운 그릇이 무엇인가를 / 뒤늦게 보았습니다"란 신앙의 길에 도달한다. 또한 "그 부패하여 냄새나는 떡덩어리를 / 은택의 향기로 알고"나 "그 귀한 보배들을 / 실속 없는 선물, / 그릇을 상하게 하는 티끌로 알고", 그리고 "비로소 눈을 떠 / 비워서 얻는 것과 / 채워서 버리는 것을 보았습니다"란 구절은 신앙의 삶이 작용한 깨달음의 결과이다. '그릇'이란 일상생활의 평범한 도구를 통해 크리스천의 삶으로 확대시켰다.

  이러한 김상길의 시는 일상생활 속에서 새로움을 발견하는 데에서 시적인 가치성을 획득한다. 성경의 어떤 구절이나 성경의 전체에 골몰하는 것이 아니라, 일상생활 속의 사물을 통해 성경의 진리를 드러낸다. 그것은 신앙의 생활이 육화된 삶에서 비롯되었다. 그래서 그의 시에는 성경의 생경한 언어나 풍습이 나타나지 않는다. 우리의 일상생활 속에서 생활화된 언어와 풍습으로 나타나고 있음을 보여 준다. 이러한 것은 김상길 스스로가 지향하고 있는 시작의 기법이다.

    꽃향기를 날리는 것은
    바람의 모습이 아니다

    숲에서 노래하는 것이
    바람의 모습이 아니다

    강물에서 춤추는 것도
    바람의 모습이 아니다

    모든 빈틈으로 들어와
    웃고 있는 것마저
    바람의 모습이 아니다

    언제 어디서 불어오는지도 모르게
    맞설 수 없는 운행으로
    봄의 꽃을 떨어뜨리고

여름의 숲을 쓰러뜨리며
가을의 강물을 헤집고
겨울의 빈틈을 넓혀

약속의 땅에서 맞은
첫 아침을

온몸으로 느끼게 해 주는 것
바람의 모습이다

—「바람의 모습」의 전문

  이 시는 '바람'을 통해 성경적인 의미인 '하나님의 섭리'를 깨닫도록 일깨워 준다. 제1연부터 제4연까지는 현상적인 바람의 행위를 부정한다. 그리고 제5연부터 마지막 연까지는 보이지 않은 '바람'의 행위를 '하나님의 섭리'로 깨닫도록 한다. '바람'에 대한 의미를 역설적으로 재창조한 것이다. "꽃향기를 날리는 것"(1연)이나 "숲에서 노래하는 것"(2연), "강물에서 춤추는 것"(3연)이나 "모든 빈틈으로 들어와 / 웃고 있는 것마저"(4연)도 각 연의 마지막 행에서 "바람의 모습이 아니다"라고 부정한다. 그러나 5연부터는 "봄의 꽃을 떨어뜨리고 / 여름의 숲을 쓰러뜨리며 / 가을의 강물을 헤집고 / 겨울의 빈틈을 넓"(5연)히는 바람의 행위나 "약속의 땅에서 맞은 / 첫 아침을 // 온몸으로 느끼게 해 주는 것"(6, 7면)은 "바람의 모습이다"라고 표현했다. "언제 어디서 불어오는지도 모르게 / 맞설 수 없는 운행으로"란 구절처럼 바람은 '하나님의 섭리'이다. 하나님의 섭리는 누구도 예견할 수 없도록 일어나기 때문이다.

자각에 의한 '깨달음'의 시학

　김상길의 시들은 깨달음의 시학이다. '깨닫다'는 것은 새로운 의미를 동반한다. 스스로의 자각에 의해 깨치어 알아낸다고 해석할 수 있다. 그런데 사물의 깊이를 어떤 시각으로 추적하느냐에 따라 나타나는 의미가 달라진다. 그의 시들은 신앙의 시각을 지니고 있다. 그의 앞에 놓여진 어떤 사물도 신앙의 시각으로 바라보고 있으며, 신앙을 동반한 의미를 드러낸다. 그래서 그의 시는 깨달음에 대한 경지를 이룩해 준다. 어떤 것을 곧바로 제시하는 직설적인 방법이 아니라, 사물의 깊이를 통해 간접적인 작용의 결과를 가져오고 있기 때문이다.

　　눈물을 흘릴 때는
　　갈 길이 보이지 않는다

　　그저 수면 위에서 흔들거리는
　　풍경뿐

　　일회용
　　비닐 봉투처럼
　　바람에 뒹구는 마음

　　눈물을 흘릴 때는
　　없었던 길이 보인다
　　그 조용한 오솔길

왜 이런 길을 놔두고
그 시끄러운 거리에서
웃음을 팔며 돌아다녔을까

꽃보다 더 찬란한
잎새를 본다

눈물을 흘릴 때는

―「눈물을 흘릴 때는」의 전문

　이 시는 '눈물'을 통해 '깨달음'을 일깨워 준다. 눈물은 육체적인 고통보다는 정신적인 비탄과 감동에 의해 흘러나온다. 제1연부터 제3연까지는 현상적인 눈물을 표현하고, 제4연부터 마지막 연까지는 정신적인 자극을 보여 준다. 첫 연의 눈물은 살 길이 보이지 않는다. 제2연과 제3연도 정신적인 자극을 주지 않고 "그저 수면 위에서 흔들거리는 / 풍경뿐"(2연)이거나, "일회용 / 비닐 봉투처럼 / 바람에 뒹구는 마음"으로 사유(思惟)에 대한 감각이 없다. 눈물은 눈물일 뿐이다. 그러나 제4연부터는 눈물을 통한 자각의 사유를 지닌다. 제4연은 없었던 길이 보이는데 그 길은 오솔길이다. 제5연은 스스로의 잘못된 길을 돌아보게 한다. 지금까지 없었던 길인 "그 조용한 오솔길"을 두고 "그 시끄러운 거리에서 / 웃음을 팔며 돌아다녔을까"라고 후회한다. 신앙적인 시각의 참회이다. 제5연은 눈물의 의미가 주는 깨달음이다. "꽃보다 더 찬란한 / 잎새를 본다"란 구절처럼 맑은 영혼을 지니게 한다.

　① 시편(詩篇) 틈새에서

빛이 새어 나오는 것을 본 일이 있었다.
글자 하나하나가
작은 등불로 팔랑거리며 다가왔다.
……생략……
겨울 아침 햇살 같은 빛이
팔랑거리며 다가왔다.
그때부터
틈새에서는
언제나 반가운 빛이 있었다.

—「틈새의 빛」의 일부

② 복병(伏兵)은 한 번의 검술(劍術)로
내게 그 사실을 일러주었다.
오늘은 은혜 입은 날
피를 흘린 대가로
한 아름 별을 얻었다.

—「저녁 무렵의 복병(伏兵)」의 일부

③ 대기하며 깨닫는 섭리
하나님은 내 보행 능력이나 속도를 알고 계신다.

—「신호 대기」의 일부

④ 행복(幸福)의 손잡이는 작아 보이고
불행(不幸)의 손잡이는 커 보인다

마음에 있는 손잡이를
　　그분에게 맡긴다는 것은
　　은혜로운 의탁(依託)

　　손잡이는 우리에게
　　영원(永遠)의 의미를 가르쳐 준다

　　　　　　　　　―「손잡이론(論)」의 일부

　김상길은 이 시들을 통해 깨달음에 대한 시작(詩作)임을 보여 준다. 즉 ①은 시편의 구절구절에서 "겨울 아침 햇살 같은 빛"과 "반가운 빛"을 발견한다. 빛은 하나님이다. ②는 잠복한 병졸에 의해 "피를 흘린 대가로 / 한 아름 별을 얻었다"고 고백한다. 이 '복병'의 검술로 "은혜 입은 날"이고, 그 검술로 피를 흘린 대가는 "한 아름 별을 얻었다"고 표현했다. "은혜 입은 날"에 "한 아름 별"을 입은 것은 하나님의 사랑과 은혜, 축복임을 깨닫게 한다. ③은 신호 대기에서 "하나님은 내 보행 능력이나 속도를 알고 계신다"고 하나님의 섭리를 깨닫는다. ④는 손잡이가 "영원의 의미를 가르쳐 준다"고 터득한다. 특히 "행복(幸福)의 손잡이는 작아 보이고 / 불행(不幸)의 손잡이는 커 보인다"란 구절은 성경「잠언」의 한 구절을 보듯이 깨달음을 주는 잠언적인 메시지이다. 일상의 생활 속에서 '행복'을 느끼지 못하고 불행한 생활만을 탓하는 데에서 연유한다. 이 깨달음은 ①에서 '시편 → 빛', ②는 '복병 → 별 → 빛', ③은 '신호 대기 → 보행 능력, 속도', ④는 '손잡이 → 영원의 의미'로 나타난다.

　이처럼 김상길의 시들은 깨달음을 통해 하나님의 진리를 드러낸다. '가르친다'는 명령적인 지시가 아니라 스스로의 자각을 통해 일깨워지는 현상을 형상화했다. 그것은 바른 신앙의 길이다.

이제야 풉니다.
수없는 도피
밀리지 않으려는 안간힘 끝에
비로소 투항(投降)합니다.
아직까지는 마지막 빗장.
이것만은
하고 늘 미뤄 왔습니다.
웃음이 만발한 자리에서도
남몰래 빗장을 쓰다듬곤 했습니다.
빗장이 견고했기에
외부인(外部人)은 출입금지(出入禁止)
나만의 현상법(現像法)이 있는 암실(暗室)이었습니다.
일회용(一回用) 눈물이나
남루한 미움,
도수 없는 분노도
그 실내(室內)에 숨겨 두었습니다.
그러나 이런 것의 노출 때문에
빗장을 푸는 것이 아닙니다.
이것은 나의 포기.
새로운 사랑을 위한 희생입니다.
미련을 갖지 않겠습니다.
아늑한 실내(室內)로 가꿔 주십시오.

—「숨겨둔 빗장」의 전문

이 시는 신앙적인 방황을 통해 새 삶을 획득하고 있음을 보여 준다.

"이제야 품니다"란 구절이나 "나만의 현상법(現像法)"이란 자체가 스스로의 자각에 의한 깨달음을 암시한다. 그 깨달음은 "수없는 도피"나 "밀리지 않으려는 안간힘", "외부인(外部人)은 출입금지(出入禁止)"란 방황과 의지가 가져오고 있음을 보여 준다. 그것은 "포기"를 통해 "새로운 사랑을 위한 희생"으로 나타난다. 시 「숨겨둔 빗장」의 구조가 보여 주듯이 스스로가 깨닫는 데서 신앙의 길로 들어설 수 있음을 가르쳐 준다.

사랑의 공동체를 추구

김상길의 시들은 《숨겨둔 빗장》 시집의 「머리말」에서 "더불어 사는 삶의 양식"이라고 표현한 것처럼 사랑의 공동체적인 삶을 추구한다. '더불어'는 '혼자'가 아니라 '함께', 즉 공동체적인 삶을 추구한다는 의미이다. 일상생활의 사물을 통해 성경의 진리를 드러내고 그 진리에 따라 삶의 길을 제시하면서, 스스로만이 존재하는 삶이 아니라 모두가 함께하는 삶으로 확대시킨다.

>바람은 잠들라
>들길에 익숙한 암나귀 같은
>너 바람은
>이 추수기(秋收期) 앞에서 잠들라.
>
>가수들의 노랫말에서
>사람들의 가슴 한복판에서
>심지어 제단 아래에서까지

전선(前線)을 형성하는
너 흑암의 세력은 이제 소멸(消滅)하라.

우리는 피 흘려 영토(領土)를 가꾸었다.
한 알의 열매를 얻기 위해
열 항아리의 눈물을 흘렸다.
새벽에도 일어나 열매를 살폈다.

아직 추수기는 끝나지 않았다.
너 광풍(狂風)은 잠잠하라.
신문 사이에서
TV 화면에서

그대로 열려 있는 사람들의 문(門) 앞에서
숨을 죽이라

너희들이 언제부터 떼를 지어 다녔느냐
너희들이 언제부터 함성을 질렀느냐

이제 우리는 주인(主人)을 위해
낫을 들어야 하느니
너 바람은 잠들라.

―「바람은 잠들라」의 전문

이 시는 추수기의 상황을 형상화했다. 추수기에 바람이 불지 말아야 알찬 열매를 거둘 수 있음을 보여 준다. 즉 "바람"을 들길에 익숙한 "암나귀"와 "흑암의 세력"으로 규정하고 있으며 그것은 이단자임을 천명한다. 그래서 "잠들라"와 "소멸(消滅)하라", "잠잠하라"와 "숨을 죽이라"고 단호한 명령을 내린다. 어둠의 세력을 막음으로써 순탄하게 알찬 열매를 거둘 수 있다고 일깨워 준다. 이 평범한 일깨움을 통해 크리스천의 삶에 대한 열매를 거두는 추수기로 확대시킨다. 이 시에서 스스로의 삶만을 위한 행적이 아니라 모두의 삶을 위한 행적임을 감지시켜 준다. 그래서 추수기 앞에서 바람은 잠들어야 한다고 역설한다. 그것은 김상길의 시각이 모두에게 향하고 있음을 시사한다. 즉 그는 "잠들라"와 "소멸하라", "숨을 죽이라"란 단호한 명령을 통해 모두의 삶에 동참한다. 또한 "너희들이 언제부터 떼를 지어 다녔느냐"란 구절이나, "너희들이 언제부터 함성을 질렀느냐"란 반문을 통해 공동체적인 삶을 향한 애정을 쏟아 놓는다.

① 나사로야 나오라

한국교회(韓國敎會)야 나오라.
수족에 싸인 세속의 베를 풀고
얼굴을 감고 있던 독선의 수건을 벗어 버리고
어둠의 자리
부패의 자리에서 부활하라

―「나사로야 나오라」의 일부

② 거만한 웃음이 통곡이 되고
정성 들인 건축물(建築物)이 와해(瓦解)되리라
본래 소리는 살아 있음이 증거려니

어디를 가든지
이 증거를 확인하게 되리라
혼자가 아님을 알게 되리라.

　　　　　―「듣는 자마다 두 귀가 울리리라」의 일부

　이 두 편의 시도 공동체적인 삶을 지향한다. ①의 "세속의 베"나 "독선의 수건", "어둠의 자리"나 "부패의 자리"는, ②의 "거만한 웃음"과 "정성들인 건축물"의 소산물임에 틀림없다. 거만한 웃음은 통곡이 되고 정성들인 건축물은 와해되기 때문이다. 그래서 ①의 "나오라"나 "풀고", "벗어 버리고"나 "부활하라"는 새 삶을 획득하기 위한 수단이다. ②에서도 "통곡이 되고"나 "살아 있음이 증거려니", "확인하게 되리라"나 "알게 되리라"란 깨달음으로 새 삶을 획득하는 순간을 포착한다.

아직은
발걸음이 서툴러
비틀거리다 넘어지기도 하지만
어디를 가야 할지
분명히 아옵니다

아직은
발음이 서툴러
(마음에 있는 말)
늘 입 안에서 맴돌지만
한 번도 그 사랑을
부인해 본 적이 없사옵니다

아직은
눈길이 서툴러
늘 당신의 눈을 맞추지 못하지만
해바라기 같은 마음
한 번도 버린 적이 없사옵니다

아직은
사랑하는 법(法)이 서툴러
신비한 분위기는 연출하지 못하지만
영혼은 작은 수금(竪琴)
한 줄기 바람에도
떨리옵니다

창을 열면
언제나 그곳에 있는 별처럼
당신이 계시기에

바람이 불고
길이 어두워도
이처럼 연가(戀歌)를 부르며
사랑 법(法)을 익히옵니다

―「아직은 나 어리지만」의 전문

    이 시에서 "아직은"은 미처 이르지 못한 상태를 말한다. 그래서 "사랑하는 법(法)"이 서툴고, 영혼은 현악기인 작은 수금(竪琴)처럼 한 줄기 바람에도 떨린다. 언제나 그곳에 있는 별처럼 하나님이 계시기에 바람이 불고 길이 어두워도 사랑의 노래를 부르며 "사랑 법(法)"을 익히겠다는 고백이다. 그 "사랑 법"은 화자인 스스로를 위한 것이 아니라 공동체적인 삶의 추구에서 비롯된 것이다.

　이처럼 김상길의 시는 스스로의 삶만이 아니라, 모두의 삶을 위한 공동체적인 삶의 길을 추구한다. 그것은 삶의 현장에서 나타난 '하나님의 뜻'을 탐색하는 데에서 비롯된다. 일상생활의 사물을 통해 하나님의 섭리를 발견하고 그 진리를 통해 새 삶을 획득하도록 일깨워 준다.

'돌아봄'과 '깨달음'의 삶
– 전길자의 시

신앙고백적인 삶을 추구

전길자는 1944년 서울에서 태어났으며 숙명여대 국어국문과를 졸업했다. 1989년 《문학공간》 신인상으로 등단한 이후 활발한 창작활동을 하고 있다. 첫 시집인 《나무는 아파도 서서 앓는다》(1992년. 문학세계사 펴냄)를 비롯한 《저 새떼들이 부럽다》, 《안개마을》, 《길 위에서 길을 찾는다》, 《이루이지이다》, 《바람의 손》, 《꽃의 기호》, 《사다리와 시간과 아버지》 등 10권을 펴냈다. 한국기독교문학상과 숙명문학상을 수상하기도 했다. 늦깎이로 등단한 그는 어느 누구보다도 왕성한 활동으로 시의 완성도를 높여 왔다. 내면에 생동하는 서정과 소박한 아름다움, 그리고 기독교의 신앙인으로서의 돌아봄과 깨달음, 기독교의 윤리의식이 성숙한 경지를 이룩한 것도, 서정에 바탕을 둔 사유(思惟)의 정서로 비롯된 것이다. 일상생활 속의 삶과 사물에 대한 경험과 깊은 성찰, 적절한 조화와 변용, 언어절제와 치밀한 구성 등은 그의 시의 특징이다.

전길자의 시에 대해 박이도 시인은 시집 《나무는 아파도 서서 앓는다》의 해설에서 "전길자 씨의 추억은 잊혀지고 사라진 것, 마치 바람의 흔적이나 지나간 시간을 되살려 내듯, 재구성의 차원에서 인간의 따뜻한 정과 아름다움을 일깨워 주는 감성의 시로 드러난다"고 따뜻한 정과 아름다움을 일깨워 주는 시로 평가했다. 또한 임헌영 문학평론가는 시집 《안개마을》의 해설에서 "첫 시집 《나무는 아파도 서서 앓는다》부터 두 번째 시집 《저 새떼들이 부럽다》에 이은 세 번째 시집 《안개마을》에 나타난 전 시인의 시세계를 관류하고 있는 정서는 고통이다. 그 고통은 아파도 누울 수 없는 자신에게 주어진 운명으로서의 삶을 이식시킬 수도 없는 식물성적인 아픔이다. 그 아픔으로부터의 일탈을 위하여 시인은 차라리 나래를 달고 천공을 비상하고자 새떼들을 부러워하지만, 허공 어디에도 인간을 위로해 줄 안식처를 찾지 못한 채, 끝내는 포근한 대지의 조그마한 안개마을에 정착하는 것이 행복임을 깨닫는 변증법적인 미학구도로 연이어져 있다"고 시세계를 분석했다. 또 이재훈 시인은 시집 《꽃의 기호》의 해설에서 "전길자 시인의 시 속에는 삶의 상처와 애환을 모두 포용하는 품을 가지고 있다. 이것이 전길자 시의 가장 큰 특징이다. 전길자의 시는 서정의 토대 위에서 지어지지만 실제 얹혀지는 벽돌은 존재에 대한 탐구로 버무려진 재료이다. 기호의 세계와 존재에 대한 내밀한 자아탐구를 거쳐 사랑과 종교의 세계로 이르기까지 그 고된 시적 역정 속에서 따뜻함을 잃지 않는 시세계를 가지고 있다"고 분석했다.

전길자의 제4시집인 《이루어지이다》(1999년. 은혜기획 펴냄)는 기독교시만을 수록했다. 제3시집인 《안개마을》까지의 10편과 신작을 포함한 75편이 수록되어 있으며, 신앙의 삶에 의한 하나님의 섭리와 사랑을 추구했다. 그 사랑은 따뜻함과 아름다움으로 승화시켰다. 그는 「시인의 말」에서 "말씀 묵상하다가, 찬양드리다가, 기도드리다가, 한때는 '시편 말씀보다 더 좋은 노래가 아니라면' 하고 접어 두었던 마음의 갈피를 열어 보았습니다. 누구나 처음 그분을 만났던 뜨거운 순간들을 기억하며 지내지요 ……(중략)…… 한때는 가정 다 뒤로하고 그분 곁에만 있고 싶어 몸살을 하기도 했는데……"라고 스스로의 신앙을 고백했다. 특히 그의 시가 "시편 말씀보다 더 좋은 노래가 아니라면"이란 돌아봄과 깨달음의 삶으로 발전시켜 왔음을 보여 준다. 하나님과 함께하는 온전한 삶이었음을 고백한 것이다.

전길자의 기독교시는 신앙고백적인 삶을 형상화했다. 신앙이 생활화된 삶 속에서 생성된 사랑의 정서에 의한 시작(詩作)이다. 신앙의 대상인 하나님을 신뢰하고 그의 계시를 진리로 받아들여 추구했다. 하늘나라를 향한 미래의 삶을 위해 전적으로 의지하고 소망하는 삶이 그대로 나타난다. 믿음을 구원의 필수조건으로 받아들이고, 삶의 근거로 인식함으로써 하나님이 주신 은혜의 선물임을 보여 준다. 이와 같은 그의 시들은 신앙의 삶에 대한 돌아봄과 깨달음, 신앙 속에서 존재하고 있음에 대한 사랑의 여정으로 나타난다.

새들은 나뭇가지에 내달린
까치밥을 쪼고
나는 옷깃을 여미며 새들을 바라보네

새들의 부리에 묻은 단물처럼
내 생애 남은 시간도
누구에겐가 단물로 남았으면

숨어 열린 주목나무의 빨간 열매가
계란에 독성을 내주고
환부를 치유하는 것처럼

내 생애 한 부분이
누군가의 상처를 달래 주었으면

세상 한 귀퉁이에 남겨진 까치밥처럼
계절 한 귀퉁이에 매달린 주목나무 빨간 열매처럼
내 시(詩)도
오늘 누군가의 상처를 달래 줄 수 있다면.
—「늦가을 단상」의 전문

　이 시는 늦가을에 주변의 새와 주목나무를 보고 신앙적인 사유의 정서로 승화시켰다. 신앙의 삶인 사랑을 실천하려는 고백적인 시이다. 까치밥을 쪼고 있는 새와 주목나무의 빨간 열매를 통해 화자의 신앙적인 삶을 변용시킨다. 첫 연은 나뭇가지에 매달린 까치밥을 쪼고 있는 새들을 보고 옷깃을 여미며 바라본다. "옷깃을 여미며"란 구절은 화자의 삶으로 변용시키는 과정이다. 제2연은 첫 연에서 "옷깃을 여미며"란 구절로 사유한 의미를 화자의 삶으로 결부시킨다. "새들의 부리에 묻은 단물처럼" 화자의 남은 시간도 "누구에겐가 단물로 남았으면"이란 바람이다. 제3연과 제4연도 첫 연과 제2연처럼 구성했다. 주목나무의 빨간 열매가 환부를 치유하는 것처럼 화자의 생애 한 부분이 누군가의 상처를 달래 주기를 바란다. 마지막 연도 까치밥과 주목나무의 빨간 열매처럼 화자의 시(詩)가 오늘 누군가의 상처를 달래 주기를 바라는 마음이다. 시편 147편 3절에서 "상심한 자들을 고치시며 그들의 상처를 싸매시는도다"라고 했기 때문이다. 이 시는 신앙의 삶을 실천하려는 의지로 구성되고, 예수 그리스도의 생애처럼 사랑을 실천하려는 정신을 담았다.

'신앙의 삶'의 돌아봄과 결단

전길자는 일정한 시간과 공간의 배경 속에서 신앙의 삶을 형상화한다. 신앙의 삶을 실천하기 위한 하루의 시작에 대한 기도와 하루의 삶을 돌아봄, 그리고 간구의 연속이다. 이 시간적인 공간은 하루가 시작되기 전인 새벽과 아침부터 하루의 삶을 보낸 밤과 잠자리에 들기 전이다. 새벽과 아침은 하나님 앞에 하루의 삶을 위한 기도로 출발하는 시점이고, 밤과 잠자리에 들기 전에는 하루의 삶을 돌아보며 회개와 간구로 내일을 준비한다. 그것은 하나님의 말씀에 대한 묵상과 기도의 삶에서 비롯되고 있음을 보여 준다. 하루의 삶 속에서 바른 신앙인의 삶이다. 「이루어지이다」를 비롯한 「낮은 자리에서」, 「길」, 「적막」 등의 시에서 '하루'라는 시간적인 제한과 공간적인 장소에서 신앙의 삶을 돌아봄과 결단이 선행되고 있음을 보여 준다.

> 나의 하루하루가
> 어느 날 대형 화면에 펼쳐질 때
> 웃으시는 주님 얼굴이었으면
> 주님 마음 흡족하였으면
> 나 오늘 잠자리에 누으며
> 말씀대로 복음 전했어요
> 소외된 자 찾았어요
> 기쁨으로 순종하였어요
> 아뢸 수만 있다면
> 나의 하루하루가
> 가장 가까운 이웃에게

기쁨을 주었으면
가장 슬픈 자에게 위로가 되었으면
나의 하루 속에서
주님 나라 이루어지이다.

―「이루어지이다」의 전문

    이 시는 마태복음 6장 10절인 "나라가 임하시오며 뜻이 하늘에서 이루어진 것같이 땅에서도 이루어지이다"란 구절이나, 누가복음 1장 38절인 "마리아가 이르되 주의 여종이오니 말씀대로 내게 이루어지이다 하매 천사가 떠나가니라"란 구절을 신앙의 삶 속에서 형상화된 것이다. 화자의 하루 동안 삶 속에서 하나님의 뜻이 이루어졌는가를 되돌아보고, 하나님의 뜻대로 이루어지기를 기원한다. "나의 하루하루가 / 어느 날 대형 화면에 펼쳐질 때 / 웃으시는 주님 얼굴이었으면 / 주님 마음 흡족하였으면"이란 구절은 바른 신앙의 삶을 위한 의지의 표출이고 바람이다. 지난날의 하루하루가 "웃으시는 주님 얼굴"이거나 "주님 마음 흡족하였으면"에 대한 실천의지를 나타낸 것이다. 그러나 "나 오늘 잠자리에 누으며 / 말씀대로 복음 전했어요 / 소외된 자 찾았어요 / 기쁨으로 순종하였어요"란 구절은, 오늘 하루도 하나님의 뜻에 따라 살아왔음을 고백한다. "잠자리에 누으며"는 하루의 생활을 끝내고 하루를 되돌아본다는 의미를 담고 있다. 오늘 하루도 하나님 앞에 "말씀대로 복음"을 전했으며, 가난하고 불쌍한 "소외된 자"를 찾아 봉사하고 "기쁨으로 순종"한 삶이었다고 아뢰는 기도이다. 그리고 "나의 하루하루가 / 가장 가까운 이웃에게 / 기쁨을 주었으면 / 가장 슬픈 자에게 위로가 되었으면"이란 구절은, 앞으로의 삶도 가까운 이웃들에게 사랑의 기쁨을 주고, 슬픈 자에게 사랑의 위로가 되기를 소망한다. "주었으면"이나 "되었으면"은 따뜻한 사랑에서 생성된 마음을 담고 있기 때문이다. 이와 같은 삶을 통해 화자의 삶 속에서 "주님 나라 이루어지이다"라고 확신하는 바른 신앙의 삶이다.

> 이른 아침
> 풀섶에 이슬 마르기 전
> 당신을 만나고 싶습니다
> 당신 모습으로
> 아침을 열게 하십시오
> 한 번 생각하고 말하며
> 두 번 생각하고 행동하는
> 하루가 되게 하십시오
> 나 하나쯤이 아니라
> 나 하나부터리는 낮은 자리에서
> 하루를 열게 하십시오
> 오늘 하루분의 땀방울
> 아낌없이 쏟는 하루 되게 하십시오.
>
> ―「낮은 자리에서」의 전문

하나님께 하루의 삶을 의지하고 낮은 자리의 삶을 소망한다. 낮은 자리란 신앙인의 삶을 의미한다. 욥기 22장 29절의 "사람들이 너를 낮추거든 너는 교만했노라고 말하라 하나님은 겸손한 자를 구원하시리라"나, 시편 116편 6절인 "여호와께서는 순진한 자를 지키시나니 내가 어려울 때에 나를 구원하셨도다", 그리고 마태복음 23장 12절인 "누구든지 자기를 높이는 자는 낮아지고 누구든지 자기를 낮추는 자는 높아지리라"는 낮은 자리의 삶을 요구했다. '자기를 낮추는 자'는 겸손한 자로 자신을 낮추어 봉사하는 자를 가리킨다. 이러한 것은 예수 그리스도의 생애를 통해 모범을 찾을 수 있다(빌립보서 2장 5절~9절). 예수 그리스도의 봉사와 겸손은 굴욕적이지 않으면서 최고의 권위자로서 최고의 자기 희생을 잘 나타낸다. 낮은 자리에서의 생애인 것이다. 이 시에서도 "나 하나쯤이 아니라 / 나 하나부터라는 낮은 자리에서 / 하루를 열게 하십시오"라고 낮은 자리에서의 하루의 삶을 간구한다. 그것은 하나님의 요구에 의한 삶을 영위하려는 결단에서 비롯된 것이다. 그리고 "이른 아침 / 풀섶에 이슬 마르기 전 / 당신을 만나고 싶습니다 / 당신 모습으로 / 아침을 열게 하십시오"란 구절에서 보여 주듯이 풀섶의 이슬이 마르기 전에 주님을 만나고, 주님의 모습으로 아침을 시작해 달라는 간구이다. 하루의 시작을 함께하겠다는 의지를 표출한 것이다. 또한 "한 번 생각하고 말하며 / 두 번 생각하고 행동하는 / 하루가 되게 하십시오"라고 하나님의 뜻에 따라 하루를 보내기 위한 신앙인의 바른 자세를 지닐 수 있도록 간구한다. 신앙의 삶은 하나님의 말씀에 따라 살아야 하고, 하나님 앞에서 묵상하며 하나님의 요구를 실천하기 위해 행동해야 하기 때문이다. 이러한 삶은 "오늘 하루분의 땀방울 / 아낌없이 쏟는 하루 되게 하십시오"라고 신앙적인 삶을 간구하게 된다.

어느 날부터인가
내 영혼 속에 비추시던
그분의 잔잔한 미소 사라진 것은
작은 손짓에도 풍족하던 하루
미세한 음성에도
촉촉하게 젖어 오던 깊은 감사

찾을 수 없네
아침에 웃는 얼굴
잠들 때 잔잔하게 저며 오는 평안함
아아 그것이었네
내가 지기 시작한 짐
내가 움켜쥔 염려
슬그머니 자라기 시작한
내가 만든 복음의 키

—「염려에게·1」의 전문

    이 시는 상실했던 신앙의 삶을 회복한 과정을 형상화했다. 일종의 간증적 고백이다. "어느 날부터인가 / 내 영혼 속에 비추시던 / 그분의 잔잔한 미소 사라진 것은"이란 하나님을 잊어버린 삶을 돌아본다. 그 결과는 "작은 손짓에도 풍족하던 하루 / 미세한 음성에도 / 촉촉하게 젖어 오던 감사 / 찾을 수 없네"로 나타난다. 이에 대한 돌아봄의 결과는 "아침에 웃는 얼굴 / 잠들 때 잔잔하게 저며 오는 평안함 / 아아 그것이었네"나, "내가 지기 시작한 짐 / 내가 움켜쥔 염려 / 슬그머니 자라기 시작한 / 내가 만든 복음의 키"로 회복되었다. 하나님 앞에서의 기도, 즉 돌아봄을 통해 성숙한 신앙의 삶을 영위할 수 있기 때문이다.

    이러한 하루의 삶에 대한 신앙적인 자세는 「길」과 「적막」이란 시에서도 나타난다. 하나님 앞에서 하루의 삶을 돌아보고 신앙적인 삶을 결단한다. 「길」에서 "하루 종일 걸었습니다 / 길 아닌 길에서 / 이 길의 끝은 어디일까요 / 시작은 또 어디 / 하루 종일 걸어서 그 자리"라고 돌아본다. 하나님 앞에 "이 길의 끝"과 "시작은 또 어디"인가를 묻는다. 그러나 그 길의 "끝을 몰라도 / 시작을 알아도 / 길 안내자 내 곁에 있으므로 / 내일도 모레도 / 막히지 않는 길"임을 깨닫는다. 그것은 하나님이 내 곁에서 인도하고 안내해 주기 때문이다.

「적막」도 "하루해가 슬쩍 언덕 위로 숨고 나면 / 조금 전에 가득 차오르던 생각들이 / 횅하니 비어 버리네요"라고 하루의 삶을 자책하듯이 돌아본다. 또한 "무엇을 했었는지 / 왜 여기 서 있는지 / 손가락 하나 움직일 힘도 없어지네요 / 보이던 모든 것들이 / 어스름과 함께 다 사라졌네요"라고 스스로를 돌아보는 삶이다. 하루 동안 무엇을 했는지도 모르고 여기에 왜 서 있는지도 모른다. 손가락 하나 움직일 힘조차 없는 무기력한 삶이었다. 하나님의 뜻에 따른 삶이 아니었음을 고백한 것이다. "전부 주셨는데 / 내 것 어디 있나요 / 필요한 것 주시옵소서 / 나는 가진 것 하나 없네요"란 구절은, 하나님은 모든 것을 주셨지만 소중하게 간직하지 못하고 잃어버렸음을 고백하면서 또다시 '필요한 것'을 간구한다. 이「길」과 「적막」은 오늘인 하루를 보낸 밤에 하루의 삶을 돌아보고 내일을 향한 간구이다. 바른 신앙인의 자세를 보여 준다.

죄의 고백과 깨달음의 기도

회개는 구원의 필수조건이며 그리스도인들의 신앙 행위에 대한 기본이다. 오늘의 삶 속에서 마음 가운데 일어나는 죄에 대한 확신을 갖고, 하나님께 죄를 지었다는 고백과 깨달음의 기도이다. 그리고 죄인을 구속하시는 하나님의 은혜에 대한 행위로 자신을 확인하고 죄로부터 결정적으로 돌이키는 것이다. 그것은 전인격적, 전생활적인 전환으로서 잘못된 옛 생활을 떨쳐 버리고 새로운 생활을 지닐 수 있는 계기가 되기 때문이다.

그분은
제일 높은 자리를 버리시고
제일 좋은 것을 버리시고
제일 아끼는 것을 버리시고

그분은
제일 낮은 자리
제일 천한 자리로 오셨습니다

오늘 나는
제일 높은 자리만
제일 좋은 것만
제일 앞에 서기만을 고집합니다

다 가지고 있는데도
풍족함을 모르는
다 주셨는데도
다 누리지 못하는

나는
전신 장애자입니다.

―「관계」의 전문

대부분 기독교시 중 '회개'를 주제로 한 시는 기도의 형태로 구성한다. '하나님'과 '주'를 부르며 스스로의 잘못에 대한 죄를 고백하기 때문이다. 그러나 이 시는 새로운 형태로 회개하는 기도시이다. 시의 구성도 기도시에서 벗어나 오늘의 삶에 대한 처절한 회개의 모습을 추구했다. 일상생활 속에서 신앙을 생활화한 모습이 그대로 담겨져 있다. 기독교 시의 새로운 형태를 보여준 시이다.

이 시는 5연으로 구성됐다. 제1연과 제2연은 예수 그리스도의 희생적인 생애를 함축했다. 제3연과 제4연, 제5연은 화자인 나의 삶을 되돌아본다. 예수 그리스도의 생애를 되돌아보고 오늘의 삶을 처절하게 회개하고 있음을 보여 준다.

제1연의 "그분은"이란 구절은 예수 그리스도를 지칭하고, 예수 그리스도의 생애를 형상화했다. 세상적인 기준으로 판단하면 예수 그리스도는 하나님의 아들이고 인류의 구주이기 때문에 제일 높은 자리에 있어야 한다. 또한 신앙인의 신앙의 대상이기 때문에 제일 좋은 것과 아끼는 것만을 지니고 있어야 한다. 그러나 예수 그리스도는 모든 인간의 구원을 위해 "제일 높은 자리"와 "제일 좋은 것", 그리고 "제일 아끼는 것"도 버리셨다. "제일 높은 자리"나, "제일 좋은 것", "제일 아끼는 것"은 부귀영화를 누릴 수 있는 조건을 함축한 것이다. 이 세상을 창조한 하나님의 아들로서 누릴 수 있는 부귀영화를 "버리시고"란 반복적인 표현으로 그의 희생적인 생애를 보여 준다. 예수 그리스도는 "제일 높은 자리"와 "제일 좋은 것", 그리고 "제일 아끼는 것"을 버리고, 인류를 구원하기 위해 이 죄악의 세상에 오셨기 때문이다.

제2연은 인류의 구주인 예수 그리스도의 탄생에 대한 천한 환경을 표현했다. 하나님의 아들인 그는 화려한 환경 속에서 태어난 것이 아니다. 추운 겨울날 유대 베들레헴 마구간에서 태어났다. 마리아는 갈릴리 나사렛에서 요셉과 약혼했는데 결혼 전에 예수를 잉태했다. 호적령에 의해 고향인 베들레헴에 찾아갔다가 그곳에서 예수를 낳았다. 아버지는 다윗의 자손으로 집을 짓는 목수였다. 이러한 환경은 "제일 낮은 자리"나 "제일 천한 자리"로 표현할 수밖에 없다. 예수의 부모도 평민이며, 태어난 곳이 주택의 따뜻한 안방이 아니고 마구간이기 때문이다. "제일 낮은 자리"나 "제일 천한 자리"는 권력의 힘이 존재하지 않은 곳을 의미한다. 그곳은 가장 낮은 자리이고 가장 천한 자리이다.

제3연부터는 화자인 '나'의 삶으로, 그 삶에 대한 회개이다. 스스로가 지닌 죄악에 대한 고백이다. 제3연은 제1연과 대비시켰다. 예수 그리스도는 모든 것을 버렸지만 화자인 나는 모든 것을 소유하려고 고집한다. "제일 높은 자리"와 "제일 좋은 것", 그리고 "제일 앞에 서기만"을 고집하고 소유하려는 삶이었다. 예수 그리스도처럼 모든 것을 버리지 못하고 모든 것을 소유하려는 모습을 그대로 보여 준다. 그것은 오늘의 인간들이 지닌 욕심의 행태이다. 제4연도 오늘의 인간들이 지닌 끝없는 욕심을 표현했다. 오늘의 인간들은 "다 가지고 있는데도 / 풍족함을 모르는" 삶이다. 또한 "나 주셨는데도 / 다 누리지 못하는" 삶이다. 그 원인은 끝없이 추구하는 욕심 때문이다. 특히 "다 가지고 있는데도"나 "다 주셨는데도"란 구절은 풍족한 삶을 의미한다. 그것은 하나님이 주신 축복이다. 그 축복의 삶에 대한 "풍족함을 모르는" 행태나 "다 누리지 못하는" 것은 죄의 행위이다. 그것은 인간의 속성으로 축복의 삶을 모르고, 누리지 못하는 욕심의 죄에서 비롯된다. 하나님의 사랑과 은혜, 감사가 없는 삶을 지니고 있기 때문이다.

마지막 연은 제3연과 4연에 대한 결과이다. "나는 / 전신 장애자입니다"라고 진단 보고서를 내놓았다. 바른 신앙의 삶을 지니지 못한 데에서 비롯된 것이다. '전신 장애자'로 함축한 것은 처절한 모습의 결과에 대한 표현이다. 회개를 통한 거듭나려는 과정이다. 특히 이 장애자는 신체적인 것이 아니라 신앙의 행위에 대한 결과인 정신적인 장애이다.

이 시는 오늘의 삶에 대한 처절한 회개이다. 살아가는 세상의 현실 속에서 신앙적인 삶을 영위하지 못하는 처절한 모습이다. 예수 그리스도의 생애를 통해 스스로의 삶을 되돌아보는 기도의 모습을 보여 준다. 특히 시적인 구성이 분명하게 짜여져 있다. 언어의 배열도 간결함과 통일된 질서를 유지하기 때문에 시의 틀이 견고하다. 전길자의 기독교 시를 대표할 만한 작품으로 내놓아도 손색이 없다.

> 우리의 뉘우침 앞에서는
> 실패하여도
> 넘어지지 않게 하시는 이여
> 조그만 자만도 허락지 않으시는 이여
> 나는 아무것도 할 수 없다는 고백
> 날마다 듣기 원하시는 이여
> 지상의 날들 인도하시어
> 내게 주신 모든 것
> 내 것 아님을 고백하게 하소서
> 내게 맡기신 뜻 깨닫게 하소서.
>
> ―「언제나」의 전문

이 시는 하나님 앞에서 회개와 깨달음을 위한 고백의 간구이다. "뉘우침"은 회개의 행위이기 때문에 "우리의 뉘우침 앞에서는 / 실패하여도 / 넘어지지 않게 하시는 이여"라고 부르짖는다. 하나님은 실패했어도 회개하면 넘어지지 않게 일으켜 세워 주시기 때문이다. "넘어지지 않게 하시는 이여"란 구절은 이사야 63장 13절인 "그들을 깊음으로 인도하시되 광야에 있는 말같이 넘어지지 않게 하신 이"를 떠올리게 한다. 하나님은 진흙밭인 홍해 바다을 광야의 마른땅같이 마르게 하심으로써 이스라엘의 구원 행진을 순조롭게 하셨다. 그 하나님은 어떠한 상황 속에서도 넘어지지 않도록 붙들어 주시고 일으켜 주신다. 그리고 하나님은 "조그만 자만도 허락지 않으시는 이여 / 나는 아무것도 할 수 없다는 고백 / 날마다 듣기 원하시는" 분임을 일깨워 준다. 하나님은 우리의 자만이나 잘못을 허락하지 않지만, 회개하면 용서해 주시고 자만한 자보다 겸손한 자가 되기를 바라신다. 그래서 겸손한 자세인 "아무것도 할 수 없다는 고백"인 삶이다. 하나님은 이러한 삶의 고백인 기도를 요구하심을 보여 준다. 낮은 자세의 겸손한 신앙인의 모습이다. 이 땅의 삶을 지탱할 수 있도록 인도해 주시는 이도 하나님이다. 이 하나님이 "내게 주신 모든 것"이 "내 것 아님을 고백하게 하소서"란 구절처럼 내게 주었지만 하나님의 것임을 고백하는 삶을 요구하는 것은 세속적인 삶을 탈피하려는 데에 연유한다. 하나님이 "내게 맡기신 뜻 깨닫게 하소서"라고 간구한 것은, '하나님이 뜻'을 깨닫고 이 세상 속에서 실천해야 한다는 사명도 함축되어 있다. 오늘의 신앙인들의 바른 삶에 대한 자세를 일깨워 준다.

'신앙의 삶'에 의한 사유(思惟)의 길

전길자의 시들은 신앙의 성숙한 삶으로 육화(肉化)된 성경에 연유한 잠언(箴言)이다. 성경에 근거한 신앙이 생활화된 삶에서 비롯된 것이다. 그의 시집 표제인 《나무는 아파도 서서 앓는다》나 《길 위에서 길을 찾는다》처럼 은유적인 비유와 상징으로 시작(詩作)한다. 이러한 시작법(詩作法)은 그의 시에 자연스럽게 나타난다. 그것은 성숙한 신앙의 삶에 의한 사유의 고뇌에서 얻어 낸 결과이다.

어둠은 빛이 밝히지만
　　빛은 빛으로 밝다

　　새벽 조용하던 순간이
　　갑자기 술렁일 때 만난다
　　어둠 붙잡고
　　일어서는
　　빛살들을
　　내 생애 숨막히는 순간들이
　　반란을 도모할 때
　　비로소 포기와 희망이 손잡는다

　　포기는 희망이 세우지만
　　희망은 저 혼자 일어선다

　　　　　　　　　—「빛은 빛으로 밝다」의 전문

　이 시는 음미하면 음미할수록 깊은 사유 속에서 일깨움을 준다. "어둠은 빛이 밝히지만 / 빛은 빛으로 밝다"나 "포기는 희망이 세우지만 / 희망은 저 혼자 일어선다"란 구절은 잠언적인 일깨움이다. "빛은 빛으로 밝다"나 "희망은 저 혼자 일어선다", 그리고 "포기는 희망이 세우지만"이란 구절은 선문답(禪問答)식의 이르는 말이다. 일상적인 생활 속에서 지나쳐 버릴 문제나 사물에 대한 관계를 격조 있는 선문답식으로 형상화한 것이다. 빛은 빛으로 밝은 것이나 포기한 것은 희망으로 일어설 수가 있고, 희망은 누구나가 가질 수 있는 것도 당연한 이치이기 때문이다.

이러한 선문답식의 구절은 그의 시에서 쉽게 찾아볼 수 있다. 사유의 고뇌 속의 시작(詩作)임을 보여 준다.

 ① 빛을 보지 않고는
  어두움을 모르듯이
  어두움을 통과하지 않고는
  빛을 모른다.

              — 「흔적 · Ⅲ」에서

 ② 한 발짝만 물러설 줄 안다면
  평안하다는 생애
  내일은 누구에게나 있지만
  평안은
  뒤로 물러설 줄 아는 사람에게만 온다

              — 「지하철」에서

 ③ 생각하면 반듯하게 서 있는 나무입니다
  언제나 앞을 보고 걸으라고 하셨지요
  길 위에서 길을 찾으라고 하셨어요
  어디엔들 없겠느냐

              — 「아버지 나무」에서

 ④ 소리 없이 흔적 없이 사라질 수 있는 것은
  이 세상 아무것도 없다는 것을
  눈부심 속에서 알았느냐

빛에 기대어서야
내 속에 싱싱한 욕망의 남루
눈감아 주게 되는구나

—「빛에 기대어」에서

①은 "빛"을 보지 않고는 "어두움"을 모르고, "어두움"을 통과하지 않고는 "빛"의 힘을 모른다고 일깨워 준다. "빛"과 "어두움"의 상반(相反)된 관계의 논리성을 동원한 표현이다. ②는 "평안"은 한 발짝만 물러설 줄 아는 자에게 찾아오고, 뒤로 물러설 줄 아는 자에게만 온다는 것을 새롭게 인식시킨다. 돌아봄에서 비롯된 양보의 정신을 고취하도록 한다. ③은 이 시에서는 아버지가 주신 말씀을 구성했다. "언제나 앞을 보고 걸으라"나 "길 위에서 길을 찾으라"란 구절은 지혜의 삶을 준다. 특히 "길 위에서 길을 찾으라"는 예레미야 10장 23절인 "여호와여 내가 알거니와 사람의 길이 자신에게 있지 아니하니 걸음을 지도함이 걷는 자에게 있지 아니하니이다"란 구절을 연상시킨다. ④는 소리도 없이 흔적도 없이 사라질 수 있는 것은 이 세상 아무것도 없다는 것을 눈부심 속에서 알았느냐고 묻는다. 이 세상의 모든 것은 하나님의 섭리 속에 있음을 연상시켜 준다. 또한 빛에 기대어서야 내 속에 싱싱한 욕망의 남루를 눈감아 주게 된다. 용서의 하나님이시기 때문이다. "빛"은 일상의 빛으로 볼 수도 있지만 하나님이나 예수 그리스도로 상징된 "빛"으로 해석할 수 있다. 이러한 구절들은 일상생활 속의 평범한 관계에서 치부해 버릴 수도 있는 것을 시적인 언어와 구성으로 사유하도록 한다.

시 「유월」의 "얼마나 더 지식을 기르면 / 하늘의 지혜를 따라갈 수 있을까요"란 구절도 사유 속에서 일깨움을 준다. 하나님의 뜻에 도달할 수 있는 일깨움을 소망한 것이다. 이 시는 잠언 1장 7절인 "여호와를 경외하는 것이 지식의 근본이거늘 미련한 자는 지혜와 훈계를 멸시하느니라"나, 잠언 19장 2절의 "지식 없는 소원은 선하지 못하고 발이 급한 사람은 잘못 가느니라"란 구절을 떠올리며, '하늘의 지혜'를 명상할 수 있도록 한다. 「파문」에서도 "사람과 사람이 만나면 / 아무것도 아니다"라고 전제한 후, "사람과 사랑이 만날 때 일렁인다 / 마음이 가슴이"라고 사랑의 깊은 의미를 일깨워 준다. 또한 이 시에서 "호수가 물과 만나면 조용하다 / 호수가 바람과 만날 때 일렁인다"고 자연의 순리를 사유하도록 한다.

   이처럼 그의 시는 신앙의 삶에 의한 경험과 사물에 대한 깊은 관찰을 통해 사유의 길로 인도한다. 그것은 바른 삶을 위한 길의 제시이다. 이 땅에서 하나님의 뜻을 실천하기 위한 사명의식에서 비롯된다. 바른 신앙의 삶을 영위하기 위한 길이다.

생활화한 '신앙의 삶'을 추구
– 김보림의 시

'말씀'과 '기도'를 통한 시작(詩作)

>예수를 알기 전
>십자가는
>마른 막대기일 뿐이었네
>첨탑에 매달린 교회 표시였네
>
>예수를 알고부터
>십자가는
>눈물이 되었네
>
>　　　　　　　　—「이제는」의 전문

　이 시는 김보림의 신앙고백이다. 신앙인이 되기 이전과 이후의 삶을 형상화했다. 그의 삶을 '십자가'로 전개했다. 십자가는 기독교의 상징이기 때문이다. 예수를 알기 전에 십자가는 "마른 막대기"였고, "첨탑에 매달린 교회 표시"로만 인식했으나 "예수를 알고부터 / 십자가는 / 눈물이 되었네"라고 고백한 것은, 신앙인이 되기 이전과 이후의 삶이 변화된 양상을 보여 준다. '막대기'나 '교회 표시'로만 인식했던 십자가를 '눈물'로 인식한 것은, 김보림의 삶에 대한 변화이다. 그것은 예수를 알고부터, 즉 기독교 신앙을 지닌 후부터 십자가에 대한 인식이 달라진 것이다. '비신앙인'에서 '신앙인'이 되었음을 보여 준다. 첫 연은 신앙인이 되기 전에 '십자가'에 대한 인식이고, 둘째 연은 신앙인이 되고 난 이후의 '십자가'에 대한 인식이다. 십자가는 고대 페르시아나 애굽, 앗수르에서 죄수를 고문하고 사형에 처하기 위해 나무로 만든 형틀을 말한다. 페르시아 사람들에 의해 로마에 전해졌고, 노예나 죄수를 사형에 처할 때에 흔히 사용되었다. 그 당시에 십자가의 처형 방법은 너무 가혹하고 치욕적이었다. 십자가 위에서의 예수 죽음은 구원을 가져다주었다(골로새서 2장 14절). 그때 이후로 예수의 죽음은 기독교의 소망의 기초가 되었다(골로새서 1장 20절). 이렇게 해서 십자가는 그 모든 오명에도 불구하고, 기독교 신앙의 최고의 상징이 되었다. 따라서 신앙인들에게 십자가는 예수 그리스도의 사랑과 자기희생의 가장 강렬한 표현이며 대속과 구원의 상징물이었다(로마서 6장 6절, 갈라디아서 2장 20절, 5장 24절). 이러한 십자가에 대해 "예수를 알고부터"는 "눈물이 되었네"로 표현한 것은, 십자가 위에서의 극한 고통과 수치를 참았던 예수의 초췌한 모습을 떠올린 신앙의 삶이기 때문이다. 그것은 십자가를 '마른 막대기'나 '교회의 표시'로만 치부한 삶에 대한 회개로 눈물이 될 수밖에 없다. 바른 신앙인의 삶인 것이다.

김보림은 제5시집인 《위로의 손길》(2017. 순수문학 펴냄)의 「시인의 말」에서 시작(詩作)의 배경을 다음과 같이 설명했다.

> 우리의 구원자이시며 생명과 말씀의 근원이신 하나님께 예수 그리스도의 이름으로 기도하며 영적 감성을 간절히 구한 날들이 많았습니다.
> 그리고 기도를 통해 주시는 말씀의 열매를 모아 시어로 엮어 내려고 애를 써 보았습니다.

그러나 광대하신 하나님과 한 치의 오차도 없이 완전한 그분의 말씀 앞에 점점 더 작아지고 초라해지는 저 자신을 돌아보며 날이 갈수록 커지는 두려움과 떨림에 단 한 줄도 쓰지 못하고 밤을 새우는 날이 많았습니다.
그럼에도 멈출 수 없는 걸음이기에 전지전능하신 그분께 모든 것을 맡기기로 하였습니다.
말씀과 기도를 통해 이루어진 나름대로의 시적 표현들이 작은 은혜라도 나눌 수 있기를 바라는 마음뿐입니다.

그의 시는 "기도를 통해 주시는 말씀의 열매를 모아 시어로 엮어 내려고 애를 써 보았습니다"처럼 하나님 앞에 고백적인 산물이다. 또한 그는 "기도하며 영적 감성을 간절히 구한 날들이 많았습니다"라고 하면서, "그분의 말씀 앞에 점점 더 작아지고 초라해지는 저 자신을 돌아보며 날이 갈수록 커지는 두려움과 떨림에 단 한 줄도 쓰지 못하고 밤을 세우는 날이 많았습니다"라고 고백하기도 했다. 특히 "영적 감성"을 간구한 것은 하나님을 향한 시를 쓰기 위한 것이다. 그러나 그는 "말씀과 기도를 통해 이루어진 나름대로의 시적 표현"이라고 밝혔다. 이러한 그의 시는 하나님의 말씀이 기도로 표현된 결과이다.

제36회 한국기독교문학상 수상시집인 《위로의 손길》은 기독교 시만을 수록했다. 「이 가을엔」을 비롯한 72편은 기독교 신앙을 생활화한 삶을 형상화했다. 신앙의 생활화 속에서 육화된 언어로 간결하고 투명한 이미지가 시적인 깊이를 더해 준다.

김보림은 1989년 《문학공간》으로 등단한 이후 첫 시집인 《사금파리의 꿈》부터 《돌아가련다 꼬옥 돌아가련다》, 《행복 한 점 더하기》, 《함께 가는 길》에서 보여 주었던 차분하고 안정된 시세계가 《위로의 손길》에서도 그대로 나타나고 있다. 그의 시들은 일상생활 속에서 새로움을 발견해 주는 데에서 시적인 가치성을 획득해 준다. 시적 대상인 사물에 대한 감수성과 상상력, 그리고 함축된 의미를 형상화하는 것은 그의 시작 태도의 장점이다.

《위로의 손길》에서는 일상생활 속에서 기독교 신앙이 생활화된 신앙의 언어를 추구했다. 성경의 생경한 언어나 어떤 구절, 성경 전체에 골몰하는 것이 아니라 일상화된 신앙의 삶을 그대로 보여 준다. 그것은 신앙의 생활화로 육화된 신앙의 삶에서 비롯된다. 이러한 삶 속에서 하나님 중심의 생활을 위한 기도와 사랑의 길을 추구한다.

하나님 중심의 신앙의 삶

《위로의 손길》에 수록된 시들은 대부분이 기도시편이다. 하나님 앞에 찬양과 경배, 감사, 죄의 회개, 간구 등으로 나타난다. 그래서 철저히 하나님 중심의 거룩한 행동과 하나님의 뜻을 받들어 섬기는 행위를 보여 준다. 일상생활 그 자체가 신앙의 삶이고, 기도의 삶이 생활화되어 있다는 증거이다. 그것은 언제든지 하나님의 은혜와 궁휼하심에 힘입지 않고서는 바른 기도가 성립될 수 없음을 일깨워 준다.

　　이 가을엔
　　주님으로 물들게 하소서
　　짙푸른 잎새들이
　　노랗게 물드는
　　가을 잎같이

> 혈기 가득한 자아 변하여
> 순종하는 믿음으로
> 곱-게
> 물들게 하소서
>
> 차지도 덥지도 않은 영혼
> 단풍처럼 불타는
> 믿음 갖게 하소서
>
> ―「이 가을엔」의 전문

　이 시는 신앙의 생활화를 위한 믿음의 삶을 영위하기 위한 기도이다. 믿음이란 신앙, 확신, 신뢰, 의뢰함을 의미하며 진실로 받아들이는 것을 말하기도 한다. 성경에서는 하나님께 자신의 삶을 바꾸는 태도를 말한다. 믿음을 지닌 사람은 하나님이 계시해 주신 진리를 확실하게 신뢰할 만한 것으로 여기고 신뢰와 사랑, 그리고 순종함으로 반응한다. 그래서 믿음은 조건이 없다. 순종하는 믿음이어야 한다. 제1연에서 "짙푸른 잎새들이 / 노랗게 물드는 / 가을 잎같이" 그 삶이 주님으로 물들게 하여 달라고 간구한다. 신앙으로 일관된 삶을 의미한다. "주님으로 물들게 하소서"의 '주님'은 화자의 신앙에 대한 목표이며 지향하는 생활의 전체이다. 생활, 그 자체가 신앙적인 생활로 전환하고, 그것은 신앙의 생활화를 위한 것이다. 제2연에서는 순종하는 믿음을 간구한다. "혈기 가득한 자아"를 "순종하는 믿음"으로 변하게 해달라는 것이다. "혈기 가득한 자아"란 신앙적인 삶이 아니라 세상적인 삶의 행태를 의미한다. 그래서 "변하여"란 제1연의 "주님으로 물들게 하소서"란 구절에서 보여 주듯이 가을잎처럼 "곱-게 / 물들게"로, "혈기 가득한 자아"를 "순종하는 믿음"

으로 전환시키는 것은 순종하는 믿음의 생활화를 의미인다. 그것은 '세상적인 삶'에서 '신앙의 삶'으로서의 변화이다. 제3연에서 "차지도 덥지도 않은 영혼"을 지닌 삶은, "단풍처럼 불타는 / 믿음 갖게 하소서"라고 간구한다. 불타는 단풍처럼 불타는 믿음의 삶을 소망한 것이다.

「기도 · 1」은 하나님 앞에 오늘의 잘못된 세상을 고발하고 이러한 잘못된 세상을 치유해 달라고 간구한다. 어둠과 부패, 증오와 불평, 악과 염려가 없는 깨끗하고 바른 세상이 되기를 소원한다. 그것은 '주님의 힘'만이 이룩될 수 있다고 믿기 때문이다.

빛보다
어둠이 더해 가는 세상
소금보다
부패가 더해 가고 있습니다

사랑보다
증오가 더해 가는 세상
감사보다
불평이 더해 가고 있습니다

선보다
악이 더해 가는 세상
평안보다
염려가 더해 가고 있습니다.

주님

성령의 불로 다 태우시고 태우시어
나는 죽고
주님만 비춰지는 세상 되게 하소서

―「기도·1」의 전문

 이 시는 주님과 함께하는 오늘의 세상이 되기를 간구한다. 그것은 복음화된 오늘의 세상이다. 개인적인 삶을 위한 것이 아니라 공동체적인 삶을 소망한 것이다. 오늘의 세상은 "빛"보다 "어둠", "소금"보다 "부패", "사랑"보다 "증오", "감사"보다 "불평", "선"보다 "악", "평안"보다 "염려"가 더해 가고 있다고 진단했다. "소금"은 부패와 썩음을 방지한다. 예수 그리스도는 신앙인에게는 세상의 부패를 막아야 할 중요한 직분이 있으며 세상을 살기 좋게 만들 의무가 있음을 비유하여 "너희는 세상의 소금이니……"(마태복음 5장 13절)라고 표현했다. 오늘의 신앙인을 지칭한 것이다. "빛", "소금", "사랑", "감사", "선", "평안"은 기독교가 추구하는 세계이다. 그것은 "빛"과 "소금", "사랑"과 "감사", "선"과 "평안"의 세상을 소망하는 데에서 비롯된 것이다. 그에 비해 "어둠", "부패", "증오", "불평", "악", "염려"는 오늘날 세상의 잘못된 현실을 집약해 표현한 것이다. 이 용어를 대비시킴으로써 잘못된 세상을 부각시켜 준다. 마지막 연에서 "성령의 불로 다 태우시고 태우시어"란 하나님의 치유 역사를 의미한다. "나는 죽고"는 잘못된 세상의 일원인 이기적인 개인의 행태에서 거듭나는 삶을 말한다. "주님만 비춰지는 세상"은 "어둠이 더해 가는 세상"이나 "부패가 더해 가고" 있는 세상, "증오가 더해 가는 세상"이나 "불평이 더해 가고" 있는 세상, "악이 더해 가는 세상"이나 "염려가 더해 가고" 있는 세상이 아닌 빛의 세상을 의미한다.

고집으로 못이 박힌
자아를 뽑아 버리고
텅-빈 영혼을
주님으로 채우소서

어려서부터 자라온
세상 욕망 잘라 내고
그루터기 돋아난
새싹되게 하소서

감추려 해도 비집고 나오는
교만을 꺾어 버리고
버티고 서 있는 무릎
꿇게 하소서

— 「새롭게 하소서」의 전문

이 시는 바른 신앙의 삶을 간구한다. "고집"이나 "욕망", "교만"의 행위로 신앙적인 삶을 영위하지 못하기 때문이다. 첫 연은 자기 자신의 의식이나 관념 속에 "고집"으로 밝힌 못을 뽑아 버리고 텅 빈 영혼 속에 주님으로 채워 달라고 간구한다. 자신의 생각이나 의견만을 내세워 굽히지 않는 고집을 못으로 표현했다. 그 고집의 못이 박힌 자아(自我)를 뽑아 버리고, 그 빈자리에 "주님"인 신앙으로 채워 달라고 간구한 것이다. 제2연은 거듭나는 삶을 간구한다. 어렸을 적부터 지녀 온 욕망을 버리고, 순수한 신앙을 지니도록 소망한다. "세상 욕망"은 신앙적이지 못한 행위로 무엇이든지 갖고 싶어 하는 버릇이다. 어렸을 적부터 자라왔던

"세상 욕망"을 잘라 내고, 그 잘라 낸 그루터기에 "세상 욕망"이 아닌 순수한 신앙의 새싹이 돋도록 간구한 것이다. "그루터기"는 초목을 베어 내고 남은 뿌리 쪽 부분이다. 성경에서는 비록 잘려 나갔으나 싹이 나는 그루터기의 특성에 빗대어 하나님의 심판과 징계를 받고도 멸망하지 않고 다시 회복할 가능성이 있는 '남은 자'를 상징한다(이사야 6장 13절). 제3연은 겸손한 삶을 간구한다. 잘난 체하여 뽐내고 버릇이 없는 교만한 삶을 버리고 겸손한 삶을 소망한 것이다. 이 시에서 "뽑아 버리고"나 "잘라 내고", "꺾어 버리고"는 결단에 의해 '버린다'는 의미를 지닌다. "고집"과 "욕망", "교만"을 잡초나 나무로 비유하고 "뽑아 버리고"나 "잘라 내고", "꺾어 버리고"란 행위로 소멸시켜 신앙의 터전을 지니겠다는 의미이다.

이 기도시편 중에서 「비우게 하시어」는 비우는 삶을, 「진흙으로」는 하나님의 도구를 위한 삶을, 「버리렵니다」는 버리는 삶을, 「별 같은 삶으로」는 빛의 삶을, 「빈 강정」은 거듭나는 삶을, 「보혈의 손」은 의지하는 삶을, 「일으켜 세우소서」는 새로운 삶을, 「기도 · 3」은 하나님과 함께하는 삶을, 「은혜」는 은혜의 삶을 간구하고 있다. 온전한 신앙인이 되기 위한 끊임없는 기도생활을 보여 준다.

기도시편들은 김보림의 개인적인 신앙의 삶을 추구하지만 기독교 신앙인 모두의 삶이 '공동체적인 삶'으로 객관화시켜 준다. 기도를 통해 스스로를 되돌아보고 부족한 부분을 요구하는 것도 모든 신앙인의 신앙행위이다. 그것은 신앙인들 스스로가 바른 신앙을 지니기 위해서 하나님 앞에 드려야 할 기도이기 때문이다.

사랑의 삶을 추구

성경에서 하나님의 본질과 기독교인의 큰 덕목으로 제시되는 것이 사랑이다. 사랑은 기독교의 중심에 위치한다. 하나님과 인간의 관계에서 필수적이다. 이 사랑은 예수 그리스도가 십자가상에서 보여 주신 신적인 사랑이며, 자기를 돌보지 않고 이웃을 위해 자기 목숨까지도 버릴 수 있는 아가페적인 사랑이다. 인간의 모든 사랑은 그 근원을 하나님께 두어야 한다. 사랑은 이웃을 섬기는 것이며, 거짓이 없어야 하고, 행함과 진실함으로 해야 한다. 이 모든 사랑은 하나님의 사랑을 본받을 때 비로소 가능하다. 그래서 김보림은 하나님은 사랑, 즉 '하나님=사랑'이라고 단정하는 삶을 추구하고 있다.

사랑은
모든 것을
참고 믿고 바라고 견디는 것
믿음도 있고 소망도 있어야 하지만
그중 사랑이 제일이라고
외울 수도 있으면서
베풀지 않음은
아직 그 마음에
예수님을 온전히 품지 못하였음이라

하나님은 사랑이시기에
모든 것을 하나님께 맡긴 자들은
모든 것을 사랑할 수 있다.

사랑은 허다한 허물을 덮어 주기에

─「하나님은 사랑이시기에」의 전문

이 시는 고린도전서 13장의 '사랑의 은사'에 대한 구절들을 연상시킨다. 이 사랑은 신앙인들의 구속사 노정에서 가져야 하고 발휘해야 할 절대 최고의 은사라는 관점에서 사랑을 제시하고 있기 때문이다. 사랑은 "참고 믿고 바라고 견디는 것"이라고 일깨워 주고 "믿음"과 "소망"도 있어야 하지만 "사랑"이 제일이라고 천명한다. 베풀지 않은 사랑은 그 마음에 예수를 온전히 품지 않았기 때문이라고 일깨워 준다. 그리고 하나님은 사랑이기에 하나님께 맡긴 자는 모든 것을 사랑할 수 있다고 일깨워 준다.

특히 첫 연 중 "참고 믿고 바라고 견디는 것"이란 구절은 고린도전서 13장 7절인 "모든 것을 참으며 모든 것을 믿으며 모든 것을 바라며 모든 것을 견디느니라"는 구절에 연유한 것이다. "참고"의 '참는다'는 것은 상대방의 모든 허물을 덮고 가리어 준다는 의미이다(고린도전서 9장 12절, 데살로니가전서 3장 1절). 그러나 상대방의 모든 불의와 행동을 그대로 묵과한다는 것은 아니다. 자신에게 해를 입힌 자에게도 관용으로 용서한다는 의미로 변함없이 사랑하는 것을 가리킨다. "믿고"의 '믿는다'는 것은 인간을 끝까지 신뢰하는 믿음이다. 사랑은 변치 않고 상대를 신뢰해 주는 것이다. "바라고"의 '바란다'는 것은 소망을 잃지 않고 밝은 마음으로 끝까지 바라는 것을 뜻한다. 그리고 "견디는 것"의 '견딘다'는 것은 단순히 참는 것을 넘어 담대한 마음으로 인내하며 미래를 향한다는 의미이다. 참음과 바람이 합쳐진 형태로 적극적인 인내 행위를 뜻한다. "믿음도 있고 소망도 있어야 하지만 / 그중 사랑이 제일이라고"란 구절은 고린도전서 13장 13절인 "그런즉 믿음, 소망, 사랑, 이 세 가지는 항상 있을 것인데 그중에 제일은 사랑이라"는 말씀을 바탕에 두고 사랑의 의미를 사유하도록 한다. '믿음'과 '소망', '사랑'은 상호 불가분의 관계를 맺고 있다. 세 덕목은 서로에게 근거가 되고 서로를 보충하기 때문이다. 셋 중 어느 하나가 없어지면 나머지 둘도 의미를 상실에게 된다. 믿음이 없으면 소망을 가질 수 없고, 소망이 없으면 믿음이 공허하게 된다. 믿음과 소망 역시 사랑이 없다면 불가능할 것이다. 그러나 사랑은 모든 것을 가치 있게 하고 가능케 하는 근원이며 영원하신 하나님의 속성이기 때문에 그 어떤 것보다도 크고 고귀하며 우선된다. "베풀지 않음은 / 아직 그 마음에 / 예수님을 온전히 품지 못하였음이라"고 사랑이 없는 삶을 일깨워 준다. 예수를 온전히 마음에 품지 못한 삶은 베풀지 못하는 삶이라고 일깨워 준다. 그리고 마지막 연에서 "하나님은 사랑이시기에"란 구절은 요한1서 4장 8절인 "사랑하지 아니하는 자는 하나님을 알지 못하나니 이는 하나님은 사랑이심이라"는 구절을 떠올린다. 하나님은 사랑이시기에 모든 것을 하나님께 맡긴 삶은 모든 것을 사랑할 수 있다고 단정한다. 또한 허다한 허물도 덮어 준다고 사랑의 행위에 대한 의미를 일깨워 주고 있다.

연약한 우리를
그리스도 안에서 살게 하시고
세상을 이기게 하신 주님
어디에서나
그리스도의 향기를 품게 하시어
가는 곳마다
서 있는 곳마다
사랑의 향기가

풍겨 나게 하소서

가까운 곳에서
머언 곳까지

—「어디에서나」의 전문

　이 시는 신앙의 삶 속에서 사랑의 향기가 풍겨 나게 해달라고 간구한다. 화자는 "그리스도 안에서 살게 하시고"→ "그리스도의 향기를 품게 하시어"→ "가는 곳마다 / 서 있는 곳마다"→ "사랑의 향기가 / 풍겨 나게 하소서"→ "가까운 곳에서 / 머언 곳까지"란 신앙의 삶에 목표를 두고, "세상을 이기게 하신 주님" 앞에 간구한다. 이 목표는 성경에 근거를 두고 있다. "그리스도 안에서 살게 하시고"는 고린도후서 5장 17절, "세상을 이기게 하신 주님"은 요한복음 16장 33절, "그리스도의 향기를 품게 하시어"는 고린도후서 2장 14절, "서 있는 곳마다 / 사랑의 향기가 / 풍겨 나게 하소서"는 요한1서 4장 21절에 의한 것이다. 하나님의 말씀대로 삶을 영위하고 있다는 증거이다. 특히 "그리스도의 향기를 품게 하시어"란 구절은, "항상 우리를 그리스도 안에서 이기게 하시고 우리로 말미암아 각처에서 그리스도를 아는 냄새를 나타내시는 하나님께 감사하노라"(고린도후서 2장 14절) 중 "그리스도를 아는 냄새를 나타내시는"이나, 15절의 "우리는 구원받는 자들에게나 망하는 자들에게나 하나님 앞에서 그리스도의 향기니" 중 "하나님 앞에서 그리스도의 향기니"를 연상시킨다. 14절의 "그리스도를 아는 냄새를 나타내시는"은, 복음이 각지에 전파됨으로 그리스도를 아는 지식이 널리 퍼지게 된 것을 가리킨다. 15절의 "하나님 앞에서 그리스도의 향기니"는, 14절에서 하나님을 아는 지식이 '냄새'로 비유되었는데 이 구절은 그리스도의 '향기'라고 은유하고 있다. 즉 복음을 전파하는 바울을 비롯한 사도들의 삶은 마치 하나님께 향기로운 번제물이 되듯 모진 박해와 죽음의 위협 속에서 그리스도를 나타내는 삶이었다. 그 삶을 향기로 표현했다. 이러한 것은 어느 곳에서나 바른 신앙인의 삶을 지니고 사랑을 실천하는 삶이 되도록 간구한 것이다.

이 밖에도 「위로의 손길」은 하나님의 사랑과 은혜, 「빈손으로」는 하나님의 사랑, 「쉬지 않으시네요」는 하나님 사랑의 손길에 대한 하나님의 사랑을 추구했다. 하나님은 사랑이라고 단정한 화자가 그 사랑을 이 세상 속에서 실천할 수 있도록 간구한 삶이다.

신앙의 생활화로 형상화

>바디매오처럼
>소리 질렀네
>주여
>내가 원하는 대로 다 주시옵소서
>그때
>주님은 말씀하셨네.
>받고자 하거든 먼저 주라
>말씀에 눈을 뜨니
>주님께
>교회에
>이웃에
>내가 준 것은 아무것도 없었네.
>―「내가 드린 것」의 전문

이 시는 화자의 삶을 되돌아보고 있다. "내가 원하는 대로 다 주시옵소서"라고 간구한 삶은 결국 "내가 준 것은 아무것도 없었네"라고 되돌아보는 삶이다. 하나님께 받기만 하고 준 것은 아무것도 없었음을 고백한 것이다. 새롭게 출발하기 위한 회개의 모습을 보여 준다. 화자는 스스로가 소망한 것을 갖기 위해 "바디매오처럼 / 소리 질렀네"라고 표현했다. 이 구절은 간절함을 표현한 것이다. 디매오의 아들인 바디매오는 소경이며 길가에서 구걸하는 거지였다. 바디매오는 여리고의 길가를 지나는 예수께 "나를 불쌍히 여기소서"라고 하면서 "보기를 원하나이다"라고 소리 질러 구원을 요청했다. 이에 예수께서 "네 믿음이 너를 구원하였느니라"고 하니 눈이 치유되어 보게 되었다. 화자는 바디매오처럼 간절한 마음으로 "주여 / 내가 원하는 대로 다 주시옵소서"라고 간구한다. 그러나 누가복음 6장 31절인 "남에게 대접을 받고자 하는 대로 너희도 남을 대접하라"란 구절처럼 "받고자 하거든 먼저 주라"고 주님은 말씀하신다. 이 말씀의 일깨움에 스스로를 되돌아보고 주님과 교회, 이웃에 준 것은 아무것도 없었다고 회개하는 삶을 형상화한 것이다. 누구나가 원하는 대로 줄 것을 요구하지만, 받기 이전에 먼저 주라는 하나님의 말씀을 일깨워 준다. "받고자 하거든 먼저 주라"는 깨우침에 지금까지 "내가 준 것은 아무것도 없었네"라고 되돌아보는 삶이다. 거듭나는 삶을 위한 회개이며 간구의 기도이다.

   이러한 김보림의 기독교시 중에서도 「산」은 신앙의 생활화로 육화된 삶에서 형상화된 시이다.

     산이 나를 불러 세우더니
     바람처럼 살으라네
     구름처럼 살으라네

하늘에 눈을 두고
별처럼 살으라네

산이 나를 부르더니
숲에 사는 산새처럼
오순도순 살으라네
산 아래 엎드려
산처럼 살으라네

―「산」의 전문

　이 시는 기독교인의 삶의 길을 제시해 준다. '산'은 절대자인 하나님이다. 대부분 산은 천국을 상징해 표현해 왔으며 지옥을 표상하는 동굴과 대치된다. 단테는 '성스러운 산'이라고 불러 천상의 사랑과 구원을 나타냈다. 성경에서는 "말일에 여호와의 전의 산이 모든 산꼭대기에 굳게 설 것이요 모든 작은 산 위에 뛰어나리니 만방이 그리로 모여들 것이라"(이사야 2장 2절)고 하였다. '말일'은 '마지막 날들'이라는 뜻으로 한 시대를 마감하는 시기를 나타낸다. 종말론적 개념의 용어이다. 그리고 고대 근동지역에서 '산'은 그 위엄과 장중함 때문에 종종 신들의 거처로 여겨졌다. 따라서 산꼭대기에 설 것이라는 말은 세계 만방의 모든 우상, 종교 위에 여호와의 종교가 우뚝 설 것임을 가리킨다. 바람과 구름처럼 살아야 한다는 것은, 거짓이나 위선 등 꾸밈없는 순수한 삶을 말한다. "바람"과 "구름"은 하나님의 섭리의 표상이다. "바람"을 삽상(颯爽)하고 부드러운 것으로 인식해 인간적인 미덕(美德)으로 표현한 것이다. "구름"은 천국을 상징하기도 한다. 셰익스피어의 《로미오와 줄리엣》에서도 "내 슬픈 마음속을 들여다볼 자비로운 하나님이 구름 속에 없는 것일까?"란 구절에서 '천국'으로 보고 있다. "하늘에 눈을 두고"란 하나님의 말씀에 의지한 기독교인의 바른 삶을 의미하고, 그러한 자세로 별처럼 살아야 한다고 일깨워 준다. "별"은 희망과 순수, 지조, 그리고 도달하고 싶은 이상을 상징한다. 특히 별은 잃어버린 순수와 꿈의 회복을 갈망하는 현대인들의 정서적인 등가물로서 자리한다. 둘째 연도 숲에 사는 산새처럼 오순도순 살고, "산 아래 엎드려"처럼 하나님 앞에서 겸손하게 살라는 것이다. "숲"은 오늘의 세상을 말한다. 자기만의 이기적인 삶이 아니라 공동체적인 삶이다. "오순도순 살으라네"란 구절처럼 함께 산다는 것은 신앙적인 삶이다. 오늘의 모든 사람이 이 시처럼 살아갈 때 이 땅에도 평화의 세상이 올 것이다.

  이처럼 김보림의 시들은 기독교 신앙을 생활화한 '신앙의 삶'을 추구했다. 그의 시들은 바른 '신앙의 삶'을 영위하기 위해 하나님 앞에 끊임없이 간구하고, 하나님의 말씀대로 생활하기 위한 찬양과 경배, 감사와 회개의 산물이다. 특히 그는 하나님을 의지함으로써 어떤 고난과 역경도 극복하고 해결될 수 있다고 믿는다. 기독교 신앙인의 바른 자세와 행동인 것이다.

삶의 성찰과 잠언적 일깨움
– 이춘원의 시

삶의 성찰과 애환을 추구

이춘원은 1997년 《순수문학》으로 등단한 이후 첫 시집인 《가지에 걸린 하얀 달빛》(1998년, 순수문학 펴냄)을 비롯한 《굴뚝새》, 《그리움자리》, 《푸른 촛대 산길을 밝혀》, 《풀꽃 시계》, 《해바라기》, 《꽃길》 등 10권의 시집, 그리고 산문집인 《바람 속에 우는 하프》를 펴낸 중진 시인이다. 또한 한국기독교문인협회 부이사장직도 맡고 있다. 그의 시늘은 일상생활 속에서 만나는 대상인 자연과 사물에 대한 잠언적인 의미를 지닌 일깨움으로 깊은 감동을 준다. 전통적인 서정시의 형태로 삶의 애환을 형상화한 것이다.

이춘원의 《꽃길》은 지금까지 추구해 온 서정적인 바탕에 삶의 깊은 성찰을 보여 준다. 일상생활 속에서 만나는 자연과 사물을 통해 삶의 애환을 노래한다. 자연과 사물의 속성을 감성적인 이미지로 형상화하고, 잠언적인 일깨움을 주는 것이 특징이다. 깊은 관조(觀照)의 통찰력과 예리함, 사유(思惟)를 통한 간결한 시어의 구성과 이미지의 전개로 객관화시키는 장점이 있다. 이 시적인 뿌리는 기독교 신앙의 생활화로 육화(肉化)된 삶에 있다. 그것은 존재 확인에 대한 양상으로 나타난다. 순박하고 포근한 시어(詩語)나 진솔하고 순수한 삶의 애환에 대한 따뜻함은, 생활화된 신앙의 삶에서 비롯된 것이다. 시적인 대상인 자연과 사람, 사물 등에 대한 고뇌 속에서 신앙의 삶을 대입시킴으로써 잠언적인 일깨움으로 승화시켰다.

「가을 소묘」는 이춘원이 지금까지 추구해 온 시 세계를 단적으로 보여준다. '가을'과 '낙엽'을 통해 삶의 애환으로 전개하고 잠언적인 일깨움을 준다.

> 가을 하늘이
> 나무 위에
> 뜨거운 가슴 내려놓고
> 간간이 눈물 흘리는
>
> 쓸쓸히
> 돌아서는
> 그리움의 흔적
>
> 한 잎
> 낙엽이 진다
>
> ―「가을 소묘」 전문

이 시는 간결한 시어로 가을이 주는 이미지를 가을 나무의 낙엽에 전개시키고, 젊은 시절을 그리워하는 삶의 애환을 추구했다. 그 발상과 구성이 일품이다. 가을 나무의 낙엽이 떨어지는 것은 노년(老年)의 죽음과 다름없다. '낙엽'과 '노년의 삶'을 동일 선상에서 사유할 수 있게 한다. "뜨거운 가슴 내려놓고 / 간간이 눈물 흘리는"이나 "쓸쓸히 / 돌아서는 / 그리움의 흔적"이란 구절에서 그대로 보여 준다. 젊은 시절을 보낸 후 회한에 찬 눈물이지만, 이제는 그리움의 흔적도 그대로 두고 돌아설 수밖에 없다. 죽음의 길이기 때문이다. 그것은 생(生)의 순리이다. 이 구절은 지난날에 대한 삶의 애환을 사유하고 반추할 수 있도록 한다. 특히 "한 잎 / 낙엽이 진다"는 것은 "가을 하늘이 / 나무 위에 / 뜨거운 가슴 내려놓고 / 간간이 눈물 흘리는" 행위로 구체화시켰다. 가을하늘이 나무 위에 뜨거운 가슴을 내려놓았다는 것은, 낙엽이 떨어지는 생리를 통해 노년의 삶에 대한 의미를 부여한 것이다. 의인화로 전환시키는 과정이다. 그리고 "낙엽이 진다"는 "간간이 눈물 흘리는"이란 구절로 의미를 부여해 변용시켰다. 낙엽이 떨어지는 것은 나무와의 이별을 연상시키기 때문이다. 누구나 삶을 마감하는 과정 속에서 눈물을 흘릴 수밖에 없다. 이러한 것은 "쓸쓸히 / 돌아서는 / 그리움의 흔적"으로 형상화했다. 이 구절은 낙엽의 마지막 생애에 대한 흔적을 표현한 것이지만, 우리의 삶도 그럴 수밖에 없다. 삶의 존재 확인에 대한 흔적인 것이다. 언젠가는 우리 모두가 낙엽과 같은 흔적을 남기고 떠나야 하기 때문이다.

'행복한 삶'인 '꽃길의 삶'을 소망

이춘원의 시는 오늘의 환경 속에서 모든 것을 갖춘 '행복한 삶'을 추구한다. 그 삶은 은유적인 표현인 '꽃길의 삶'으로 소망한다. 꽃은 아름답고 향기를 지니고 있기 때문에 '꽃길의 삶'이란 아름답고 향기 있는 삶일 수밖에 없다. 꽃길은 행복한 삶으로 가는 길이다. 삶 자체가 고난과 역경이 없기 때문에 꽃처럼 아름답고, 그 아름다운 꽃의 향기를 지닌 삶을 의미한다. 또한 웃음과 기쁨이 있고, 소망을 지닌 행복한 삶이다.

어제는,
하얗게 핀 벚꽃 숲을 거닐면서
하늘을 보았습니다
하늘이 온통 꽃밭입니다
바람에 흔들리는 꽃잎 사이로 보이는
푸르러 아름다운 하늘
휘파람을 불면서 걷는 산길이
참 행복합니다

어젯밤,
비바람 불더니
세상이 변하였습니다
하늘은 연둣빛 옷자락을 펄럭여
소망의 입김을 불어 주고
몇 잎 남은 꽃잎이
하늘하늘 춤추며 이 땅에 내려오니

오늘은,
산길이 온통 축복의 노래입니다
연분홍 꽃 비단 펼쳐 두고
숨죽여 기다리는 고운 마음입니다
하늘이 내려주신 이 길은
나를 위해 들려주는 사랑 이야기
한 걸음 한 걸음이 감동의 떨림입니다
참 아름다운 선물입니다

—「꽃길 1」 전문

3연으로 구성된 이 시는 꽃잎이 떨어진 산길을 꽃길로 형상화하고 인생의 꽃길로 전개시켰다. 첫 연에서 어제 벚꽃 숲을 거닐면서 보았던 하늘이 온통 꽃밭이었고, 휘파람을 불면서 걷는 산길이 행복했다고 고백한다. 꽃길을 인생의 꽃길로 인식했기 때문에 "참 행복합니다"라고 고백했다. 둘째 연에서는 비바람이 불더니 꽃잎이 땅에 떨어졌다. 꽃잎이 떨어지니 세상이 변했다. 꽃길이 펼쳐진 것이다. 그 떨어지는 꽃잎을 "하늘은 연둣빛 옷자락을 펄럭여"나 "하늘하늘 춤추며"라는 표현으로 형상화한다. 특히 "소망의 입김을 불어 주고"라는 의미를 부여함으로써, 꽃잎이 지닌 아름다움을 통해 우리의 삶으로 치환(置換)시켜 행복한 삶을 연상시킨다. 마지막 연은 꽃잎이 떨어진 산길은 "축복의 노래"이고, "숨죽여 기다리는 고운 마음"이며, "나를 위해 들려주는 사랑 이야기"로 "한 걸음 한 걸음이 감동의 떨림"이다. 이러한 것은 "하늘이 내려주신 이 길"이기 때문에 "참 아름다운 선물"로 받아들인다. "축복의 노래"나 "고운 마음", "하늘이 내려주신 이 길"이나 "사랑 이야기", "아름다운 선물" 등은 삶에 기독교적인 신앙이 작용하여 비롯된 현상이다.

　이러한 시작(詩作) 태도는 이춘원이 지닌 심성(心性)에서 비롯된다. 이 심성은 「아침에 목련이 아름답게 피는 이유」나 「천상화를 마주 보며」에서 그대로 드러내 놓는다. 「아침에 목련이 아름답게 피는 이유」의 "하얀 / 너무도 순결한 마음 / 활짝 열어 버리고 싶은"은, 피어 있는 목련꽃을 "순결한 마음"으로 인식한 시각과 심성에서 비롯된 것이다. 시인이 평소에 어떤 생각이나 고뇌를 했느냐에 따라 인식하는 시각이 달라질 수 있고, 시의 구성이나 시의 깊이와 넓이가 달라질 수 있기 때문이다.

　이춘원의 깊은 통찰력의 시각과 심성은 「천상화를 마주 보며」에 더욱 선명하게 나타난다.

양지바른 창가
쑥색 화분에 천상화가 피어 있다
소담스레 피어 있는 꽃빛이
수줍게 번지고

선한 눈빛이 아른거려
돌아와 보니
어느새 얼굴이 온통 창밖을 향해 있다

금빛 햇살 속살거림에
마음을 빼앗기고
빙그레 웃는 모습이
참 순하다

세상 살면서
아름다운 꽃과 마주하려면
따사로운 햇살이 되어야 하리
소곤소곤 속삭이는
사랑의 밀어 하나 품고 살아야 하리

―「천상화를 마주 보며」 전문

 이 시에서 시인의 시각과 심성을 추출해 볼 수 있다. "수줍게 번지고"나 "선한 눈빛이 아른거려", "금빛 햇살 속살거림에 / 마음을 빼앗기고 / 빙그레 웃는 모습이 / 참 순하다", "따사로운 햇살이 되어야 하리", "사랑의 밀어 하나 품고 살아야 하리" 등은 시각과 심성이 작용한 결과이다. 양지 바른 창가에 있는 쑥색 화분의 천상화에 시인의 심성을 대입시켰다. "수줍게 번지고", "빙그레 웃는 모습이 / 참 순하다"고 인식하고 있기 때문이다. 그리고 천상화 같은 아름다운 꽃과 마주하려면 "따사로운 햇살이 되어야" 하고, "소곤소곤 속삭이는 / 사랑의 밀어 하나 품고 살아야" 한다고 들려 준다. "따사로운 햇살 되어야 하리"는 "선한 눈빛이 아른거려 / 돌아와 보니 / 어느새 얼굴이 온통 창밖을 향해 있다"라는 구절에 연유한다. 식물의 생리적인 현상은 햇빛을 향할 수밖에 없다. 천상화도 창밖의 따사로운 햇빛을 향한다. "소곤소곤 속삭이는 / 사랑의 밀어 하나 품고 살아야 하리"는 "금빛 햇살 속살거림에 / 마음을 빼앗기고 / 빙그레 웃는 모습이 / 참 순하다"를 연상시킨다. "소곤소곤 속삭이는" 것은 "금빛 햇살 속살거림"이고, "사랑의 밀어"는 "마음을 빼앗기고"로 연결되기 때문이다. 이 구절들은 시인의 깊은 통찰력에 의한 의인화로 객관화시킨 것이다.

일상생활 속에서 아름다운 꽃과 마주하려면 "따사로운 햇살이 되어야" 하고 "소곤소곤 속삭이는 / 사랑의 밀어 하나 품고 살아야" 한다고 일러주는 것은 우리에게 주는 잠언적인 일깨움이다. 오늘의 세상을 살아가는 여러 가지 방법 중에서도 아름다운 꽃과 같은 대상과 마주하려면, "따사로운 햇살"이나 "사랑의 밀어 하나 품고" 살아가는 삶의 시각과 심성을 지녀야 한다고 일깨워 준다. 그것은 '꽃길의 삶'인 '행복한 삶'일 것이다.

기독교 신앙이 생활화된 삶을 형상화

기독교적인 용어나 사물을 일상생활 속에서 용해시켜 일상적인 언어로 환원해 시작한 것은 이춘원의 시작(詩作)에 대한 특징이다. 그의 시에는 기독교 신앙이 생활화된 삶이 형상화되어 있다. 신앙인의 삶 속에서 생성된 시각과 심성으로 대상을 바라보고 잠언적 의미의 일깨움을 추출해 낸다. 그것은 신앙의 생활화로 육화된 삶에서 비롯된 것이다. 「꽃길 1」에서 보았듯이 "축복의 노래", "고운 마음", "하늘이 내려주신 이 길", "사랑 이야기", "감동의 떨림", "아름다운 선물" 등은 신앙이 생활화된 시각과 심성에서 추출한 구절이다.

  신앙인의 삶이 작용한 심성과 시각은 「때죽나무꽃의 노래」에서도 그대로 나타난다.

> 짙푸른 나뭇잎 사이로
> 하얀 꽃들이 예쁜 입을 모았다
> 낮은 곳을 향해 노란 목젖 드러내며
> 은은한 목소리를 맞춰
> 작은 평화를 노래 부른다
> 고운 음색
> 절묘한 하모니보다
> 그 환한 웃음,
> 누구에게나 웃어 주는
> 평등한 마음이 너그럽다
>
> 저들의 노래는
> 낮게 드리운 그늘 아래
> 잠시 쉬어 가는
> 이 땅의 곤한 영혼들
> 기쁨이 되고 소망이 되는

천상의 노래
오월의 푸른 숨결이다

— 「때죽나무꽃의 노래」 전문

이 시에서 보면 "낮은 곳"을 비롯한 "은은한 목소리", "작은 평화", "평등한 마음", "기쁨", "소망", "천상의 노래" 등은 신앙의 삶에서 생성된 심성의 언어다. 때죽나무꽃에서 이러한 심성이 표출된 것은, 신앙이 생활화되어 있는 삶의 시각과 심성이 작용했기 때문이다. 첫 연에서는 때죽나무꽃들이 예쁜 입을 모아 은은한 목소리에 맞춰 평화에 대한 노래를 부른다. 둘째 연에서는 꽃을 웃음으로 변용시키고, 고운 음색이나 절묘한 하모니보다 그 환한 웃음이 너그럽다고 전개한다. 그것은 누구에게나 웃어 주는 평등한 마음 때문이다. 마지막 연은 꽃들의 노래가 주는 결과로 "천상의 노래"나 "오월의 푸른 숨결"로 표현되어 있다. 특히 "이 땅의 곤한 영혼들 / 기쁨이 되고 소망이 되는 / 천상의 노래"에서 신앙인의 삶을 선명하게 보여 준다.

저물어 가는 삶의 길에서
고향 같은 사람을 만나게 하소서
너그러움이 금빛 웃음으로 번지는
고향 들판 같은 사람
그런 사람을 만나게 하소서

들꽃 같은 사람을 만나게 하소서
보잘것없어도 주눅 들지 않는
화려하지 않아도 향기 그윽한

들국화 같은 사람을 만나게 하소서

섬 같은 사람을 만나게 하소서
가진 것 없어 작고 나약해 보이지만
넓은 바다를 품을 수 있는 섬
세상의 중심에 서 있는 사람
그런 사람을 만나게 하소서

이 가을에, 겸손으로 고개 숙인
벼 이삭 같은 사람을 만나게 하소서
들에 백합꽃보다 공중에 나는 새보다
더 존귀한 존재로 창조된 자신을 볼 줄 아는,
같은 눈으로 모든 사람을 볼 수 있는
그런 사람을 만나게 하소서

―「가을에 만나고 싶은 사람」 전문

  이 시에서 화자는 가을의 이미지를 통해 만나고 싶은 사람을 간구한다. 각 연마다 가을에 전개되는 상황과 사물을 통해 그에 맞는 사람을 만날 수 있도록 간구한다. 만나고 싶은 사람은 알찬 열매를 맺는 가을 같은 사람이다. 그래서 쭉정이는 버리고 알곡만 거두는 계절인 가을을 소재로 선택한 것이다. 가을은 결실을 주는 계절이기 때문이다. "고향 들판 같은 사람", "들국화 같은 사람", "섬 같은 사람"이나 "벼 이삭 같은 사람"을 만날 수 있도록 간구한다. "고향 들판 같은 사람"은 "고향 같은 사람"인 "너그러움이 금빛 웃음으로 번지는" 결실을 갖춘 사람이다. "들국화 같은 사람"은 "보잘것없어도 주눅 들지 않는 / 화려하지 않아도 향기 그윽한" 들꽃 같은 사람이다. "섬 같은 사람"은 "가진 것 없어 작고 나약해 보이지만 / 넓은 바다를 품을 수 있는 섬 / 세상의 중심에 서 있는 사람"을 의미한다. 그리고 "벼 이삭 같은 사람"은 가을에 겸손으로 고개를 숙이고, "들에 백합꽃보다 공중에 나는 새보다 / 더 존귀한 존재로 창조된 자신을 볼 줄 아는, / 같은 눈으로 모든 사람을 볼 수 있는" 사람이다. 곧 하나님께서 요구하시는 사람이다. 신앙의 생활화로 육화된 삶을 지니고 살아가는 사람이다. 화자의 궁극적인 목표는 신앙이 있는 사람들과 삶을 영위하고 싶은 것이다.

「흔적」은 기독교 시의 바른 시작법(詩作法)을 제시해 준다. 성경적이고 신앙적인 생경한 용어나 사물을 전혀 등장시키지 않고도 우리 곁에 하나님께서 섭리하심을 선명하게 보여 준다.

> 당신은 말씀하셨지요
> 바람은 스쳐 갈 뿐
> 흔적을 남기지 않는다고
>
> 그러시다면
> 저 가지 끝에 맺혀 있는
> 홍매화 붉은 꽃망울은
> 누구의 숨결인가요
>
> 이 가슴에 물결치는
> 그리움은
> 누가 머물다 간 흔적인가요

잠깐 스쳐 간 인연일 뿐이라던
당신은, 지금 어디에 계시나요
이 마음 깊은 곳에 머무시는 이
당신은 누구신가요

―「흔적」 전문

　이 시는 성숙한 신앙인의 삶을 형상화했다. 하나님께서 우리 곁에 계시고, 우리의 마음 중심을 보고 계시다고 일깨워 준다. 각 연마다 주위에 실체가 없는 대상을 향해 묻는 것은, 그 대상을 떠올릴 수 있도록 일깨움의 공감대를 형성하고 시의 깊이와 넓이를 확대시킨다. "말씀하셨지요"(1연), "숨결인가요"(2연), "흔적인가요"(3연), "누구신가요"(4연)라는 물음을 통해 하나님의 존재를 떠올릴 수 있도록 한다. 첫 연은 하나님의 모습, 제2연은 하나님의 섭리, 제3연은 하나님에 대한 그리움, 제4연은 하나님과 함께하는 삶을 깨닫게 한다. 특히 제4연은 "악인의 악을 끊고 의인을 세우소서 의로우신 하나님이 사람의 마음과 양심을 감찰하시나이다"(시편 7편 9절)라는 시편의 구절을 떠올리게 한다.

　이처럼 이춘원의 시는 자연과 사물에 대한 깊은 성찰을 통해 형상화했다. 신앙의 생활화로 육화된 삶이 그대로 반영되고, 잠언적인 일깨움으로 공감대를 형성해 준다. 그것은 존재 확인의 양상으로 나타나 맑은 영혼의 목소리를 들려주고 있다.

내면화된 정서의 객관화
- 이문수의 시

'도자기'·'어머니'·'신앙'을 추구

이문수는 목사이면서 시인이다. 그는 이미 2001년에 모 잡지의 신인상으로 등단하고 첫 시집인 《들국화》를 출간했으나 2013년에 《시선》 신인상으로 재등단했다. 그동안 체계적인 시공부에 열중한 이후 다시 출발한다는 의미로 재등단한 것이다. 그의 문학에 대한 열정과 겸손한 자세에서 비롯되었음을 감지할 수 있다.

그는 시 앞에서만은 목사 이전에 시인으로 존재한다. 시인으로 등단하기 이전에 사명감과 소명의식으로 신학공부를 했고 목사안수를 받아 목회를 하고 있기 때문에 성직자적 의식에서 벗어나기가 쉽지 않다. 그러나 그의 시에는 성직자가 지닌 정서가 전혀 나타나지 않는다. 목회활동에 연유한 성경적 언어나 정서가 용해된 일상적인 시어나 정서로 시작(詩作)에 열중하고, 치열한 시정신과 열정을 보여 주기 때문이다.

이문수의 시들은 간결한 시어와 선명한 이미지의 창출로 시를 구성하고 전개하는 기법이 성숙함을 보여 준다. 내면화된 삶 속의 아픔과 슬픔을 승화시키고, 우리 모두의 아픔과 슬픔으로 확대시켜 주는 것은 그의 바른 시작(詩作)에서 비롯된 것이다. 치열한 시정신의 결과인 「어머니」와 「도자기마을」에 대한 연작시편들은 내면화된 정서를 객관화시켰다. 어머니에 대한 추억과 그리움이 「도자기마을」에 대한 연작시로 이입되고, 개인의식을 벗어나 집단의식으로서의 회복을 위한 고통과 절망을 뛰어넘는 희망의 노래이다. 특히 지금까지 우리나라의 문단에서 '도자기'에 대한 단편적인 시들은 있었지만 연작시로 시작(詩作)한 경우는 거의 없었다. 어머니를 통해 축적한 아픔과 슬픔을 토대로 '도자기'에서는 역사성까지 유도해 형상화했다. 그리고 신앙을 주제로 한 시들은 신앙의 생활이 육화(肉化)된 삶으로 성경 속의 풍습과 사건을 재창조한다.

그대 얼굴에 흐르는 눈물을
내 얼굴에 가져오고 싶다
눈물을 옮겨 줄 수 있는
성형의사가 있다면 얼마나 좋을까

내 얼굴에 피어나는 웃음 하나를
그대 얼굴에 주고 싶다
웃음을 옮겨 줄 수 있는
성형의사가 있다면 얼마나 좋을까

그대 가슴에 있는 천 개의 상처를
내 가슴에 가져오고 싶다
상처를 옮겨 줄 수 있는
성형의사가 있다면 얼마나 좋을까

내 가슴에 있는 하나의 천국을
그대 가슴에 주고 싶다

천국을 나누어 줄 수 있는

성형의사가 있다면 얼마나 좋을까

―「사랑의 길」의 전문

이 시는 기독교가 추구하는 삶을 형상화했다. 성경적인 생경한 언어를 전혀 사용하지 않고 일상적인 언어로 전개했다. 화자는 그대인 타인의 "눈물"과 "상처"를 내 가슴에 가져오고, 화자의 "웃음"과 "천국"을 "그대 가슴에 주고 싶다"는 간절한 마음이다. 예수 그리스도가 보여준 사랑의 실천에서 비롯된 것이다. 제1연의 "그대 얼굴에 흐르는 눈물을 / 내 얼굴에 가져오고 싶다"란 구절처럼 눈물의 아픔을 화자인 스스로가 가슴에 지니겠다는 심성을 표현했다. 제3연의 "천 개의 상처"도 같은 맥락이다. 그러기 위해서는 옮겨 줄 수 있는 '성형의사'를 생각한다. 화자에게 "눈물"과 "상처", 타인에게 "웃음"과 "천국"을 옮겨 줄 수 있는 성형의사의 수술이 필요하기 때문이다. 그리고 제2연의 화자의 "피어나는 웃음"과 제4연의 "가슴에 있는 하나의 천국"을 주고 싶다는 간절한 마음이다. 이러한 것은 일상생활 속에서 신앙의 생활화로 육화된 바른 삶으로 비롯된 것이다.

'도자기' 통해 시대의 아픔과 슬픔을 형상화

경기도 이천 지역은 청동기시대부터 토기제작이 활발했던 곳이다. 삼국시대의 토기문화 흔적이 남아 있기도 하다. 이 지역에서 출토된 선사시대 토기 파편과 연대가 오래된 무문토기, 대형 항아리와 용기 등을 통해 이천 지역의 도자기 역사가 청동기시대부터 시작됐음을 알 수 있기 때문이다. 조선시대에는 도자기를 제작한 사실을 뒷받침해 주는 관리가 마골, 해월리, 사음동, 마옥산, 점말가마터 등도 남아 있다. 이러한 이천 지역의 산등성이나 따비밭에는 도자기 파편들이 흩어져 있다. 그 파편들은 그 옛날의 왕성했던 시절의 생활상을 증언하고 있다. 그 시대의 아픔과 기쁨, 그리고 고난과 환희의 역사를 들려주고 있기 때문이다.

이문수는 이천 지역에서 생활해 오면서 도자기에 대한 관찰과 시적 상상력으로 사유(思惟)의 의식을 확대시켰다.「도자기마을」의 연작시에서 선조들의 삶을 추출해 내는 예리한 눈을 지니고 있다. 도자기를 통해 그 시대를 증언한다. 지난날의 선조들의 삶에 대한 아픔과 슬픔을 시로 엮어 내고 있다.

깨진 줄도 모르고
파편 속에서
새 한 마리 구슬피 울고 있네
작은 파편 속에는
짝 잃은 새 한 마리
외롭게 살고 있네

깨진 줄도 모르고
파편 속에서
꽃 한 송이 서러운 향기를 날리고 있네
작은 파편 속에는
짝 잃은 꽃 한 송이
외롭게 피어 있네

깨진 줄도 모르고
파편 속에서
등불 하나 어둠을 밝히고 있네
작은 파편 속에는
짝 잃은 등불 하나
꺼지지 않고 있네

—「파편 속에서 – 도자기마을 2」의 전문

   이 시는 도자기 파편 속에 그려진 "새 한 마리"나, "꽃 한 송이", 그리고 "등불"을 통해 아픔으로 승화시킨다. "구슬피 울고 있네"와 "짝 잃은 새 한 마리 / 외롭게 살고 있네"(1연), "서러운 향기를 날리고 있네"와 "짝 잃은 꽃 한 송이 / 외롭게 피어 있네"(2연), "어둠을 밝히고 있네"와 "짝 잃은 등불 하나 / 꺼지지 않고 있네"(3연)는 서럽고 아픈 상황을 증언해 준다. 각 연마다 서두에 "깨진 줄도 모르고 / 파편 속에서"로 서럽고 아픈 정서를 그대로 담고 있기 때문에 깊은 슬픔일 수밖에 없다. 이 시의 전체적인 맥락은 우리나라의 현실일 수도 있다. "깨진 줄도 모르고"란 구절처럼 망해 가는 줄도 모르고 분열을 일삼고, 분열의 상황 속에서도 분열되었음을 인식하지 못하기 때문이다. 지역과 세대 간의 갈등, 그리고 남북한의 분단 상황까지도 떠올려 준다. 그러나 각 연의 마지막 행인 "외롭게 살고 있네"와 "외롭게 피어 있네", "꺼지지 않고 있네"는 작은 희망을 지닐 수 있도록 한다. 이러한 슬픔과 아픔은 「들국화문양 항아리 – 도자기마을 4」와 「기도하는 손 – 도자기마을 12」에서 구체화되어 나타난다.

   흩어진 도자기 파편이 모이면

하나의 질그릇이 보이네

　　산 넘어 북으로 간 너를 만나면
　　강 건너 남으로 온 나를 만나면
　　한 포기의 들국화가 피어나네

　　너와 내가 흩어진 후
　　꽃은 지고 말았네

　　강을 건너온
　　조선 여인이
　　언덕 끝에서
　　들국화 피는 계절을
　　기다리고 있네

　　　　　　　　　—「들국화문양 항아리 – 도자기마을 4」의 전문

　이 시의 제2연인 "산 넘어 북으로 간 너를 만나면 / 강 건너 남으로 온 나를 만나면 / 한 포기의 들국화가 피어나네"란 구절처럼 '너'와 '나'가 만나면 '하나'가 되고, 파편으로 흩어진 들국화문양도 만나면 하나의 질그릇이 되어 한 포기의 들국화가 피어난다. 흩어진 파편들이 모이면 들국화가 피어 있는 항아리가 되는 것처럼 흩어진 남북한이 하나가 되면 통일과 화합이 될 수 있음을 보여 준다. 그러나 "너와 내가 흩어진 후 / 꽃은 지고 말았네"란 구절처럼 흩어진 파편 속에서는 들국화꽃이 질 수밖에 없다. 파편으로 흩어졌기 때문이다. 남북한이 둘로 쪼개진 분단 상황을 암시해 준다. 특히 제4연의 "들국화 피는 계절을 / 기다리고 있네"란 구절은 남북한이 하나 되는 것을 암시한다. 남북한의 분단 이전인 조선시대 여인이 둘로 분열된 언덕 끝에서 통일과 화합이 되기를 염원한다. 「기도하는 손 - 도자기마을 12」도 흙으로 기도하는 손을 빚어 남북한의 통일을 기원한다.

「도자기의 눈물 - 도자기마을 1」을 비롯한 「훈(塤)을 불며 - 도자기마을 6」, 「가마터로 가는길 - 도자기마을 8」 등의 시편에서는 민족과 도공들의 슬픈 삶을 추구한다.

> 너는 하얀 꿈에서
> 떨어진 운석이다
>
> 너는 슬픈 세기의 조선 여인이
> 흘린 눈물이다
>
> 너는 마지막 편지에서
> 떨어진 상형문자이다
>
> 너는 한 조각으로 남은
> 그리운 아픔이다
>
> ―「도자기의 눈물 - 도자기마을 1」의 전문

이 시는 도자기의 파편을 "하얀 꿈에서 / 떨어진 운석"이고, "슬픈 세기의 조선 여인이 / 흘린 눈물", "마지막 편지에서 / 떨어진 상형문자", "한 조각으로 남은 / 그리운 아픔"으로 승화시킨다. 도자기가 깨진 파편, 그 자체가 아픔이다. 그 아픔은 "떨어진 운석"이나 슬픈 세기였던 "조선 여인이 / 흘린 눈물", "마지막 편지에서 / 떨어진 상형문자"의 아픔일 수밖에 없다. 이러한 것은 "그리운 아픔이다"라고 들려 준다.

「훈(壎)을 불며」는 "내 악기는 소리가 너무 슬퍼요"란 구절처럼 "이별의 슬픔을 노래하고" "소원이 이루어지지 않은 안타까움을" 노래했기 때문에 즐거운 노래를 부를 수 있는 악기를 만들어 달라고 소망한다. '훈'은 점토를 구워 만든 관악기로 어두운 음색을 지니고 있으며 낮고 부드러운 소리를 낸다. 만남의 즐거움보다는 이별의 슬픔을 노래하고 주로 문묘제례악에 쓰인다. 그리고 「가마터로 가는 길」에서는 무너져 내린 가마터는 이름 없는 따비밭이 되어 버렸고 가는 길은 들길이 되어 버렸다. 이 가마터의 슬픈 사연을 형상화했다.

「귀환의 노래 - 도자기마을 5」는 도공에 대한 절절한 그리움을 승화시켰다. "해묵은 무늬의 옷을 걸치고 / 낯익은 얼굴로 돌아오라", "천 개의 사연을 노래하던 / 점놈으로 돌아오라", "천 개의 꽃송이를 피워 내던 / 불쟁이로 돌아오라"고 목멘 듯한 소리로 부른다. 그리고 "너는 나에게 / 나는 너에게 / 짝 잃은 파편이 되어 / 흙 향기 나는 그 언덕에서 / 하나의 들꽃으로 / 서럽게 만나자 / 서럽게 만나자"고 한다. 그것은 도자기마을을 그 시대처럼 꽃피우기 위한 만남의 바람에 연유한 것이다. 「청자의 꿈 - 도자기마을 7」도 찬란하게 꽃피웠던 고려시대를 복원하기 위한 노래이다.

어머니의 눈물과 그리움 승화

어머니는 이 세상에서 가장 큰 이름이다. 어머니란 이름만큼 많이 부르는 이름은 없다. 어머니의 사랑과 가르침, 그리고 그 향기는 영원한 그리움으로 자리 잡을 수밖에 없다. 이 세상에서 어떤 이름보다 큰 이름이기 때문이다. 가난했던 지난날의 세월을 살아오신 우리의 어머니는 고난과 역경, 그 아픔과 눈물 속에서 가정을 가꾸고 자식들을 키워 오셨다. 그 많은 일들 중에도 무엇보다 자식 사랑이 최우선이었다. 이 어머니에 대한 이문수의 연작시들은 어머니의 눈물과 가르침, 그리움을 승화시켰다.

> 지금쯤 그곳에는
> 무슨 꽃이 피어 있을까
> 하루에도 몇 번씩
> 꽃향기 맡으며 가꾸던 텃밭
> 어딘가에 남아 있을 어머니 발자국
> 씨앗으로 남겨진 그 흔적
> 다시 따라 걸으며
> 싹 틔워 보고 싶은 그 꽃
> 다시 맡아 보고 싶은
> 그 깊은 사랑의 향기
>
> ―「고향집 – 어머니 1」의 전문

 고향집에 대한 추억은 누구나가 지니고 있다. 어렸을 적의 추억을 떠올려 주기 때문이다. 무엇보다도 '고향집'과 '어머니'는 별개로 생각할 수 없다. 산업사회 이전인 그 시절에는 어머니가 대부분 고향집을 지키고 계셨다. 고향집을 떠올리면 어머니도 함께 떠올려지는 것이 자연스럽고 당연하다.
 이 시는 고향집에서 어머니가 가꾸던 텃밭을 통해 어머니에 대한 추억과 그리움을 승화시킨다. 하루에도 몇 번씩 꽃향기 맡으며 가꾸던 텃밭에서 어딘가에 남아 있을 어머니의 발자국을 찾아본다. 그러나 그 발자국은 보이지 않고 흔적은 씨앗으로만 남겨졌다. 그 꽃은 어머니가 생존해 계실 때에도 피었고 지금도 피어나는데 씨앗으로 이어져 오기 때문이다. 그 흔적을 따라 걸으며 "싹 틔워 보고 싶은 그 꽃"과 "다시 맡아 보고 싶은 / 그 깊은 사랑의 향기"를 통해 어머니를 그리워한다.

> 봄을 맞은 고향집 마당에는
> 잡초들도 꽃을 피우고 있습니다
> 해마다 이맘때면
> 날카로운 호미로 풀들을 하나씩
> 콕콕 캐면서 말씀하셨습니다
> 씨가 맺히기 전에 뽑아야 한다고
> 호미가 닳고 닳아서 작고 가벼워지면
> 하늘 높이 들었다가 힘껏 내리치며 말씀하셨습니다
> 뿌리째 뽑아야 한다고
> 쉬지 않고 호미질하며 말씀하셨습니다
> 비가 오기 전에 뽑아야 한다고
> 세상에 잡초 없는 마당은 없을 것입니다
> 몇 줄 텃밭 인생
> 주어진 이랑만큼 뿌리내린 잡초
> 어머니 호미로 흉내 내어
> 서툴게 호미질해 봅니다
>
> ―「손때 묻은 호미-어머니 4」의 전문

어머니의 손때가 묻은 호미를 통해 어머니를 떠올리고 어머니가 하셨던 말씀도 떠올린다. 그 말씀은 이 세상을 살아가는 데에 필요한 잠언이다. 어머니는 호미로 잡초들을 캐면서 "씨가 맺히기 전에 뽑아야 한다"고 말씀하신다. 씨가 맺히면 땅에 떨어져 또다시 잡초가 나오기 때문이다. 호미가 닳고 닳아서 작고 가벼워지면 힘껏 내리치며 "뿌리째 뽑아야 한다"고 말씀하신다. 잡초는 뿌리째 뽑지 않으면 또다시 나오기 때문이다. 그리고 쉬지 않고 호미질하는 어머니는 "비가 오기 전에 뽑아야 한다"고 말씀하신다. 잡초는 비가 오면 무성하게 자라기 때문이다. "호미가 닳고 닳아서"나 "쉬지 않고 호미질"이란 구절은 어머니의 노동이 쉴 틈이 없었음을 암시한다. 어머니는 잡초의 습성을 호미질을 통해 깨우쳐 준다. 어머니의 경험과 경륜에서 생성된 가르침이다.

  이러한 어머니의 가르침은 「씀바귀 - 어머니 3」에서도 승화시켰다. 씀바귀기 지닌 쓴맛은 씹을수록 단맛이 난다. 그래서 어머니는 씀바귀나물에 대해 쓰다고 하지 말고 "오래오래 씹어 보아라 / 그러면 달콤해진단다" 하고 일러 주신다. 그 말씀은 "세상살이 입맛을 잃어버리는 쓴 고비마다 / 곱씹어 보는 향기로운 말씀"으로 전환된다. 또한 "하나씩 되짚어 보는 / 귀에 익은 말씀들"(「어머니 핸드폰 - 어머니 2」에서)이나 "잡초도 잘 쓰면 약초라"(「어머니의 수첩 - 어머니 6」에서)에서도 힘든 세상을 살아갈 수 있도록 일깨워 준다.

  그리고 「마지막 이유식 - 어머니 10」에서는 고향집에서 아내가 담근 물김치보다 어머니가 담근 김칫국물을 찾았지만, 어머니가 "이제는 이 맛에 길들여야 한다"고 꾸짖으신 것은 이제부터는 아내와 함께 살아가야 하기 때문이다. 어머니보다 아내에게 길들여야 한다는 어머니의 깊은 사랑의 가르침이다.

  「지주목 - 어머니 5」에서는 "세상살이 태풍과 맞서는 / 이름 없는 말뚝으로 / 한평생 서 계셨다"고 어머니를 지주목으로 표현했다. 지주목은 본래 푸른 나무였고 곱디고운 꽃가지였다. 그러나 어머니는 꽃 한번 활짝 피워 보지 못하고 육남매의 텃밭고랑에서 지주목으로 계셨다는 안타까움도 보여 준다. 그리고 「천수답 – 어머니 7」과 「눈물밥 – 어머니 8」은 어머니의 눈물을 형상화했다. 특히 "눈물밥"을 "파는 식당이 있다면 값이 얼마든 먹어 보고 싶은 오늘"은 눈물로 지은 어머니의 밥을 떠올리며 그리워한다.

어머니는
성직 가운을 입은 이 부족한 자 앞에
무릎 꿇고 세례를 기다리셨다

어머니는 그렇게 살아오셨다
자식 앞에서도 기꺼이 무릎 꿇는
눈물로
밭에서 부엌에서 외로운 그늘에서
무릎 꿇으며 살아오셨다

어머니 머리 위에
세례수를 부으며
어머니께서 평생토록 내 머리에 부으신
눈물의 세례수를 헤아려 보았다

상처와 가난과 서글픔을 씻어 주시던
어머니의 세례수 앞에

내 영혼이 조용히 가운을 벗고
무릎 꿇어 본다

―「세례수의 눈물 – 어머니 11」의 전문

"세례수"는 세례의 집례에 쓰는 물이다. 성직자인 화자 앞에 어머니는 세례를 받기 위해 무릎을 꿇었다. 머리 위에 떨어지는 세례수를 받기 위해서이다. 성직자 이전에 자식 앞에 무릎을 꿇은 것이다. 자식을 위해서는 자식 앞에서도 무릎을 꿇는 눈물의 생애를 떠올려 준다. 그 "눈물"과 "세례수"가 지닌 의미를 동격화시킨다. "상처와 가난과 서글픔을 씻어 주시던 / 어머니의 세례수 앞에 / 내 영혼이 조용히 가운을 벗고 / 무릎 꿇어 본다"고 성직자가 아닌 자식으로 돌아와 어머니의 세례수 앞에 무릎을 꿇는 모습이다.

성경 속의 풍습과 사건을 재창조

이문수는 목사인 성직자이다. 성직자 시인은 대부분 성경적인 언어와 의미에 매몰되는 경우가 많다. 그러나 그는 성경적인 생경한 언어를 일상적인 삶 속에서 육화(肉化)시켜 시적 언어로 활용한다. 성경 속의 사건이나 풍습 등도 오늘의 삶 속에서 재창조하기 때문이다. 그의 기독교시들은 누구든지 간에 거부감이 없다. 성경적인 언어를 일상적인 언어로 활용하기 때문에 공감대를 확대시켜 주고 깊은 감동을 준다. 「성탄절 종소리」는 일품이다. 성탄절이 지닌 의미를 종소리로 재창조한다. 일상적인 언어로 깊은 감동을 주는 시이다.

오늘은
종소리가 크게 울리게 하소서
깊은 아픔을 안고 떠나간 사람들이
들을 수 있도록
크게 울리게 하소서

오늘은
종소리가 멀리 가게 하소서
먼 일터로 떠난 사람들이
들을 수 있도록
멀리 가게 하소서

오늘은
종소리가 더 맑은 소리로 울리게 하소서
다른 종소리를 따라간 사람들이
들을 수 있도록
맑은 소리로 울리게 하소서

오늘은
종소리가 오래도록 울리게 하소서
오랫동안 기다려 온 사람들이
들을 수 있도록
오래도록 울리게 하소서

오늘은

종소리가 천 개의 언어로 울리게 하소서
별과 모래와 들풀 그리고 들새들도 모두
들을 수 있도록
천 개의 언어로 울리게 하소서

―「성탄절 종소리」의 전문

    성탄절은 아기 예수가 온 인류를 죄악 속에서 구원하기 위해 오신 날이다. 이 무렵에는 거리마다 화려하게 크리스마스트리를 장식하고 캐럴도 울려 퍼진다. 특히 도심의 백화점들은 화려한 트리를 장식해 성탄절 시기를 장사에 이용한다. 기독교인들은 '할렐루야, 아기 예수 탄생하셨네' 같은 찬양을 힘차게 부르며 아기 예수의 탄생을 축하하는 날이다.
    이 시는 아기 예수 탄생의 기쁜 소식을 종소리에 담아 전달한다. 교회를 떠난 사람들이나 멀리 일터로 떠난 사람들, 또 교회가 싫어 다른 종교로 간 사람들이나 기쁜 복음을 기다려 온 사람들, 그리고 갖가지 언어로 온누리의 곳곳에 아기 예수 탄생의 기쁜 소식을 전할 수 있도록 간구한다. 그것은 아기 예수가 온 인류를 구원하기 위해 탄생했기 때문이다. 그 기쁜 소식을 전하고 축하하는 것이 기독교인의 사명임을 깨우쳐 준다.
    이 시는 간결하면서도 각 연마다 깊은 의미를 담고 있다. '십자가'와 '종소리'는 오늘의 교회를 상징한다. 십자가는 교회당임을 알리고, 종소리는 예배시간을 알리는 수단으로 활용했었다. "오늘"이란 시기는 '성탄절'을 가리킨다. "종소리"는 아기 예수 탄생을 알리는 수단으로 활용되지만, 그 종소리는 단순한 종소리가 아니라 기쁜 소식인 '복음'의 종소리이다. 아기 예수 탄생의 기쁜 소식인 '복음'을 담아 전달하는 종소리로 형상화시켰다. "크게 울리게 하소서"와 "멀리 가게 하소서", "맑은 소리로 울리게 하소서"와 "오래도록 울리게 하소서" 등 종소리의 기능을 극대화시키고 오늘의 모두에게 전달하는 매개체로 활용한다. 특히 이 종소리를 듣고 아기 예수의 탄생을 축하하기 위해 교회당으로 발걸음을 돌리기를 간구한다. 우리를 죄악의 세상에서 구원하기 위해 오셨기 때문이다.

각 연마다 종소리의 울림이 다르다. 시인은 울림에 따라 의미를 부여했다. 교회에서 아픔을 안고 떠난 사람들은 종소리가 크게 울려야만 들을 수 있고, 먼 일터로 떠난 사람들은 종소리가 멀리 가야만 들을 수 있다. 또한 다른 종교로 떠난 사람들은 종소리가 맑은 소리로 울려야만 기독교가 다른 종교와 다른 것을 깨달을 수 있다. 그리고 종소리가 오래도록 울려야만 세상의 곳곳에서 들을 수 있다.

제1연은 성탄절에 종소리가 깊은 아픔을 안고 떠나간 사람들이 들을 수 있도록 크게 울리게 해달라고 간구한다. 개인적으로나 교회 사정으로 교회를 떠나는 경우가 많다. 개인적으로 사업에 실패했거나 출석한 교회가 기대만큼의 충족을 시켜 주지 못해 실망한 나머지 교회를 떠나기도 한다. 또한 교회에서 분쟁으로 시달리다가 다른 교회로 가거나 아예 교회를 떠나기도 한다. 이러한 깊은 아픔을 안고 떠난 사람들은 대부분 교회를 불신하고 외면한다. 그래서 이들이 아기 예수의 탄생에 대한 기쁜 소식을 "들을 수 있도록 / 크게 울리게 하소서"라고 간구한다. 특히 이 종소리에는 교회와 화해하고 사랑으로 화합하는 의미도 담고 있다.

제2연은 생계 문제로 멀리 떠난 일터(직장)의 사람들이 아기 예수 탄생의 기쁜 소식을 들을 수 있도록 종소리가 멀리 가게 해달라고 간구한다. 오늘의 산업사회는 일터가 가정과 멀리 떨어져 있는 경우가 많다. 도시에서 지방으로 갈 수도 있고 지방에서 도시로 갈 수도 있다. 이들이 교회에 올 수 없는 것은 일터에서 숙박을 하고 생활을 하면서 일하기 때문이다. 일터 때문에 가정과 교회를 떠나는 사람에게 아기 예수 탄생의 기쁜 소식을 전한다.

제3연은 기독교가 아닌 타종교로 떠난 사람들이 성탄의 기쁜 소식을 들을 수 있도록 맑은 종소리로 울리게 해달라고 간구한다. "맑은 소리"는 기독교의 순수성과 바른 진리의 종교임을 알리는 종소리이다. 또한 '다른 종소리'는 타종교를 의미한다. 기독교의 복음을 접고 교회를 떠나 타종교로 이적하는 경우가 많기 때문이다. 이러한 사람들이 성탄의 종소리를 들을 수 있도록 해달라는 간구의 기도이다.

제4연은 복음의 기쁜 소식을 기다려 온 사람들에게 성탄의 기쁜 소식을 알리는 종소리가 오래도록 울리게 해 달라고 간구한다. "오래도록 울리게 하소서"는 계속적으로 종소리를 들음으로써 스스로 기쁜 소식을 깨달을 수 있도록 해 달라는 의미이다. 그래야만 복음을 접하지 못했거나 교회를 나오지 못한 사람들이 바른 진리의 기쁜 소식을 들을 수 있기 때문이다.

마지막 연은 종소리가 천 개의 언어로 울리게 해달라고 간구한다. "천 개의 언어"란 별과 모래, 들풀과 들새까지도 들을 수 있는 언어, 우리 민족뿐만 아니라 온누리의 모두가 들을 수 있는 언어를 의미한다. 온 만물까지도 들을 수 있는 종소리로 승화시켰다. 그것은 아기 예수 탄생의 기쁜 소식이기 때문이다.

이처럼 이 시는 종소리를 이용해 아기 예수 탄생에 대한 기쁜 소식의 메시지를 오늘의 모두에게 전한다. 종소리의 기능을 이용하여 시적 형상화로 조화시켰다. 특히 신앙의 생활화로 육화된 시어의 적절한 선택과 시의 구성, 그리고 상징적 표현과 서정적으로 승화시켰다.

부유한 자든 가난한 자든
타락한 자든 경건한 자든
누구에게나 구십육 번째 조항이 있다
어떤 이들은 그것이 금욕이라 하고
어떤 이들은 그것이 자유라고 한다
누구에게나 구십육 번째 조항이 있다
돈이든 명예든 쾌락이든 비핵이든……

루터가 우리에게
숙제로 남긴 구십육 번째 조항이
하늘나라 정문에 붙어 있다

아직도
비텐베르크 성채교회 성문 앞 광장에는
구십오 개의 깃발만이
나풀거리고 있었다

—「오늘의 숙제」의 전문

   종교개혁자인 루터는 1517년 10월 31일 성당에 95개 조항의 반박문을 붙였다. 그러나 이문수는 루터의 95개 조항보다 1개 조항이 더 있다고 표현했다. 그 1개 조항은 루터가 오늘의 우리에게 숙제로 남긴 것이다. 부유한 자나 가난한 자, 타락한 자나 경건한 자 누구에게나 96번째 조항이 있다고 표현했다. 그것은 "금욕"일 수도 있고, "자유"일 수도 있다. "돈이든 명예든 쾌락이든 비핵이든……" 간에 하나님의 말씀으로 개혁되어야 하는 조항이다. 이 96개 조항의 깃발은 하늘나라 정문에만 붙여 있고 비텐베르크 성채교회의 광장에는 그 당시 루터가 제시한 95개 깃발만이 나풀거리는 오늘의 현실이다. 이 시에서 "구십육 번째 조항"이나, "루터가 우리에게 / 숙제로 남긴 구십육 번째 조항이 / 하늘나라 정문에 붙어 있다"란 구절은, 오늘의 상황 속에서 재창조한 사건이다. 95개 조항의 반박문이 루터의 사건이라면, 이 1개 조항은 이문수의 사건이기 때문이다.

> 문이 없던 정원에
> 문이 하나 생겼다
>
> 두드리기 전까지는
> 문은 문이 아니다
>
> 사람들은 자신이
> 문밖에 있는지
> 문안에 있는지
> 깨닫지 않는다
>
> —「문」의 전문

이 시는 마태복음 7장 7절과 8절인 "구하라 그리하면 너희에게 주실 것이요 찾으라 그리하면 찾아낼 것이요 문을 두드리라 그리하면 너희에게 열릴 것이니 구하는 이마다 받을 것이요 찾는 이는 찾아낼 것이요 두드리는 이에게는 열릴 것이니라"를 연상시킨다. 이 시의 문은 하늘나라의 문이다. 하늘나라의 문은 두드리기 전에는 문이 아니다. 제1연의 "정원"은 하늘나라이다. 하늘나라에는 문이 없고 누구나 갈 수 있다. 그러나 두드리는 자만 갈 수 있기 때문에 '문'은 상징적으로 존재한다. 그것은 제2연에서 구체화시켜 준다. 하늘나라의 문은 두드려야만 문으로 존재한다. 구원을 받으면 이미 하늘나라의 문은 존재하지 않는다. 문안에 들어섰기 때문이다. 제3연은 요즘의 세태이다. "문밖에 있는지 / 문안에 있는지"를 깨닫지 못하는 현실이기 때문이다. 신앙인들에게는 스스로의 신앙의 삶을 돌아볼 수 있도록 깨우쳐 준다. 그리고 신앙인이 아닌 사람들에게는 '문'에 대한 의미와 함께 왜 문안에 있어야 하는지를 생각할 수 있게 하는 사유의 계기가 된다.

이처럼 이문수의 기독교시들은 신앙의 생활화로 육화(肉化)된 정서와 언어로 창작한다. 성경적 언어에서 벗어나 일상적인 언어로 신앙의 삶을 돌아볼 수 있도록 인도한다. 성경적인 풍습과 사건을 오늘의 삶 속에서 재창조하기도 한다. 바른 시작(詩作)의 형태를 보여 준다. 기독교시의 질을 높이는 데에 기여하고 있다.

제2부

신앙인의 삶과 하나님의 사랑
− 김현승의 「절대 신앙」

>당신의 불꽃 속으로
>나의 눈송이가
>뛰어듭니다
>
>당신의 불꽃은
>나의 눈송이를
>자취도 없이 품어 줍니다.
>
> —「절대 신앙」의 전문

이 시는 하나님과 '나'와의 절대적인 관계를 형상화했다. 화자인 '나'는 하나님을 향한 절대적인 신앙을 표현하고, 하나님은 '나'에 대한 절대적인 사랑을 보여 준다. 순수하고 순결한 신앙인의 모습이다. 성숙한 신앙인의 삶과 하나님의 절대적인 사랑을 추구했다.

'절대 신앙'이란 제목 자체가 주는 것처럼 아무것에도 따르지 않고 모든 조건을 초월하여 독립한 절대적인 신앙을 의미한다. 오직 하나님만을 향한 순수하고 순결한 신앙이다. 성숙한 신앙인의 삶에서 생성(生成)되는 신앙임을 일깨워 준다. 이 시에 쓰여진 "불꽃"과 "눈송이"란 시어, 그리고 "당신의 불꽃"과 "나의 눈송이", "뛰어듭니다"와 "품어 줍니다"란 구절의 의미를 먼저 살펴보면, '하나님'과 '나'에 대한 관계의 상승작용에 대한 매개체로 활용되고 있음을 볼 수 있다. '나'가 지닌 절대적인 신앙에 의한 하나님의 절대적인 사랑으로 이어지는 것을 보여 준다. 하나님을 향한 절대적인 신앙과 하나님의 사랑이 절정에 이르고 있음을 볼 수 있기 때문이다.

이 시에서 "불꽃"과 "눈송이"는 상극관계이다. "불꽃"은 '불'이고, "눈송이"는 '물'이다. 상생(相生)관계가 아니다. 오행설(五行說)에 의하면 '불'과 '물'은 상극관계로 서로 어울리지 못하고 충돌한다. '불'의 크기와 '물'의 수량에 따라 이기고 질 수가 있다. "불꽃"과 "눈송이"는 일방적일 수밖에 없다. "불꽃"은 "눈송이"를 흔적도 없이 녹여 버리기 때문이다. "불꽃" 속으로 뛰어든 "눈송이"는 그대로 녹을 수밖에 없고, 자취도 없이 사라질 수밖에 없는 자연적인 현상이다. "불꽃"과 "눈송이"처럼 하나님과 나와의 관계도 마찬가지이다. 하나님 앞에 '나'란 "불꽃"에 녹여지는 "눈송이" 같은 존재이다. 그것은 신앙적인 현상이다. 자연적인 현상과 비교할 수 없는 관계인 것을 보여 주는 시이다. "눈송이"가 "불꽃" 속으로 뛰어 들고, "불꽃"은 "눈송이"를 자취도 없이 품어 주기 때문이다. '나'는 하나님께로 가면 하나님은 모든 것을 용서하고 받아 주는 사랑임을 깨닫게 된다.

"당신의 불꽃"은 하나님의 섭리나 사랑, 즉 하나님의 가장 큰 권능의 세계이다. 그것은 절대자의 절대적인 세계이며 하나님 그 자체이다. 그리고 "나의 눈송이"는 순수하고 순결한 화자인 '나'이다. "눈송이"는 어느 형체보다도 때가 묻지 않았기 때문에 깨끗하고 순수하며, 순결한 이미지를 떠올려 준다.

첫 연의 "뛰어듭니다"나 둘째 연의 "품어 줍니다"는 아무런 조건이나 제약이 붙지 않는 절대적인 행위이다. "뛰어듭니다"는 화자인 '나'가 하나님에게 안기는 행위이고, "품어 줍니다"는 '나'를 품어 주는 하나님의 사랑을 표현했다.

　이 시의 첫 연은 하나님의 세계 속에 뛰어드는 삶을 형상화했다. "뛰어 듭니다"란 타의에 의한 것이 아니라 자발적인 행위이다. 자발적인 신앙의 삶임을 보여 준다. 성숙한 신앙인의 삶에서 비롯될 수 있다. 둘째 연은 하나님의 절대적인 사랑에 의해 구원되었다는 신념을 형상화했다. "자취도 없이 품어 줍니다"는 하나님의 사랑에 연유한 자녀임을 보여 준다.

　하나님에 대한 절대적인 신앙은 하나님의 절대적인 사랑으로 보답해 준다는 것을 일깨워 준다. "뛰어듭니다"라는 자발적인 행위가 "품어 줍니다"라는 사랑의 축복으로 나타났기 때문이다. 하나님과 함께하는 삶은 영원한 생명을 획득한 구원이기 때문이다. 그것은 바른 신앙의 삶에서 비롯된 결과이며, 사랑과 은혜로 축복된 삶을 영위하고 있음을 보여 준다.

　김현승은 한국 현대시에서 기독교 사상을 바탕으로 주지적인 시인으로서 큰 봉우리를 이루었다. 그는 기독교적인 생명의 세계로 파고들어 절대자와 인간과의 대화, 문명적인 시대생활, 그리고 사랑, 신앙, 고독 등의 인간 조건에 대한 거룩한 영감의 세계를 핵심적인 시사상으로 하고 있다. 그의 시는 어디까지나 신을 전제로 하고, 신의 구원을 추구하는 자아의 내면, 고뇌의 몸부림이었다. 특히 원죄의식을 바탕으로 하여 우러나는 참회의 기도, 또는 정서와 의지를 가장 세련된 감각으로 노래하고, 때로는 신앙과 순수와 정의에 입각한 사회적인 관심을 표명했다. 그래서 그의 초기시에서도 밑바닥에 깔려 있는 사상은 전통적인 기독교로부터의 사랑과 구원의 간구였으며, 그것은 원죄의식을 끌고 가는 고독이었다. 그 고독은 하나님 앞에 가장 가깝게 가려는 스스로의 수단이었다. 그래서 김현승은 '고독의 시인'이다. 그는 「견고한 고독」을 비롯한 「고독의 끝」, 「절대 고독」 등 '고독'을 주제로 고독의 세계를 추구했다.

어머니 신앙의 유산
– 박목월의 「어머니에의 기도 3」

당신의
목에 거신
십자가 목걸이의 무게를

오늘은
제 영혼의 흰 목덜미에
느끼게 하옵소서

—「어머니에의 기도 3」의 전문

이 시는 《어머니》(1967년, 삼중당 펴냄)란 '시와 에세이집'에 수록되어 있다. 「어머니에의 기도」란 제목의 연작시 여덟 편 중 세 번째로 가장 짧은 구성이며 하나님 앞에 어머니의 신앙을 유산으로 이어받기 위한 기도이다. 어머니의 목에 거신 십자가 목걸이는 어머니가 지닌 신앙의 상징으로 인식시켜 준다. 그 무게로 환산한 어머니의 신앙을 화자의 영혼의 목덜미에 느끼게 해 달라고 기도한다. 십자가의 무게로 상징된 어머니의 신앙을 이어받도록 기도한 것이다. 지혜로운 언어의 운용(運用)으로 시와 기도의 한계성을 헐어 버렸다는 평가이다.

십자가는 고대 카르타고에서 사형을 집행할 때 사용한 형구였으며,

고통과 죽음을 가져다주는 형구에 지나지 않았다. 그러나 십자가는 예수 그리스도의 속죄사역으로 인해 사랑과 속죄와 자기희생의 표상으로 승화되었다. 기독교의 소망의 기초가 되었으며, 새로운 신앙의 최고의 상징이 되었다. 이처럼 십자가는 기독교의 상징이다. 대부분 여성들이 십자가 귀걸이와 십자가 목걸이를 걸고 있는 것은 기독교 신자임을 자랑스럽게 여기는 견고한 신앙의 믿음에서 비롯된 것이다.

이 시에서의 "십자가 목걸이의 무게"란 어머니의 신앙에 대한 깊이를 의미한다. '무게'로 표현된 것은 신앙의 수준을 형상화했다. 그것은 견고한 믿음의 신앙임을 암시해 준다. '무게'로 환산할 수 있을 만큼 계산되기 때문이다. 특히 어머니의 신앙을 '무게'로 환산하는 것은 성숙한 언어의 운용에서 비롯된 것이다. 화자인 박목월은 「여든이 되셔도 어머니는」이란 시에서도 "어머니 목에 / 마르고 가벼운 향나무 십자가"란 구절로 어머니의 신앙을 표현했다. 그리고 "제 영혼의 흰 목덜미"란 구절의 표현은 깨끗하고 순수한 영혼임을 고백한 것이다. '흰 목덜미'란 깨끗한 이미지로 어머니의 신앙을 받아들일 수 있는 텅 빈 공간이다. 그것은 십자가 목걸이의 무게로 상징된 어머니의 신앙을 그대로 가장 깨끗하고 순수한 영혼에 받아들이기 위한 자세이다. 이처럼 이 시는 어머니가 지닌 신앙을 목에 거신 십자가 목걸이로 함축시켰다. 그리고 하나님 앞에서 그 신앙을 스스로의 영혼이 느낄 수 있도록 간구한 것이다. 어머니의 신앙에 대한 유산이다.

박목월은 '어머니'를 주제로 많은 시를 썼다. 그의 기독교시 대부분이 어머니의 신앙에 대해 노래하고 있으며 스스로의 신앙으로 받아들이고 있다. 특히 《어머니》(시 74편, 에세이 2편 수록)란 '시와 에세이집'에서 수요일 밤의 예배와 고향의 개울가를 통해 어머니에 대한 회상을 떠올리며, 어머니의 신앙을 통한 스스로의 신앙을 반추해 시와 에세이로 썼다. 그리고 그가 세상을 떠난 뒤 신앙시집인 《크고 부드러운 손》(71편 수록)이 출판되었다.

> 지금 내가 읽고 있는
> 이 책은
> 어머니께서 유물로 남겨 주신
> 성경이다.
> 이 두툼한 성경을
> 성경주머니에 넣어 드시고
> 사경회로 부흥회로 다니시며
> 돋보기 너머로 읽으시던
> 그 책이다.
>
> ―「어머니의 성경」에서

「어머니의 성경」은 《크고 부드러운 손》(1979년, 영산출판사 펴냄)에 수록된 시이다. 박목월은 '어머니의 성경'을 통해 하나님의 은총이 3대로 이어질 것을 간구한다. '어머니의 성경'에 집약된 '어머니의 신앙'은 시간을 초월해 '어머니'라는 의미 속에서 확대시켰다. 이 시는 신앙의 삶이셨던 어머니를 떠올리고, 어머니의 기도와 축복이 3대로 이어질 것을 형상화한 것이다. 이 시는 50행으로 구성되어 있다. 그의 시가 대부분 짧은 행으로 구성되어 간결성을 보여 주고 있지만, 이 시는 한 주제를 장시(長詩)에 가까운 기법을 활용했다. 그리고 '어머니'를 계속 반복하는 것은 단순히 리듬을 위한 것이 아니라 '어머니의 신앙'을 강조하는 데 있다. 특히 오늘의 신앙은 어머니로부터 이어 온 것을 강조하는 의미구조이다. 또한 어머니가 삶의 전체임을 은연중에 전달하는 매개체로 활용되었다.

박목월은 한국시문학사(韓國詩文學史)에서 큰 봉우리를 이룬 시인으로 평가되고 있다. 그의 시는 민요적인 가락에 짙은 향토색이 감돌고, 정형(定型)의 율조에서 오는 음악적인 효과와 토속적인 소재가 특징이다. 또한 그의 시의 중기 이후엔 지적(知的)인 서정의 현대 감각과 내면적인 이미지를 중시한 시작(詩作)이었다. 특히 천성적인 시어에 대한 언어의 경제성은 한국 현대시에서 새로운 경지를 이룩했다. 이러한 그는 독특한 시의 간결성으로 우리의 서정과 정서를 노래했다.

1939년 〈문장〉(文章)지에 「길처럼」, 「그것은 연륜이다」, 「가을 어스름」이란 시로 추천을 받아 등단했다. 그 이후 1978년 3월 24일 이 세상을 떠나기까지의 시작 생활(詩作生活)에서 기독교시(혹은 신앙시)는 양적(量的)으로 일반적인 시에 비해 적은 비중을 차지하고 있다. 그러나 그 일반적인 시에서도 대부분 기독교적인 분위기를 담고 있으며, 그 시작 생활의 후기엔 일반시와 기독교시를 스스로 구별하여 썼던 것을 보여 준다.

그리스도 안에서의 자유
― 최은하의 「황혼에 서서」

> 언제고 나는
> 정작 자유롭지 못하옵니다
> 진리가 너희를 자유롭게 하리란
> 그 말씀만은 자유이옵니다
> 오늘도 나는 그 자유가 그리워
> 알맞게 세상을 떠도는 눈먼 하루살이이옵니다.
>
> ―「황혼에 서서」 전문

이 시는 「황혼에 서서」란 제목 자체가 암시하듯이 하나님 앞에서 지금까지의 삶과 오늘의 삶을 반추(反芻)한 것이다. 그것은 "정작 자유롭지 못하옵니다"나 하나님의 말씀인 "진리가 너희를 자유롭게 하리란 / 그 말씀만은 자유이옵니다"란 구절의 두 갈래인 삶의 현장에서 '자유'에 대한 고뇌의 명상으로 전개했다. 그 자유는 일상의 삶인 세속적인 세상살이의 '자유'와 예수 그리스도 안에서 획득할 수 있는 '자유'에 대한 의미를 새롭게 일깨워 준다. 하나님의 말씀, 즉 진리를 통해 일상생활 속에서 자유롭게 하는 자유에 대한 의미를 사유하도록 한다. 일상생활 속에서의 자유는 자유롭지 못한 삶임을 깨닫고, 예수 그리스도 안에서의 자유를 찾아 나서는 삶의 행적에 대한 고백이다. 일상생활 속에서 누구나가 누리는 자유가 아니라 예수 그리스도를 통한 죄와 사망의 권세, 율법의 속박으로부터 자유로워지는 자유를 향한 삶을 추구했다.

이 시에서의 '자유'와 '진리'는 사전적인 의미 속에 성경적인 의미가 부여된 것이다. 하나님의 말씀에 의한 의미를 지니고 있다. '자유'란 세속적인 삶의 현장에서의 '자유'와 하나님의 말씀에 의한 '자유'로 분류할 수 있다. 일반적으로 '자유'는 남에게 얽매이거나 구속받지 않고 자기 마음대로 행동하는 일, 또는 법률이 정한 범위 안에서 자기 뜻대로 할 수 있는 행위를 말한다. 성경적으로는 출애굽을 통해 하나님이 이스라엘을 노예 상태에서 자유롭게 해주셨듯이 예수 그리스도 안에 있는 자들은 영적인 권세, 죄와 죽음, 율법의 속박으로부터 자유롭게 된다. 예수 그리스도를 알게 됨으로써 예수 그리스도와 일치되어 이러한 자유 안으로 들어가게 된다.

그리고 '진리'는 일반적으로 참된 도리나 바른 이치를 말한다. 어떤 명제가 사실과 일치하거나 논리의 법칙에 맞는 것, 또한 누구에게나 타당하다고 인정되는 인식의 내용이다. 구약성경에서는 주로 하나님께서 보여 주시는 뜻이나 의지, 또는 말씀을(시편 19편 9절, 86편 11절), 신약성경에서는 예수 그리스도와 복음을 일컫는다(요한복음 14장 6절, 17절). 이 진리는 죄인을 구원하고(에베소서 1장 13절, 데살로니가후서 2장 13절), 거듭나게 하며(에베소서 4장 24절, 야고보서 1장 18절), 보호할 뿐만 아니라(시편 61편 7절, 잠언 20장 28절), 인생들로 하여금 자유하게 하며(요한복음 8장 31절~32절), 거룩하게 하고(요한복음 17장 17절~19절), 그 영혼을 깨끗하게 한다(베드로전서 1장 22절).

이러한 관점에서 보면 "언제고 나는 / 정작 자유롭지 못하옵니다"란 구절은, 하나님을 떠난 '자유'는 자유롭지 못한 삶임을 깨닫게 한다. 누구나가 세상 속에서 누리는 자유는 하나님께서 주신 자유가 아니다. 예수 그리스도의 구속에서 벗어난 자유이기 때문이다. 예수 그리스도의 구속이 없는 자유는 자유가 아닌 "자유롭지 못하옵니다"라고 고백할 수밖에 없다. 특히 "언제고 나는"이란 구절은 언제나 일상생활 속에서는 자유롭지 못함을 암시해 준다. 그것은 일상의 생활 속에서 모든 것이 자유롭지 못하게 하는 장애물일 수도 있다. 지금까지 지켜 왔던 관습이나 생활습관 등의 비신앙적인 행위들이 신앙의 삶을 침해하기 때문이다. 신앙적인 자유의 삶을 향한 고뇌가 함축되어 있는 구절이다.

그러나 "진리가 너희를 자유롭게 하리란 / 그 말씀만은 자유이옵니다"란 구절은 하나님의 말씀인 진리가 자유롭게 하는 그 자유만이 자유인 것을 천명한다. 예수 그리스도 안에서의 '자유'의 의미를 일깨워 준다. "언제고 나는 / 정작 자유롭지 못하옵니다"란 구절의 자유가 아니라, 요한복음 8장 32절의 "진리를 알지니 진리가 너희를 자유롭게 하리라"란 구절의 진리에 의한 자유만이 자유인 것이다. "진리를 알지니"의 진리는 우주와 영혼, 육체와의 관계 등에 대한 영지주의적인 지식이 아닌 하나님의 계시를 말한다. 이것은 죄와 질병과 이생의 모든 저주로부터 자유를 얻는 비결이다. 그러므로 진리를 안다는 것은 지적(知的)으로 앎뿐만 아니라, 하나님의 구원의 섭리하에 이루어진 거룩하고 영원한 생명을 실제로 체험하는 것이다. 따라서 "자유롭게 하리라"는 것은 죄로부터 해방을 의미하며 '구원받게 된다'라고 하는 말과 동일한 것이다. 예수 그리스도 안에 있는 생명의 성령의 법(진리)이 죄와 사망의 법에서 우리를 해방시키기 때문이다(로마서 8장 2절).

"오늘도 나는 그 자유가 그리워 / 알맞게 세상을 떠도는 눈먼 하루살이이옵니다"란 구절은, 하나님이 주신 자유를 누리기 위해 그리워하고 그 자유를 찾아 나선 삶임을 고백한 것이다. "정작 자유롭지 못하옵니다"란 구절의 자유란 세속적인 자유이기 때문에 "진리가 너희를 자유롭게 하리란 / 그 말씀만은 자유이옵니다"라고 고백하며 예수 그리스도 안에서의 자유를 그리워한다. "정작 자유롭지 못하옵니다"나 "알맞게 세상을 떠도는 눈먼 하루살이이옵니다"란 구절은 이 세상을 살아가는 깊은 고뇌 속에서 하나님을 찾아 나선 삶임을 역설적으로 표현했다. "알맞게 세상을 떠도는" 삶이거나 "눈먼 하루살이"란 표현은 자유를 향한 고뇌의 산물이기 때문이다.

한 해의 삶에 대한 회개와 간구
– 유승우의 「한 해를 보내며」

창백하게 여위어 가는 햇살이
빈 들판을 서성거리며
주기도문을 외우고 있다.
갈대꽃들이 강가에 모여 서서
하얗게 손을 흔들며
마음이 가난한 자는 복이 있나니…….
말씀을 외우고 있다.
가랑잎들이 아늑한 곳에 모여 앉아
바스락, 바스락 마른 목소리로
헛되고, 헛되며 헛되고 헛되니…….
소곤거리고 있다.
잎 진 겨울나무들이 바람 앞에 서서
앙상한 가지들을 쳐들고
내 모습 이대로 주 받으옵소서…….
기도를 드리고 있다.

―「한 해를 보내며」의 전문

이 시는 지난 한 해의 삶을 되돌아보며 드린 기도이다. 보내는 한 해에 대한 참회와 간구이다. 자연적인 현상 속에서 생명을 다한 "빈 들판"과 하얀 "갈대꽃", 그리고 바스락거리는 "가랑잎"과 바람 앞에 서 있는 겨울 나무의 "앙상한 가지"를 비유로 한 해 동안의 삶을 되돌아보고 있다. 이러한 자연적인 현상 속에서 스스로의 삶을 되돌아보며 하나님의 말씀을 떠올리고, 한 해를 보내는 삶을 정리하며 기도한다. 그것은 하나님의 말씀으로 되돌아보고, 오늘의 스스로를 받아 달라고 간구한 것이다.

"창백하게 여위어 가는 햇살이 / 빈 들판을 서성거리며"나, "갈대꽃들이 강가에 모여 서서 / 하얗게 손을 흔들며", 그리고 "가랑잎들이 아늑한 곳에 모여 앉아 / 바스락, 바스락 마른 목소리로"나, "잎 진 겨울나무들이 바람 앞에 서서 / 앙상한 가지들을 쳐들고"란 구절은 한 해를 보내는 길목에서의 자연적인 현상이다. 그것을 한 해를 보내는 화자의 회한(悔恨)으로 환원시켜 형상화했다. 봄과 여름, 가을을 보낸 후의 겨울은 한 해를 보내는 길목이며, 겨울의 분위기는 지난날을 되돌아볼 수 있도록 한다. 그 겨울의 분위기는 한 해를 보내는 화자의 심정과 다를 것이 없기 때문이다. 이러한 현상 속에서 주기도문으로 기도하며 하나님의 말씀을 외우고, 지난 한 해의 삶에 대한 회개와 간구로 신앙적인 삶을 일깨워 준다.

이 시는 연을 나누지 않았지만 임의로 나눈다면 네 개 연으로 구분할 수 있다. 1행부터 3행까지를 제1연으로 볼 수 있다. 제2연은 4행부터 7행, 제3연은 8행부터 11행, 제4연은 12행부터 마지막 행인 15행까지이다. 임의로 구분한 네 개 연이 하나의 의미를 추구하고 있지만 세분해 분석하면 회개와 간구로 볼 수 있다.

제1연에 해당하는 "창백하게 여위어 가는 햇살이 / 빈 들판을 서성거리며"란 구절은, 화자가 한 해를 보내는 심정을 보여 준다. 한 해를 되돌아보는 삶을 비유한 것이다. 오늘의 사악(邪惡)한 세상 속에서 빈 들판 같은 세상을 서성거리는 삶은 '주기도문'으로 기도할 수밖에 없는 상황이다. 주기도문은 예수께서 제자들에게 가르쳐 주신 오늘날 기도의 표준이며 모범이다. 이 기도의 내용처럼 하나님의 이름이 찬양을 받고, 천국이 속히 임하기를, 이 땅에서 하나님의 공의가 실현되고, 일용할 양식과 죄 용서, 유혹에서의 구원과 기도의 응답을 간구한 것이다. 황량한 빈 들판을 보며 한 해를 보내는 심정은, 주기도문으로 하나님 앞에 간구할 수밖에 없었을 것이다.

"갈대꽃들이 강가에 모여 서서 / 하얗게 손을 흔들며"는 한 해를 보내는 송년(送年)의 이미지를 연상시킨다. "하얗게 손을 흔들며"는 떠나보내는 이별의 의미를 담고 있기 때문이다. 하나님의 말씀인 "마음이 가난한 자는 복이 있나니……"를 외우는 것은 한 해 동안에 지녔던 욕심이나 모든 것을 떠나보내고 깨끗하게 비우는 자세이다. 그래야만 복이 있다는 가르침을 일깨워 준다. 이 구절은 마태복음 5장 3절의 "심령이 가난한 자는 복이 있나니 천국이 그들의 것임이요"란 구절에서, "심령이 가난한 자는 복이 있나니"의 '심령'을 '마음'으로 대치해 인용한 것이다. 마음이 가난해야만 하나님의 축복을 받을 수 있다는 신앙적인 자세에서 비롯되었다고 볼수 있다.

"가랑잎들이 아늑한 곳에 모여 앉아 / 바스락, 바스락 마른 목소리로"는 허무한 이미지를 떠올린다. 푸른 잎들이 낙엽이 되어 떨어진 가랑잎들은 생명을 다한 것이다. 바람이나 사람의 발에 밟히면 바스락거리는 소리를 내는 것도 생명이 다했기 때문이다. 그것은 허무하고 헛된 지난 날로 회고해 볼 수 있다. 지난 한 해의 삶이 허무하고 헛된 것으로 연상시켜 준다. 그래서 "헛되고, 헛되며 헛되고 헛되니……"란 구절로 표현했다. 전도서 1장 2절인 "전도자가 가로되 헛되고 헛되며 헛되고 헛되니 모든 것이 헛되도다"란 구절에서 인용했다. 바스락거리는 가랑잎을 보며 지난 한 해의 삶이 헛된 것임을 깨달은 것이다.

"잎 진 겨울나무들이 바람 앞에 서서 / 앙상한 가지들을 쳐들고"는 화자의 모습이다. 이러한 "내 모습 이대로 주 받으옵소서……. / 기도를 드리고 있다"란 구절로 표현했다. 한 해를 보내는 모습은 겨울나무들이 바람 앞에 서서 앙상한 가지들을 쳐든 것처럼 여겨졌기 때문이다. 하나님 앞에 거짓이나 허위가 아닌 진실된 모습의 있는 그대로 보여 드리는 삶이다. 오늘의 이 모습이 내 모습이기 때문이다.

  이처럼 이 시는 봄과 여름, 가을을 보내고 겨울을 맞은 자연적인 현상을 통해 한 해를 보내는 화자와의 비유로 깊은 감동을 준다. 특히 성경에서 인용한 "마음이 가난한 자는 복이 있나니……"나, "헛되고, 헛되며 헛되고 헛되니……", 그리고 "내 모습 이대로 주 받으옵소서……"란 구절처럼 잠언적인 깊은 사유의 일깨움을 준다. 또한 주기도문과 하나님의 말씀을 외우는 것은, 일상생활 속에서 신앙이 생활화된 삶에서 비롯된 것이다. 바른 신앙인의 삶에서 생성(生成)된 자세이다.

실천적인 '믿음의 삶'의 길
– 김영진의 「믿음을 위하여」

　　　　남을 믿지 못하는 것은
　　　　나를 믿지 못하는 데서 온다

　　　　사람만이 아니라
　　　　날짐승이나 들짐승에게도
　　　　믿음을 주면
　　　　나를 따르는 것

　　　　믿음 없이
　　　　의심의 늪에 빠져
　　　　신음하는 자들은
　　　　얼마나 고통스러울까

　　　　가장 큰 믿음은
　　　　하나님
　　　　믿음으로 나를 자유케 하고
　　　　믿음으로 평화를 얻나니

　　　　　　　　　　　　　—「믿음을 위하여」의 전문

김영진의 「믿음을 위하여」는 일상의 생활 속에서 믿음의 삶을 추구했다. 자신에 대한 믿음과 주위에 대한 믿음의 마음, 그리고 믿음의 삶과 가치를 형상화한 것이다. 믿음의 삶을 통해 교훈이 되고 경계(警戒)가 되는 잠언(箴言)적인 형태로 구성했다. 특히 믿음은 자발적인 행위로 지니게 되고, 실천적인 삶에서 관계가 형성되고 있음을 보여 준다. 신앙의 믿음은 신앙의 대상인 하나님에 대한 믿음을 지니게 되면, 스스로를 자유케 하고 평화의 마음을 지닐 수 있도록 일깨워 준다.

《희망이 있으면 음악이 없어도 춤춘다》(2000년. 웅진닷컴 펴냄)란 시집에 수록된 이 시는 믿음의 삶을 두 갈래로 구성했다. 첫 연부터 제3연까지는 일상의 삶 속에서의 관계로 '믿음의 삶'과 '믿음의 길', '믿음이 없는 삶'을 전개했다. 마지막 연인 제4연은 신앙의 대상에 대한 믿음이다. 첫 번째의 '믿음'은 인간과 주위의 사물에 대한 관계로 형성된다. 서로가 의심히지 않고 신뢰의 관계가 되기 때문이다. 그리고 두 번째의 '믿음'은 하나님에 대한 믿음으로 신앙의 삶을 지니게 된다. 믿음의 내용을 요약한 '사도신경'을 고백하는 삶이 되어야 한다. 이러한 것은 하나님을 신뢰하고 그분이 천지의 창조주요, 주관자이심을 믿고 그 이루신 일을 찬양하는 것이다. 또한 예수 그리스도의 인격과 그분의 가르침, 그리고 구속사역, 곧 예수 그리스도의 성육신(成肉身), 십자가 죽음과 부활, 재림과 최후 심판을 확신하고 그분이 유일한 구세주이심을 신앙으로 받아들이는 것이다.

첫 연은 인간관계의 믿음에 대한 삶이다. 자신에 대한 믿음이 없으면 남을 믿지 못한다는 잠언적인 표현이다. 상대인 '남'을 믿지 못하는 것은 자신인 '나'를 믿지 못하는 데에서 오기 때문이라고 일깨워 준다. 제2연은 믿음에 대한 삶의 길이다. 믿음의 관계는 믿음을 주었을 때에 형성된다. 사람뿐만 아니라 날짐승이나 들짐승도 믿음을 주면 나를 따른다는 것이다. 동물원의 사육사들이 동물과 믿음의 신뢰로 사육하고 있음을 볼 수 있다. 가정의 반려견도 믿음관계로 형성되고 함께 생활하고 있다. 동물원의 동물은 사육사를, 반려견은 주인을 따르는 것이 보이지 않은 믿음의 관계로 형성됐기 때문이다. 인간관계도 "믿음을 주면 / 나를 따르는 것"이라고 일깨워 준다. 제3연은 믿음이 없는 삶에 대한 결과이다. 믿음이 없는 삶은 의심의 늪에 빠지고, 그 늪에서 신음하는 자들의 고통을 떠올려 준다. 서로의 관계가 신뢰하지 못하는 삶이기 때문이다. 믿음이 없는 신앙도 마찬가지이다. 행함이 없기 때문에 그 믿음은 죽은 것이다(야고보서 2장 26절). 행위가 구원의 조건은 아니나, 행위는 그 사람의 믿음에 대한 여부와 신앙의 유무를 보여 주는 척도가 되기 때문이다. 특히 믿음은 바라는 것들의 실상이다(히브리서 11장 1절). 믿음이란 지금 실현되지는 못했지만 그 소망하는 바를 향유하며 그것이 있는 것처럼 확신하는 것이다. 그래서 의심의 늪에 빠지지 않고 신음하지 않는다.

 제4연은 신앙의 대상에 대한 믿음을 추구했다. 여러 가지 믿음 중에서도 신앙의 대상인 하나님에 대한 믿음이 가장 큰 믿음으로 표현했다. 그 믿음이 가져다주는 것은 죄사함(마태복음 9장 2절, 요한복음 3장 18절, 사도행전 10장 43절)을 비롯한 구원(마가복음 16장 16절, 사도행전 16장 31절, 고린도전서 1장 21절), 정결케 됨(사도행전 15장 9절), 죽음에서 자유케 됨(요한복음 11장 25절~26절), 하나님과 화평을 누림(로마서 5장 1절), 기쁨과 희락과 평강과 위로를 얻음(로마서 1장 12절, 15장 13절, 베드로전서 1장 8절) 등이 있다. 이 축복과 은혜를 '자유'와 '평화'로 요약했다. 그것은 화자인 나를 자유케 하고 평화를 얻을 수 있다고 고백한다. '자유'란 하나님을 믿음으로 인해 구속받지 않고 죄에서 구원받는다는 의미이다. 그리고 '평화'는 성경에서 '평안'과 '평강', '화평' 등으로 표기된다. 궁극적으로 죄사함을 통해 하나님과 화목하게 된 자가 누리는 심령의 평안을 의미한다. 이 평화는 하나님과의 화해를 근거로 하고, 그 화해는 예수 그리스도의 중보자적 사역에서 이루어진다(에베소서 2장 15절~16절). 그것은 모든 것이 원만하여 마음에 걱정이 없는 상태인 것이다.

김영진은 에세이와 시로 엮은 성경 인물 이야기인 《사람아 네가 무엇이냐》(2004년. 성서원 펴냄)에서 성경 속의 인물의 삶을 통해 하나님을 발견하도록 했다. '구약편'과 '신약편'으로 엮은 이 책은 에덴동산의 아담에서부터 밧모섬의 요한까지의 삶과 활동을 생생하게 그렸다. 그들의 삶 속에 오늘의 우리가 있고, 오늘의 우리가 가야 할 길을 제시했다.

오늘의 삶을 향한 메시지
- 김 석의 「말씀 6」

> 다 이루었다
> 나는 알파와 오메가
> 너희들이 잠잠하면
> 저 돌들로 외치게 하리라
> 다 이루었도다
>
> ―「말씀 6」의 전문

 김 석의 「말씀 6」은 십자가 위에서 죽음을 앞두고 모진 수난을 당하는 예수의 초췌한 모습을 떠올린다. 그 고통 속에서도 오늘의 우리를 위한 "다 이루었다"란 말씀에 대해 지그시 눈감아 묵상하도록 한다. 죽음 직전에 "다 이루었다"란 말씀을 통해 오늘의 비신앙적인 삶을 향한 메시지를 형상화했다. 지금도 예수의 수난과 죽음으로 성취된 구속사역이 계속 진행되고 있음을 일깨워 준다. 오늘의 이 순간에도 예수의 구속사역과 그 결과로 도래할 천국에 대한 구원을 믿지 않고, 오히려 비신앙적인 행위로 조롱하고 부정하는 자들을 향한 사랑의 메시지이다.
 이 시는 예수의 말씀인 성경구절을 적절하게 구성함으로써 구속사역에 대한 메시지를 승화시켰다. "다 이루었다"는 요한복음 19장 30절, "나는 알파와 오메가"는 요한계시록 22장 13절, "너희들이 잠잠하면 / 저 돌들로 외치게 하리라"는 누가복음 19장 40절에서 인용했다. "다 이루었다"란 예수의 말씀을 전제한 후 이 성경구절을 통해 구속사역의 성취에 대한 의미를 전개했다. 이러한 시적인 영감과 기발한 발상, 재치 있는 기교와 치밀한 구성은 김 석의 원숙한 시작(詩作)에서 연유한 것이다.

예수는 죽기 직전인 십자가 위에서 "내가 목마르다"(요한복음 19장 28절)와 "다 이루었다"란 두 마디의 말씀을 하셨다. 예수는 자신의 십자가 죽음이 하나님의 구속사역에 대한 성취임을 이미 알고 있었다. 요한복음 19장 28절의 "모든 일이 이미 이루어진 줄 아시고"란 구절이 그대로 암시해 준다. 이 구절은 십자가에 달리는 것이 구속계획의 성취임을 예수 자신이 인지하고 있었음을 시사한다. 이처럼 예수는 자신을 향한 하나님의 구속사역을 이해하고 있었으며, 그것이 온전히 성취될 때까지 모든 육체적인 고통을 참고 순종했다. 십자가 죽음 직전에 최후의 절규인 "다 이루었다"란 말씀은, 죄로 인해 단절되었던 하나님과 인간의 관계를 화목하게 했다는 뜻이다. 결국 예수의 십자가 죽음은 인간을 구원하려는 하나님의 승리를 의미한다.

첫 행인 "다 이루었다"는 가상칠언(架上七言) 중 여섯 번째로 온갖 방해에도 지상사역을 완수하셨음을 선포한 것이다. 이 구절은 요한복음 19장 30절의 "예수께서 신 포도주를 받으신 후에 이르시되 다 이루었다 하시고 머리를 숙이니 영혼이 떠나가시니라"에서 연유한다. "머리를 숙이니 영혼이 떠나가시니라"란 구절은 죽음을 의미하지만, 죽음 직전에 "다 이루었다"는 이 한마디는 십자가의 죽음으로 하나님의 뜻을 온전히 이루었다는 뜻이다. 예수의 선언은 예수 자신에 의하여 마지막 예언이 성취되었음을 의미한다. 이 짧으면서도 장엄한 한마디는 십자가 위에서의 예수의 죽음이 인류의 모든 희망의 근거라는 사실을 온 세상에 천명한 것이다. 이러한 예수의 완전한 희생에 의한 위대한 승리는 복음의 핵심이다.

　제2행인 "나는 알파와 오메가"는 예수 자신이 '알파와 오메가'란 뜻이다. 이 구절은 요한계시록 22장 13절의 "나는 알파와 오메가요 처음과 마지막이요 시작과 마침이라"에 의한 것이다. '알파와 오메가'와 '처음과 마지막', 그리고 '시작과 마침'은 관용적 표현으로 모두 동일한 의미를 지닌 말이다. 이는 예수가 하나님과 마찬가지로 영원토록 존재하고 우주 만물의 창조자이며 이를 심판하는 최후의 심판자라는 사실을 나타내 준다.

　제3행과 제4행인 "너희들이 잠잠하면 / 저 돌들로 외치게 하리라"는 누가복음 19장 40절의 "대답하여 이르시되 내가 너희에게 말하노니 만일 이 사람들이 침묵하면 돌들이 소리 지르리라 하시니라"에서 연유한 것이다. 이 성경구절은 속담적이고 비유적인 표현이다. 하박국 2장 11절의 "담에서 돌이 부르짖고 집에서 들보가 응답하리라"란 사상을 반영한 말씀이다. 예수에게 부당한 것을 요구하는 바리새인들을 향한 매우 적절한 대답이었다. "너희들이 잠잠하면"이란 구절은 바리새인들의 잘못된 행위에 대한 채찍이다. 사실 사람들이 메시아인 예수를 찬양하는 것은 당연한 일이었다. 그것은 그 누구도 막을 수 없는 일이었다. 특히 "저 돌들로 외치게 하리라"란 구절은 피조물들이 찬양하는 것을 의미한다. 사람들이 찬양하지 않으면 흔히 볼 수 있는 하나님의 피조물인 돌들이 찬양한다는 것은, 사람들의 비신앙적인 행위를 비판하는 표현이다. 마지막 행인 "다 이루었도다"란 구절은 첫 행인 "다 이루었다"를 강조함으로써 구속사역의 성취를 새롭게 일깨워 준다. 예수의 죽음으로 모든 인간을 구원하려는 희생이었기 때문이다.

　이 시는 오늘의 모두에게 주는 사랑의 메시지이다. 예수의 수난과 죽음을 묵상하고 스스로를 자각할 수 있도록 일깨워 준다. 신앙적이지 못한 삶을 영위하는 현대인에게 바른 신앙의 길로 인도한다. 그것은 십자가 위에서 모진 수난과 죽음, 그리고 부활을 통해 구원의 길을 인도해 주기 때문이다.

천국을 향한 신앙인의 삶
- 임승천의 「오늘, 하늘에는」

오늘, 하늘에는 멀고 아득한 길이 있다

아득하면 아득할수록
기도의 눈이 보이고 햇살이 반짝인다

언제나
조용히 흐르는 물 따라 다가서면
하루 종일 넘치는 은혜의 강물

강가에 서 있는 나무는
꽃눈 가득한 축복에 쌓여
기쁨으로 꽃을 피우면

다가오는 음성
뚜렷한 눈뜨임 속에
온몸에서 솟아오르는 은총의 샘물

기도의 문이 열리고

하늘 문이 거듭 열리면

말씀의 불꽃 내 안에서 활활 타고 있다

— 「오늘, 하늘에는」의 전문

이 시는 '하나님의 나라'인 '천국'을 향한 신앙인의 삶을 형상화했다. 천국에 가는 삶은 기도의 삶에서 비롯될 수 있음을 일깨워 준다. 기도의 삶을 통해 하나님과 교제하고, 하나님께 예수의 이름으로 찬양과 경배, 감사, 죄의 회개, 간구, 중보를 드린다. 하나님은 아룀을 듣고 말씀하시며, 하나님의 뜻을 보여 주고 간구에 응답하시기 때문이다. 이 기도를 통해 하나님은 은혜와 축복, 은총의 삶을 영위하도록 섭리하신다. 이러한 것은 하나님 말씀에 의한 삶에서 비롯된 과정을 형상화했다.

이 시에서 보여 주듯이 일반적으로 하나님의 나라인 천국은 하늘에 있는 것으로 인식되어 있다. 또한 하나님은 높은 곳에 계시기 때문에 '하늘나라'로 표현하기도 한다. 신약에서 '하나님 나라'의 표현은 주로 공관복음에만 나타난 중심적인 용어로서 마가복음과 누가복음에서 '하나님의 나라'로 기록되어 있다(마가복음 10장 15절, 24절, 누가복음 8장 10절, 9장 2절). 마태복음에서는 '천국'(마태복음 3장 2절, 4장 17절)으로 표현되었다.

첫 연에서 하늘에는 천국을 향한 "멀고 아득한 길"이 있다고 제시한다. 천국으로 가는 길을 1행으로 함축해 구성했다. 천국은, 화자가 지닌 신앙의 척도로 보면 "오늘"이란 시점에서 "멀고 아득한 길"이다. 그래서 누구나 천국에 가는 길에 들어서려면 회개하고 메시아를 믿는 믿음의 삶을 살아야 한다(마태복음 3장 8~9절). 그 삶을 영위하기 위해서는 신앙의 삶인 "기도의 눈"이 보이는 삶이어야 한다. "멀고 아득한 길"에서 암시하듯이 천국에 가는 길은 쉽게 갈 수 없는 길임을 깨닫게 한다.

제2연부터 마지막 연까지는 첫 연에서 제시한 "멀고 아득한 길"을 가는 삶에 대한 신앙의 행적이다. 기도를 통해 하나님과 함께하는 삶을 영위한다. 그 결과는 은혜와 축복, 은총과 말씀의 삶으로 집약했다. 제2연은 천국에 가는 길이 멀고 아득하기 때문에 끊임없이 기도해야 할 삶임을 보여 준다. "아득하면 아득할수록"이란 구절은 신앙의 삶을 돌아봄에서 생성(生成)된 깨달음이다. 천국에 가는 길이 밝지 못하고 아득하게 여겨지는 것은, 신앙의 삶에 대한 자각이며 회개에서 비롯된 것이다. 그래서 기도의 생활은 바른 신앙의 삶에 대한 집약된 표현이다. "아득하면 아득할수록 / 기도의 눈이 보이고"란 구절은 천국을 향한 신앙의 삶이다. 바른 신앙을 지닌 삶은 천국을 향한 길이 아득하면 아득할수록 하나님께 기도할 수밖에 없다. "기도의 눈"이 보인다는 것은 멀고 아득한 천국의 길이 가깝게 보인다는 의미를 담고 있다. "햇살이 반짝인다"는 '흐린 날'이 아니라, '좋은 날'의 이미지를 지닌 평온하고 화평의 마음을 표현한 것이다. "기도의 눈"이 보이는 신앙의 삶을 지녔기 때문에 천국이 가깝게 보이고, 화평한 마음을 지니게 된 것이다.

제4연은, 축복의 삶은 기쁨의 삶임을 일깨워 준다. 강가의 나무에 꽃눈이 가득한 것은 하나님께 축복을 받았다고 여긴다. 그래서 그 축복으로 인해 기쁨으로 꽃을 피우게 된다. 나무의 꽃을 피우는 과정 속에서 우리의 신앙적인 삶을 연상시켜 준다. 그것은 축복의 삶이 기쁨의 삶으로 이어지기 때문이다.

제5연은 은총의 삶을 스스로 체험하고, 삶 속에서 은총이 계속 나타나고 있음을 보여 준다. "다가오는 음성 / 뚜렷한 눈뜨임 속에"란 구절은 하나님의 음성으로 거듭나는 삶에 대한 표현이다. 그 결과는 '은총의 삶'이다. 하나님과 함께하는 삶은 은총의 삶이기 때문이다.

마지막 연은 바른 신앙인의 삶이다. 오늘을 살아가는 신앙인의 삶을 총체적으로 집약해 표현한 구절이다. "기도의 문이 열리고"란 구절에서 보여 주듯이 일상생활 속에서 기도가 생활화된 삶이다. 그러기 때문에 기도의 삶은 "하늘 문"이 열릴 수밖에 없다. 기도가 지닌 힘이다. 이 "기도의 문"과 "하늘 문"이 열리면, 화자의 삶 속에서 하나님의 말씀이 불꽃처럼 활활 타오를 수밖에 없는 체험적인 현상을 표현했다. "말씀의 불꽃 내 안에서 활활 타고 있다"란 구절은 하나님의 말씀에 의한 삶이다. '하나님의 말씀'이 아닌 다른 말씀, 즉 불순물은 하나님의 말씀으로 이미 타 버렸기 때문이다. 기도가 생활화된 삶은 천국을 향한 하늘(천국)의 문이 열리고, 하나님의 말씀이 삶 속에 활활 타고 있는 것처럼, 그 말씀으로 인한 삶이다.

특히 "기도의 눈이 보이고 햇살이 반짝인다"(2연)를 비롯한 "하루 종일 넘치는 은혜의 강물"(3연), "온몸에서 솟아오르는 은총의 샘물"(5연), "말씀의 불꽃 내 안에서 활활 타고 있다"(6연)는, 일시적인 현상이 아니라 회자의 삶 속에서 계속 진행되는 신앙적인 상황이다. 그것은 하나님께서 섭리하시고 함께하고 계심을 표현한 것이다.

이 시는 천국을 향한 신앙인의 삶이다. 천국으로 향하는 하늘에는 "멀고 아득한 길"이 있다. 그 길을 가기 위한 기도의 삶은 은혜의 삶이 되고, 축복과 은총의 삶이 된다. 이 삶은 기도의 문이 열리고 천국(하늘)의 문이 열린다. 그것은 하나님의 말씀으로 영위하는 삶임을 보여 준다.

낮은 자세로 하나님과의 만남
― 홍금자의 「오늘 밤은」

출렁이는 바다 위를 걸은 후에만
닿을 수 있는 주님의 땅

몇 번이고 절망의
눈물을 넘어서야
잡을 수 있는 옷자락
사랑, 또 사랑
맨발로 서야만
만날 수 있는 이시여

오늘 밤
내 폐허의 땅에서
당신의 이마에
겸손히 입술을 댑니다.

―「오늘 밤은」의 전문

홍금자의 「오늘 밤은」이란 시는 일상생활 속에서 하나님을 만나는 과정을 형상화했다. 출렁이는 바다 위를 걷는 듯한 힘겨운 세상살이 속에서 절망의 눈물을 딛고 일어서야만 주님의 곁에 갈 수 있음을 깨닫게 한다. 하나님을 향한 불타는 사랑의 마음을 지니고 맨발인 낮은 자세, 그리고 참회의 기도로 세상의 모든 것을 버리고 간구의 기도로 만날 수 있음을 일깨워 준다.

이 시는 하나님을 만나기 위한 단계적인 과정을 치밀하게 구성했다. "출렁이는 바다 위를 걸은 후"에 "닿을 수 있는 주님의 땅", "몇 번이고 절망의 / 눈물을 넘어서야"만 주님의 옷자락을 잡을 수 있고, "사랑, 또 사랑 / 맨발로 서야만" 만날 수가 있다. 또한 "내 폐허의 땅에서" 만난 주님의 이마에 입술을 댈 수 있다. 그것은 "출렁이는 바다 위를 걸은 후에만" → "몇 번이고 절망의 / 눈물을 넘어서야" → "사랑, 또 사랑 / 맨발로 서야만" → "내 폐허의 땅에서" → "당신의 이마에 / 겸손히 입술을 댑니다" 하고 주님을 만나기 위한 과정을 보여 준다. 시적인 가치성을 획득하기 위한 상승작용의 결과로 볼 수 있다.

첫 연은 대부분 사람들이 고난과 역경의 생활 속에서 하나님을 만나게 되는 삶을 형상화했다. 힘겨운 생활 속에서 하나님을 찾게 되고, 하나님을 의지하기 때문이다. 그것은 하나님의 자녀가 되었다는 의미를 지닌다. "출렁이는 바다"란 순탄한 세상이 아니라 험한 세상에 대한 은유적인 표현이다. "바다 위를 걸은"이란 험한 세상살이를 함축한 표현이다. "출렁이는 바다 위를 걸은" 삶이란 힘겨운 세상살이다. 고난과 역경 속의 삶이다. 그리고 "닿을 수 있는 주님의 땅"은 하나님의 자녀가 되었음을 고백한 것이다. 하나님의 자녀가 되고 구원의 길에 들어섰음을 의미한다.

제2연은 절망의 눈물을 딛고 일어서야만 하나님의 옷자락을 잡을 수가 있고, 사랑의 마음으로 모든 것을 내려놓아야만 하나님을 만날 수 있다고 일깨워 준다. 첫 연의 "출렁이는 바다 위를" 걷는 삶이란 절망적일 수도 있다. 이 절망을 넘는다는 자체가 신앙의 행위이다. "몇 번이고 절망의 / 눈물을 넘어서야 / 잡을 수 있는 옷자락"이란 구절의 '옷'은 성경에서 구원의 상징이다(이사야 61장 10절). 절망의 눈물을 극복한다는 것은 희망의 길인 구원의 길에 들어선다는 의미이다. 그리고 맨발은 자의든 타의든 간에 비상식적인 일로 굴욕적이거나 슬픈 경우를 나타낸다. 그래서 신발을 벗은 맨발의 행위는 스스로가 권리포기 및 양도(룻기 4장 7절 이하)나 경의의 표시(출애굽기 3장 5절, 여호수아 5장 15절)라는 제의적인 의미도 있다. 모세가 소명을 받을 때처럼 거룩하신 하나님 앞에서 신을 벗는 경우도 있는데, 이는 하나님 앞에서 인간을 부정하며 한낱 천하고 보잘것없는 존재에 지나지 않음을 나타내는 행위였다(출애굽기 3장 5절). "사랑, 또 사랑 / 맨발로 서야만"이란 구절은 이러한 성경적인 의미인 낮은 자세로 하나님을 만날 수 있다고 일깨워 준다.

제3연의 세상적인 모든 것을 버린 화자가 하나님께 사랑의 표시인 이마에 입술을 대는 것은 존경의 인사이다. "오늘 밤"이란 구절은 '기도의 시간'이 함축되어 있다. 밤은 하루의 일과를 마치고 되돌아볼 수 있다. 또한 하나님과 만날 수 있는 하루 중의 조용한 시간이다. 밤에 '참회'와 '간구'의 기도로 하나님과의 만남을 표현했다. 참회의 기도로 "폐허의 땅"을 지닐 수 있기 때문이다. "내 폐허의 땅"이란 세상의 비신앙적인 모든 것을 버렸기 때문에 세상적인 관점에서 보면 '폐허의 땅'일 수밖에 없다. 신앙적으로 보면 참회를 했기 때문에 용서를 받은 것이다. 그리고 '간구'의 기도로 하나님을 만난다. 그 간구의 결과는 하나님과의 만남이다. "당신의 이마에 / 겸손히 입술을 댑니다"란 구절은 사랑과 존경의 표시이다. 성경에 기록된 '입맞춤'에서 비롯된 행위이다. 입맞춤은 고대 근동에서 애정과 존경을 표시할 때 행해진 인사의 관습이다. 바울 시대에 유대회당에서의 입맞춤은 존경과 반가움의 인사였다. 데살로니가전서

5장 26절에는 "거룩하게 입맞춤으로 모든 형제에게 문안하라"고 상호간에 사랑을 나누었다. 또한 주님께 대한 사랑의 표시라는 점에서 '거룩한 입맞춤'으로 간주되었다.

이처럼 이 시는 은유적인 기법으로 구성했다. "출렁이는 바다 위를 걷는 후에만"이나 "닿을 수 있는 주님의 땅", "몇 번이고 절망의 / 눈물을 넘어서야"나 "사랑, 또 사랑 / 맨발로 서야만", "내 폐허의 땅에서" 등의 구절은 이 시가 추구하는 주제를 적절한 표현으로 형상화했다. 절제된 시어의 선택으로 군더더기가 전혀 없다. 이러한 것은 원숙한 시작(詩作)에서 비롯된 결과이다.

'꽃'의 '창조 과정'을 형상화
– 류재하의 「꽃이 사는 이유」

이 세상 고운 빛깔
모두 모아
하나님은 꽃을 만들었습니다.

그토록 많은 빛깔 중에서
진달래에게 진분홍빛을
개나리에게 노란빛을
벚나무에게 흰빛을

예쁘고 샘이 많은 장미에겐
가시와 함께
빨강, 노랑, 하얀, 분홍
까망…….
원하는 대로 다 주었습니다

그리고 꽃들마다
향주머니 하나씩
안겨 주었습니다

그래서 꽃은
제각기 다른 빛깔로
제각기 다른 향기로
세상을 아름답게 가꾸며
열심히 사는 것입니다

―「꽃이 사는 이유」의 전문

　이 시는 류재하(한국기독교총연합회 전 총무, 원로목사)의 제2 동시집인 《꿈꾸는 반달》(2001년, 아동문학사 펴냄)에 수록된 동시로, 하나님의 창조와 그 창조의 아름다움을 추구했다. 이 세상의 고운 빛깔만을 모아 꽃을 만드신 하나님의 창조와 그 창조된 빛깔과 향기로 세상을 아름답게 가꾸어 주는 사명을 감당하고 있다고 일깨워 준다. 하나님이 우주와 만물을 창조하셨고, 이 세상을 위해 꽃의 아름다운 빛깔과 향기를 만들어 주셨기 때문이다.
　"태초에 하나님이 천지를 창조하시니라"(창세기 1장 1절)는 우주만물이 저절로 생겨난 것이 아니라 하나님께서 창조하신 것을 밝힌 것이다. 이 창조의 순서는 빛, 물과 하늘, 흙과 식물, 천체, 물고기와 새, 동물, 인간이고, 창조의 기간은 6일간으로 나타난다. 하나님이 창조한 것은 "하나님이 보시기에 좋았더라"(창세기 1장 4절, 10절, 12절, 18절, 21절, 25절)고 창조할 때마다 이 구절을 반복했다. 특히 창조를 마친 후에는 "하나님이 지으신 그 모든 것을 보시니 보시기에 심히 좋았더라"(창세기 1장 31절)고 했다. 하나님께서 만족해 하시는 모습을 극적으로 표현한 것이다.
　이 시는 이러한 하나님의 창조 속에서 '꽃'에 대한 창조과정을 섬세하게 표현했다. 꽃은 하나님이 고운 빛깔만을 모아 만들었지만 꽃의 종류에 따라 다른 빛깔로 만들었다. 특히 장미는 가시와 함께 여러 가지의 빛깔로 꽃을 만들었다. 이 꽃마다 향기를 주는 향주머니를 안겨 준 것도 하나님의 창조 행위임을 일깨워 주는 시이다. 하나님이 창조한 꽃을 통한 기발한 발상과 구성, 꽃이 주는 이미지를 극대화시킨 가운데 재치 있는 전개는 류재하의 문학적인 원숙한 역량에 기인한다.

이 시의 '꽃'은 하나님의 창조에 따라 아름다운 꽃으로 지금까지 존재해 왔다. '하나님이 보시기에 심히 좋았더라'처럼 모든 인간이 보기에 아름다운 것이 꽃이다. 아름다움의 상징이 꽃이기 때문이다. 첫 연부터 제4연까지는 하나님이 꽃을 창조한 과정을 섬세하게 표현했다. 하나님은 셋째 날에 식물을 만들었지만 구체적으로 꽃의 창조과정에 대한 기록은 찾아볼 수 없다. 하나님이 창조한 식물 중에 꽃이 들어 있으며, 그 꽃에 대한 섬세한 부분은 시인의 상상력에 의해 하나님의 창조행위를 대변한 것이다. 마지막 연인 꽃의 사명도 마찬가지이다. 시인의 깊은 성찰에 연유한 결과이다. 꽃의 빛깔과 향기가 세상을 아름답게 가꾸는 사명으로 인식했기 때문에 꽃의 사명으로 전개한 것도 시인적인 감각에서 비롯된 것이다.

첫 연은 하나님이 이 세상의 고운 빛깔만을 모아 꽃을 만들었다고 단정했다. 꽃이 주는 이미지를 그대로 표현한 것이다. 시인적인 기발한 발상이다. 꽃을 꽃으로만 보는 것이 아니라, "이 세상 고운 빛깔 / 모두 모아"란 구절처럼 의미를 부여했다. 그래서 "하나님은 꽃을 만들었습니다"라고 하나님의 창조행위를 표현했다. 제2연부터 제4연까지도 마찬가지이다. 제2연의 경우는 하나님이 "그토록 많은 빛깔 중에서" 진달래꽃은 진분홍빛을, 개나리꽃은 노란빛을, 벚나무꽃은 흰빛으로 만들어 주셨다. 제3연은 장미꽃이 예쁘고 샘이 많아 가시와 함께 빨강꽃을 비롯한 노랑꽃, 하얀꽃, 분홍꽃, 까망꽃 등 원하는 대로 주었다. 장미꽃의 가지에 가시와 한 가지 빛깔이 아닌 여러 가지 빛깔을 지닌 꽃을 피우기에

샘이 많다고 표현했다. 제4연은 꽃들마다 향기를 담은 향주머니를 안겨 주었다. 이러한 것은 인간적인 생각에서 비롯된 것이 아니라 하나님의 창조에서 비롯되었음을 일깨워 준다.

마지막 연인 제5연은 꽃마다 다른 빛깔과 향기로 이 세상을 아름답게 가꾸어 준다. "제각기 다른 빛깔"과 "제각기 다른 향기"로 꽃의 사명인 아름다움의 역할을 감당한 것이다. "열심히 사는 것입니다"란 구절은 의인화된 표현으로 '피어난다'는 의미의 진행형이다. 꽃이 피어나기 때문에 열심히 사는 것으로 전개한 것이다. 꽃마다 다른 빛깔과 향기로 세상을 아름답게 가꾼다는 것은, 이 세상을 향한 꽃의 사명으로 인식한 문학적인 상상력에 의한 전개이다.

이처럼 이 시는 '꽃'을 '꽃'으로 인식하지 않고, '꽃'의 탄생과 존재에 의미를 부여함으로써 '꽃'이 태어난 과정과 '꽃'의 존재의미를 구체화시켰다. 어린이들의 동심 속에 꽃을 통한 '하나님의 창조' 섭리와 꽃마다 이 세상을 아름답게 가꾸기 위한 사명으로 피어나고 있다고 일깨워 준다. 그것은 꽃에 대한 창조과정을 섬세하게 표현하고, 꽃이 지닌 빛깔과 향기로 이 세상을 위한 사명을 감당하고 있기 때문이다.

행복한 가정과 사랑의 삶
– 임만호의 「오늘 아침 2」

> 한 날이 나에게 왔습니다
> 나의 식탁에
> 나의 배를 채울 빵과
> 물이 한 잔 가득합니다
> 나의 허물을 감싸 줄 아내
> 나를 꼭 필요로 하는
> 해맑은 자녀가 있습니다
> 내 인사를 받아 줄 이웃을
> 오늘도 만날 것입니다
> 당신의 말씀이
> 나의 생명이 되었습니다.
>
> — 임만호의 「오늘 아침 2」 전문

이 시는 하나님의 섭리와 사랑에 연유한 아름다운 가정의 정경(情景)과 신앙이 생활화된 삶을 보여 준다. 가장(家長)인 화자가 하나님이 주신 오늘의 한 날을 시작하는 아침에 아침 식탁과 아내, 그리고 자녀와 이웃의 모습을 떠올린다. 행복한 가정과 사랑의 삶에 의한 하루의 일과이다. 생활화된 신앙의 삶에서 비롯된 것이다.

"한 날이 나에게 왔습니다"는 하나님께서 오늘의 하루를 주셨다는 의미이다. '왔습니다'는 자의(自意)에 의한 것이 아니고 타의(他意)인 하나님에 의해 주어졌음에 대한 신앙의 자각(自覺)에서 생성된 인식이 반영되어 있다. 스스로가 맞이하고 차지한 것이 아니라 저절로 주어졌다는 것은 하나님의 섭리에 의한 사랑이다. 믿는 자들의 삶과 활동에 대한 하나님의 돌보심인 것이다. 세상의 모든 일은 하나님께서 섭리하시고, 인간에 대한 사랑의 배려이기 때문이다.

"나의 식탁에 / 나의 배를 채울 빵과 / 물이 한 잔 가득합니다 / 나의 허물을 감싸 줄 아내 / 나를 꼭 필요로 하는 / 해맑은 자녀가 있습니다"란 구절은 아침 식탁과 가족의 모습을 떠올린다. 행복하고 단란한 가정의 풍경이다. 풍경화를 가까이서 보듯이 선명하게 보여 준다. 아침 식탁이 '빵'과 '물이 한 잔'으로 단조롭게 보일 수도 있지만 이 시의 전체적인 맥락에서 보면 풍성한 식탁이다. 부수적인 음식이 생략되었지만, 배를 채울 만큼의 영양적인 요소를 갖춘 음식이 차려져 있다고 연상된다. "배를 채울"이나 "가득"이란 의미가 풍성함을 주고 있기 때문이다.

또한 "나의 허물을 감싸 줄 아내"란 구절은 "내 허물을 주머니에 봉하시고 내 죄악을 싸매시나이다"(욥기 14장 17절)란 하나님의 말씀을 떠올려 준다. 바른 부부관계의 모습이다. 서로가 허물을 감싸 주고 존중하는 관계임을 암시해 준다. 그것은 신앙의 삶이 작용한 행위인 것이다. 또 "나를 꼭 필요로 하는 / 해맑은 자녀가 있습니다"도 자녀 사랑에 대한 표현이다. 자녀양육은 부모의 책임이고 의무임을 인식시켜 준다. "해맑은 자녀"로 표현한 것은 바른 자녀교육으로 순수하게 성장하고 있음을 보여 준다. 그리고 "내 인사를 받아 줄 이웃을 / 오늘도 만날 것입니다"란 구절은 공동체적인 삶을 암시한다. 이웃이 외면하지 않고 인사를 받아 주는 것은 친근한 관계이거나 신앙의 생활화로 지닌 품성 때문이다. 이 이웃을 오늘도 만날 것을 희망하는 삶이다. 지금까지 이웃과 함께하는 삶이다. 즐겁고 아름답게 살아가는 모습이다.

"당신의 말씀이 / 나의 생명이 되었습니다"란 구절은 "말씀이 육신이 되어 우리 가운데 거하시매 우리가 그의 영광을 보니 아버지의 독생자의 영광이요 은혜와 진리가 충만하더라"란 요한복음 1장 14절에 근거해 형상화했다. "당신의 말씀이 / 나의 생명"이란 "말씀이 육신이 되어"와 동일한 의미를 지니고 있기 때문이다. 성육신(成肉身)을 떠올린다. 즉 "당신의 말씀"은 "나의 생명"이란, 하나님의 말씀을 나의 생명으로 확신하고 있음을 보여 준다. 그것은 하나님의 말씀에 의한 삶을 영위한다는 고백이다. 요한복음의 "말씀이 육신이 되어"는 영원하시며 거룩하신 예수께서 인간의 몸을 입고 역사의 현장인 인간의 세상에 찾아오셨다는 뜻이다. 즉 신성(神性)을 가지신 동시에 육신을 입고 인간의 성품인 인성(人性)을 가지셨다는 말이다. 요한복음이나 요한서신에서는 '말씀'이 예수의 한 칭호로 사용되기도 했다. 창조와 계시에 있어서 모두 하나님의 대행자로 선포하고(요한복음 1장 1절~18절, 요한1서 1장 1절), 그는 궁극적이며 최종적인 하나님의 말씀 혹은 계시인 것이다(히브리서 1장 1절~3절). 그것은 생명의 말씀이기 때문이다. 하나님의 말씀이 화자의 생명이 되었다고 고백하는 것은 신앙의 생활화로 육화(肉化)된 삶이기 때문이다.

「오늘 아침 1」이란 시에서도 "오늘 아침도 / 동녘 산 위에 / 붉은 해가 떠오를 것을 / 믿었습니다 // 어제와 같이 / 진리이니까 / 당신의 역사가 / 나의 신앙이 되었습니다"고 하나님의 섭리에 대한 신앙을 고백했다. 동녘 산 위에 붉은 해가 떠오르는 것을 하나님의 섭리로 믿고 있기 때문이다. 이러한 것은 진리임을 깨닫고 있다. 또한 '하나님의 역사'가 '나의 신앙'이 되었다는 것도 고백한 것이다. 이 "당신의 역사가 / 나의 신앙이 되었습니다"란 구절은, 「오늘 아침 2」의 "당신의 말씀이 / 나의 생명이 되었습니다"란 구절과 동일한 맥락의 의미를 지닌다. 화자의 신앙고백이며 그 삶 속에 생활화된 신앙임을 보여 준다. 하나님 중심의 삶을 영위하고 있다는 증거이다.

　박이도는 임만호의 《달팽이는 두 뿔로 꿈을 꾼다》란 시집의 해설에서 "한결같이 하나님이 중심에 있다. 그의 심정적 지향점은 모든 사물을 오직 하나님에게 연관시켜 삶의 의미와 가치를 생산해 내고 있다"면서, "기도하고 응답받는, 개인적이고 비밀스러운 은총의 소통이 '당신의 말씀이 / 나의 생명이 되었습니다'라는 기독교 세계관과 그 세계관 속에서의 긍정적인 인생관이 정수(精髓)가 되어 있다"고 평가하기도 했다. 이처럼 그의 시는 신앙의 생활화로 육화(肉化)된 삶을 형상화했다. 진솔한 신앙인의 모습이다.

하나님의 주권과 사랑
- 양효원의 「어느 한 순간에」

> 어느 한 순간에
> 머나먼 옛날부터 저를 아신 듯
> 저도 모르는 저를 아신다는 듯,
> 무척 익숙하신 다정하심으로
> 저에게 말을 걸어 오시네요
> 울게 하시고 웃게 하시고
> 버리게 하시고 세우게 하시고
> 용서하게 하시고 품게 하시네요
> 사랑의 이름으로
> 사랑의 이름으로
> 바람결 따라 나뭇잎이 살랑대듯이
> 저의 심장을 부비시며, 오늘도
> 저와 함께 사시네요
>
> — 양효원의 「어느 한 순간에」의 전문

 이 시는 하나님이 우리의 삶 속에 함께하심을 형상화했다. 하나님은 전능하시기 때문에 그의 섭리에 의한 삶임을 일깨워 준다. 하나님이 원하시는 것은 무엇이든지 하실 수 있음을 깨닫도록 한다. 하나님의 섭리에 순응하는 바른 신앙인의 모습이다. 인간과 자연의 세계가 자립적인 것이 아니라, 하나님의 지배와 붙드심에 힘입고 있다는 신앙에서 비롯된 것이다. 그것은 하나님의 섭리로 우주와 인간을 통치하고 있기 때문이다.

이 시는 연을 나누지는 않았지만, 구태여 나눈다면 3개 연으로 구분할 수 있다. 첫째 연은 1행부터 5행, 둘째 연은 6행부터 8행, 셋째 연은 9행부터 마지막 행까지이다. 첫째 연의 1행인 "어느 한 순간에"란 구절을 임의로 구분한 각 연의 첫 행에 삽입하면 이 시를 이해하는 데에 도움이 될 수 있다. 그것은 눈 깜짝할 사이인 어느 한 순간에 하나님께서 함께하고 계심을 스스로가 깨닫기 때문이다.

"머나먼 옛날부터 저를 아신 듯 / 저도 모르는 저를 아신다는 듯, / 무척 익숙하신 다정하심으로 / 저에게 말을 걸어 오시네요"란 구절은, 하나님께서 인산을 통치하고 계심을 보여 준다. 특히 "머나먼 옛날부터 저를 아신 듯 / 저도 모르는 저를 아신다는 듯"이란 구절은 이미 하나님께서 함께하고 계심을 떠올린다. 인간이 태어나기도 전에 이미 그 인생의 모든 삶이 하나님의 섭리와 영원한 지혜의 계획하심 아래 놓여 있었음을 일깨워 준다. 하나님의 전지전능하심을 보여 주는 구절이다. 그것은 시편 139편 16절인 "내 형질이 이루어지기 전에 주의 눈이 보셨으며 나를 위하여 정한 날이 하루도 되기 전에 주의 책에 다 기록이 되었나이다"라고 기록되어 있기 때문이다. 이미 예정되어 있었음을 깨닫게 한다. 또한 "무척 익숙하신 다정하심으로 / 저에게 말을 걸어 오시네요"란 구절도 하나님께서 우리의 삶 속에서 섭리하고 계심을 깨닫게 한다. 하나님의 성품과 주권에 근거한 구절이다. 오늘날 우리가 하나님의 백성이 된 것은 역시 하나님의 주권적인 은혜와 주권적인 사랑에 기인한다. 이러한 것은 이사야 43장 1절인 "야곱아 너를 창조하신 여호와께서 지금 말씀하시느니라 이스라엘아 너를 지으신 이가 말씀하시느니라 너는 두려워하지 말라 내가 너를 구속하였고 내가 너를 지명하여 불렀나니 너는 내 것이라"란 구절을 연상시킨다. 하나님께서 지으셨고 구속하고 계시기 때문이다.

"울게 하시고 웃게 하시고 / 버리게 하시고 세우게 하시고 / 용서하게 하시고 품게 하시네요"란 구절은 하나님의 주권적인 섭리를 표현했다. 이 세상에는 상반(相反)되는 두 때가 있기 마련이다. 그것은 우리의 삶 속에서 예외없이 작용하고 있으며, 하나님의 섭리에 따라 삶을 영위하고 있음을 보여 준다. 하나님의 뜻에 따라 삶을 영위하고 있기 때문이다. 우리의 뜻에 따라 삶을 영위하는 것이 아니라 하나님의 뜻에 따라 살아가고 있음을 깨닫도록 한다. 이 구절은 전도서 3장 4절부터 8절인 "울 때가 있고 웃을 때가 있으며 슬퍼할 때가 있고 춤출 때가 있으며 돌을 던져 버릴 때가 있고 돌을 거둘 때가 있으며 안을 때가 있고 안는 일을 멀리 할 때가 있으며 찾을 때가 있고 잃을 때가 있으며 지킬 때가 있고 버릴 때가 있으며 찢을 때가 있고 꿰맬 때가 있으며 잠잠할 때가 있고 말할 때가 있으며 사랑할 때가 있고 미워할 때가 있으며 전쟁할 때가 있고 평화할 때가 있느니라"란 구절에 연유한 것이다.

"사랑의 이름으로 / 사랑의 이름으로 / 바람결 따라 나뭇잎이 살랑대듯이 / 저의 심장을 부비시며, 오늘도 / 저와 함께 사시네요"란 구절은 하나님이 우리를 사랑하심으로 우리와 함께 계심을 나타냈다. 우리의 삶과 활동에 대한 하나님의 돌보심에 대한 사랑이다. 창세기 26장 28절의 "그들이 이르되 여호와께서 너와 함께 계심을 우리가 분명히 보았으므로 우리의 사이 곧 우리와 너 사이에 맹세하여 너와 계약을 맺으리라 말하였노라"란 구절을 연상시킨다. 그리스도의 사랑과 하나님의 사랑을 표현한 것이다.

이 시에서 보여 준 것처럼 하나님은 전지전능하시기 때문에 그의 능력을 제한받지 않고 완전하게 행하신다. 무슨 일이든지 못하는 일이 없고 약속하신 것을 능히 이루시는 능력의 소유자이다. 자신의 능력을 제한받지 않고 완전하게 행하시고, 원하시는 것을 다 이루시는 가장 강하고 절대적인 권능을 가지셨기 때문이다(창세기 17장 1절, 룻기 1장 20절~21절, 욥기 5장 17절, 에베소서 1장 11절). 이는 그 어떤 존재와도 비교될 수 없는 하나님의 초월성과 은혜의 충만성, 그리고 신실하심이 내포된 신명(神名)이다. 또한 하나님의 주권적인 은혜와 사랑을 보여 준다. "울게 하시고 웃게 하시고 / 버리게 하시고 세우게 하시고 / 용서하게 하시고 품게 하시네요"란 구절처럼 하나님께 속해 있음을 표현했다. 하나님께서는 자신의 의지대로 자유롭게 주권을 행사하고 계시기 때문이다.

예수의 부활과 신앙의 결단
– 이수영의 「부활의 아침」

몸이 향기로운 꽃봉오리였을 때
그 꽃이파리
낱장으로 흩어져 떨어지는 일
상상도 못했습니다
몸이 타오르는 불꽃이었을 때
그 심지 다하도록
흘리는 눈물의 태산
생각도 못해 봤습니다

사망을 걸어 잠근
돌문이 열리듯
이제
진흙 덩어리 이 몸
부수겠습니다

저의 손바닥에도
굵은 대못을 박아 주십시오
못자국 선명한

이 두 손으로
　　주님의 잔에
　　붉은 포도주를 따라 올리겠습니다.

―「부활의 아침」의 전문

　이 시는 예수의 죽음과 부활을 통해 신앙의 삶을 성찰한 고백이다. 예수가 부활한 아침에 그의 죽음과 부활, 그리고 화자인 스스로의 신앙에 대한 돌아봄과 새롭게 태어나는 삶을 보여 준다. 화자인 스스로의 신앙의 삶을 돌아보며 예수의 죽음과 우리를 위해 희생한 생애를 깨닫도록 한다. 또한 예수가 부활한 것처럼 화자도 돌문이 열리듯 진흙 덩어리인 이 몸을 부수겠다고 다짐한다. 그리고 예수가 당한 십자가에서의 고통과 아픔에 동참하고, 승리의 부활에 대한 경배와 기쁨을 형상화했다.

　첫 연은 죽음과 희생을 떠올려 준다. "몸이 향기로운 꽃봉오리였을 때 / 그 꽃이파리 / 낱장으로 흩어져 떨어지는 일 / 상상도 못했습니다"란 구절은 예수의 생애와 죽음을 연상시킨다. 그의 생애 자체를 "향기로운 꽃봉오리"로 함축했고, "낱장으로 흩어져 떨어지는 일"은 십자가 위에서의 죽음을 형상화했다. 그의 생애는 오늘의 모두에게 신앙의 대상이고 온 인류를 구원해 주는 구주이기 때문에 십자가 위에서의 고난과 처절한 죽음은 "상상도 못했습니다"라고 놀라움을 표현했다 누구나가 예수의 죽음은 놀라움일 수밖에 없다. "몸이 타오르는 불꽃이었을 때 / 그 심지 다하도록 / 흘리는 눈물의 태산 / 생각도 못해 봤습니다"란 구절은 예수의 사랑과 희생, 눈물을 떠올려 준다. 어둠 속에서 촛불이 스스로의 몸을 태워 가며 밝음을 주는 것은 촛불의 희생에서 비롯된 것이다. 예수의 생애도 동일한 선상에서 이해해야 한다. 그의 개인적인 삶을 위한 것이 아니라 온 인류를 구원하기 위해 희생했기 때문이다. 눈물도 마찬가지이다. 온 인류를 위해 흘린 안타까움의 눈물인 것이다. 이러한 예수의 '희생'과 '눈물', 그리고 '죽음'을 "상상도 못했습니다"와 "생각도 못해 봤습니다"라고 화자의 신앙적인 삶을 돌아보고 있다. 그것은 깨달음의 신앙임을 보여 준다.

둘째 연은 예수가 부활하듯이 화자인 스스로가 새롭게 태어나기 위해 스스로를 부수겠다는 신앙의 의지에 대한 표현이다. 예수의 무덤을 걸어 잠근 돌문이 열린 것처럼, 그 부활의 깊은 의미를 묵상하며 새롭게 거듭 태어나는 삶을 결단한다. "돌문이 열리듯"이나 "부수겠습니다"란 표현은 같은 의미를 지니고 있다. 예수가 돌문을 열고 부활한 것처럼 화자도 "진흙 덩어리 이 몸"을 부수고 새롭게 태어나겠다고 다짐하기 때문이다. 특히 "진흙 덩어리 이 몸"은 창세기 2장 7절인 "여호와 하나님이 땅의 흙으로 사람을 지으시고 생기를 그 코에 불어 넣으시니 사람이 성령이 되니라"란 구절을 떠올린다. 진흙 덩어리로 만들어진 이 몸을 부수겠다는 것은 걸어 잠근 돌문을 열고 부활한 예수처럼 새롭게 태어나겠다는 결의를 보여 준다.

셋째 연은 십자가에 두 팔과 두 발이 대못으로 박힌 예수의 고통과 아픔에 동참한 자세로 부활의 예수를 경배하는 결연한 신앙을 형상화했다. 화자가 "굵은 대못을 박아 주십시오"라고 간구한 것이나, "못자국 선명한 / 이 두 손"은 예수의 고통과 아픔에 동참한 자세이다. "굵은 대못"과 "못자국 선명한"이란 표현으로 그 고통과 아픔의 깊이를 극대화시켜 준다. 그 두 손으로 "주님의 잔에 / 붉은 포도주를 따라 올리겠습니다"라는 것은 부활승리에 대한 기쁨과 경배의 의미를 담고 있다. 포도주는 신앙생활의 기쁨(이사야 55장 1절)으로 상징됐기 때문이다. 예수께서 가나의 혼인 잔칫집에서 물로 포도주를 만드셨던 것(요한복음 2장 2절~11절)도 기쁜 날에 사용된 것이다. 부활의 아침은 기쁜 날이다. 예수의 잔에 포도주를 따라 올리는 것은 부활한 예수에 대한 경배와 기쁨을 표현한 것이다.

이 시에서 첫 연의 "못했습니다"는 돌아봄, "못해 봤습니다"는 깨달음에서 비롯된다. 또한 둘째 연의 "부수겠습니다"와 셋째 연의 "박아 주십시오"는 결단의 자세, "올리겠습니다"는 경배의 모습이다. 화자의 순수한 신앙에 의한 고백적인 자세를 보여 준다.

이수영은 1990년 《문예사조》로 등단한 이후 1994년에 첫 시집인 《깊은 잠에 빠진 방의 열쇠》(마을 펴냄)를 비롯하여 《시간의 반란》, 《언어로 만든 집 한 채》, 《금빛 해를 마중할 때》, 《어머니께 말씀 드리죠》, 《무지개 생명부》 등을 펴냈다. 그의 시들은 사물과 삶과의 관계를 상징적인 표현으로 형상화했다. 절제된 이미지와 심미적인 감각으로 새로운 세계를 탐색해 왔다. 특히 시적인 대상에 대한 깊은 성찰을 통해 서정의 언어로 아름답고 섬세하게 추구해 왔다. 그의 기독교시들은 일상적인 생활 속에서의 삶을 돌아보고 새롭게 깨닫는 삶의 길을 제시해 준다.

성숙한 신앙의 삶을 위한 간구
― 김행숙의 「새 아침에」

지혜의 근본을 찾으러
나 여기 왔습니다
발걸음을 인도하여 주옵소서
속사람의 비밀을 날로 새롭게 하시고
당신 닮은 사랑 내게서
피어나게 하소서

간구하옵기는
오로지 당신의 온유
그뿐
이 세상 어디에서도 찾을 수 없어
새 아침의 소망을
간절히 말씀드리나이다

― 「새 아침에」의 전문

김행숙의 「새 아침에」는 새해의 아침에 드린 기도이다. 성숙한 신앙의 삶을 영위하기 위해 하나님 앞에 간구한 것이다. 이 삶을 위해 '지혜의 근본'을 찾기 위해 하나님 앞에 왔다고 고백한다. "속사람의 비밀"을 새롭게 하고, "당신 닮은 사랑"과 "당신의 온유"를 지니도록 간구한다. 성숙한 신앙의 삶을 영위하기 위해 새해의 소망임을 고백한 것이다. 그것은 바른 신앙의 삶에서 비롯된 고백과 간구이다.

이 기도는 고백과 간구로 구성되어 있다. "지혜의 근본을 찾으러 / 나 여기 왔습니다 / 발걸음을 인도하여 주옵소서"나, "이 세상 어디에서도 찾을 수 없어 / 새 아침의 소망을 / 간절히 말씀드리나이다"는 하나님 앞에 스스럼없이 털어놓은 고백이다. "속사람의 비밀을 날로 새롭게 하시고 / 당신 닮은 사랑 내게서 / 피어나게 하소서"나, "간구하옵기는 / 오로지 당신의 온유 / 그뿐"은 하나님 앞에 간구한 것이다. 하나님 앞에 고백을 통해 진솔한 마음을 전달하고 간구함으로써 응답이 온다는 견고한 믿음을 보여 준다. 진솔한 고백과 간절한 간구이기 때문이다. 고백과 간구는 기도의 기본으로 고백이 없는 간구는 이기적인 신앙인의 삶이란 것도 일깨워 준다.

제1연은 하나님을 바르게 알고 거듭난 삶과 예수 그리스도를 닮은 사랑을 지니도록 간구한다. 바른 신앙인의 삶을 소망한 것이다. "지혜의 근본을 찾으러 / 나 여기 왔습니다"란 구절은 태초적부터의 하나님을 만나기 위해 하나님 앞에 왔음을 고백한다. 이 "지혜의 근본"은 하나님의 지혜에 대한 바탕, 즉 시간과 공간이 창조되기 이전인 태초의 상태를 의미한다. 시편 111편 10절은 "여호와를 경외함이 지혜의 근본이라 그의 계명을 지키는 자는 다 훌륭한 지각을 가진 자이니 여호와를 찬양함이 영원히 계속되리로다"라고 '지혜의 근본'을 설명했다. 우리는 하나님께 대한 경외로서의 두려움이 있다. 이 두려움으로 인해 죄를 멀리하고 하나님을 경배하게 되기 때문이다. 하나님을 바르게 알고 함께하려는 삶에서 비롯된 것이다. 한편 성경에서는 '지식(지혜)의 근본'(시편 111편 10절), '힘의 근본'(사사기 16장 9절), '교회의 근본'(골로새서 1장 18절), '창조의 근본'(요한

계시록 3장 14절) 등에 사용되었다.

또한 "속사람의 비밀을 날로 새롭게 하시고"란 구절의 '속사람'은 예수 그리스도 안에서 거듭난 사람의 심령(에베소서 3장 16절), 또한 예수 그리스도 안에서 죄사함을 받아 새롭게 창조된 새사람(에베소서 4장 24절)을 의미한다. 에베소서 3장 16절은 "그의 영광의 풍성함을 따라 그의 성령으로 말미암아 너희 속사람을 능력으로 강건하게 하시오며", 4장 24절은 "하나님을 따라 의와 진리의 거룩함으로 지으심을 받은 새사람을 입으라"고 했기 때문이다. "속사람"은 죄의 지체와 대립되고(로마서 7장 22~23절) 겉사람에 대비되며 성령의 능력으로 날로 새로워지고 은혜를 체험하는 자들이다(고린도후서 4장 16절, 에베소서 3장 16절).

"당신 닮은 사랑 내게서 / 피어나게 하소서"란 구절은 예수 그리스도의 사랑을 스스로가 지닐 수 있도록 간구한 것이다. "피어나게 하소서"는 사랑의 실천을 의미한다. 간직한 것만이 아니라 실천해야 하기 때문이다. "당신"은 예수 그리스도이며, "닮은 사랑"은 예수 그리스도의 사랑을 표현했다. 성경이 가르치는 사랑은 한마디로 예수 그리스도께서 십자가상에서 보여 주신 신적(神的)인 사랑이며, 자기를 돌보지 않고 이웃을 위해 목숨까지도 버릴 수 있는 아가페적인 사랑이다(요한1서 4장 10절). 스스로에게서 피어날 수 있는 아가페적인 사랑을 간구한 것이다.

제2연은 이 세상의 어디에서도 찾을 수 없는 예수 그리스도의 성품을 지닐 수 있도록 간구한다. "당신의 온유"는 예수 그리스도의 성품이기 때문이다. 이 "온유"는 부유하고 거만한 사람들에 반대되는, 진실로 경건한 사람들의 태도를 묘사하는 말이다. 따라서 구약에서 하나님께 전적으로 의지하는 자의 태도나 타인에게 보이는 태도를 묘사하는 데 사용되었다. 마태복음 5장 5절의 "온유한 자는 복이 있나니 그들이 땅을 기업으로 받을 것임이요"란 구절에서 온유한 자가 땅을 차지한다는 것은 미래에 하나님 나라의 영토를 차지한다는 것이다. 그것은 온유한 자들이 하나님의 나라를 소유한다는 의미이다. 특히 마태복음 11장 29절의 "나는 마음이 온유하고 겸손하니 나의 멍에를 메고 내게 배우라 그리하면 너희 마음이 쉼을 얻으리니"란 구절에서 예수 그리스도의 성품을 묘사했다. 그래서 "온유"란 말은 예수 그리스도의 성품을 묘사하는 데서 완전한 의미로 사용되었다(고린도후서 10장 1절). 특히 "이 세상 어디에서도 찾을 수 없어"란 구절은, 하나님 앞에 간구하기 이전에 찾아 나섰고, 신앙의 삶 속에서 찾기 위해 헤맸다는 의미를 담고 있다. 또한 하나님만이 해결해 줄 수 있다는 것도 보여 준다.

　이 시는 하나님 앞에 새해의 소망을 간구한 것이다. 주변과 가정, 물질적 요구의 외적인 삶에 대한 간구가 아니다. 내적인 성숙을 위한 간구로, 성숙한 신앙의 삶을 영위하기 위한 모습을 보여 준다. 바른 신앙인의 자세이다.

윤동주의 삶과 시정신을 추구
- 소강석의 「윤동주 무덤 앞에서 3」

> 님의 무덤을 찾아오지 않고서야
> 어찌 시인이라 할 수 있으랴
> 그대처럼 아파하지 않고서야
> 어찌 시를 쓴다 할 수 있으리오
> 부끄러움 하나 느끼지 않고 시를 썼던
> 가짜 시인을 꾸짖어 주십시오
> 눈물 없이 쓴 껍데기 시를
> 심판해 주십시오
> 참회록 없는 이 시대의 시인들을
> 파면해 주십시오
> 당신 무덤에 피어오른 동주화를
> 내 마음의 무덤에 심도록 허락해 주십시오
> ―「윤동주 무덤 앞에서 3」의 전문

이 시는 일제에 저항한 윤동주의 삶과 고고한 시정신을 추구했다. 화자인 소강석 시인(새에덴교회 목사)은 윤동주의 무덤 앞에서 그의 삶과 시정신을 기리고, 스스로의 시작(詩作)에 계승하려는 결의를 표현하며, 시인으로서의 삶과 시작(詩作)의 자세로 형상화시켰다. 이 시대를 사는 시인이 지녀야 할 품성(品性)을 일깨워 준다. 그것은 신앙인의 바른 삶에 대한 길을 의미한다.

지금까지 인물에 대한 평전(評傳)은 흔히 볼 수 있으나 평전시(評傳詩)는 극히 드물었다. 특히 한 시인을 연작시 형태로 시작한 경우는 거의 없었다. 단편적으로 인물과 작품을 평전시로 시작한 경우는 더러 있었으나 '인물시'로 분류하기도 했다. 그러나 윤동주의 생애와 시를 평전시로 시작해 한 권의 시집으로 엮은 것은, 1999년 이 탄(李炭)의 《윤동주의 빛》(문학아카데미 펴냄)에 이어 소강석이 윤동주 탄생 100주년을 맞아 펴낸 《다시, 별 헤는 밤》(샘터 펴냄)뿐이다. 이 시집은 한국문인협회가 제정한 윤동주문학상을 2018년에 수상하기도 했다. 「윤동주 무덤 앞에서 3」은 이 시집에 수록된 시이다.

이 시는 윤동주의 삶과 시정신을 전제한 후에 화자의 시인적인 삶을 되돌아보는 형태로 구성했다. "있으랴"나 "있으리오", "주십시오"란 구절의 반복을 통해 윤동주의 삶과 시정신을 화자의 삶과 시정신으로 극대화시킨다. 특히 "있으랴"나 "있으리오"란 윤동주의 삶과 시정신을 전제한 후에 화자인 스스로의 시인적인 삶을 되묻는다. 또한 "주십시오"도 오늘의 현재를 돌아보며 결단하고 요구하기도 한다. "심판"과 "파면", "허락"은 법률적으로 판결에 대한 언어이다. "심판"과 "파면"으로 옳고 그름에 대한 분명한 결단을 내리고, "동주화"를 심도록 허락해 달라고 요구한 것이다.

"님의 무덤을 찾아오지 않고서야 / 어찌 시인이라 할 수 있으랴"란 구절에서 윤동주의 삶과 시정신을 표현했다. 윤동주의 고고하고 지순한 시정신을 알지 못하면 시인이 될 수 없다고 단언한다. 일제의 서슬 퍼런 시대에 순교자적인 각오로 시를 썼기 때문이다. 그것은 시로 십자가의 사명을 감당했다고 볼 수 있다. 또한 "그대처럼 아파하지 않고서야 / 어찌 시를 쓴다 할 수 있으리오"란 구절은 윤동주처럼 아파하지 않고서는 시를 쓴다고 할 수 없다는 뜻이다. 윤동주의 아픔이란 시대적인 상황인 나라를 빼앗긴 슬픔에서 비롯되었다. 오늘의 시인도 윤동주처럼 고고하고 지순한 시정신과 현대사회의 시대적인 아픔을 지녀야 한다고 일깨워 준다.

"부끄러움"이나 "눈물", "참회록"은 윤동주의 시를 연상시키고, 윤동주의 시를 상징한 시어들이다. 이 시어를 통해 윤동주의 삶과 시정신을 떠올리고 시인의 자세를 일깨워 준다. "부끄러움 하나 느끼지 않고"는 「서시(序詩)」의 "죽는 날까지 하늘을 우러러 / 한 점 부끄럼이 없기를"이란 구절을 떠올려 준다. 부끄러움을 느끼지 않고 시를 쓰는 시인은 '가짜 시인'으로 간주한다. "눈물 없이 쓴 껍데기 시를"이란 구절은, 눈물이 없는 시란 껍데기에 불과하고 기교만 앞세워 감동이 없기 때문이다. '눈물'은 슬픔이나 고통 등 여러 가지 자극과 정신적인 감동에 의한 것이다. "눈물 없이"란 동정하거나 마음에 사무치는 것, 감동하는 일이 없다는 뜻이다. 윤동주의 시들은 시대적인 아픔 속에서 썼기 때문에 눈물로 쓴 시일 수밖에 없다. 또 "참회록 없는 이 시대의 시인들을"이란 구절은, 윤동주의 시「참회록(懺悔錄)」을 떠올려 준다. 과거의 죄악을 깨달아 뉘우치고, 죄를 뉘우쳐 하나님께 고백함으로써 바른 삶과 이 시대와 함께하는 시를 쓸 수 있기 때문이다.

"당신 무덤에 피어오른 동주화를 / 내 마음의 무덤에 심도록 허락해 주십시오"란 구절의 "동주화"는 화자가 윤동주의 무덤에 피어 있는 꽃을 동주화로 명명한 것이다. 시인은 창조적인 시각을 지니고 있기 때문에 기발한 시인적인 발상이다. 윤동주의 삶과 시정신을 "동주화"로 함축했다. "내 마음의 무덤"에 심도록 허락해 달라는 것은 윤동주의 바른 삶과 시정신에 대한 동경에서 비롯된다. 그것은 윤동주와 화자 간에 일체적(一體的)인 삶을 희구한 것이다.

  윤동주는 1917년 12월 30일 북간도(중국 용정)에서 태어나 1940년대 일제의 탄압에 저항한 대표적인 시인이다. 고고하고 준열한 저항과 청순하고 희생적인 인간미가 넘치는 민족적인 서정시를 창작했다. 그는 도시샤대학(同志社大學) 재학시 방학을 맞아 귀향길에 오르기 전에 항일 민족운동을 위한 사상범의 혐의를 받아 1943년 7월 14일 일본 경찰에 의해 피검되었다. 1944년 경도지방 재판소 제2형사부는 치안유지법 제5조를 걸어 징역 2년을 선고했는데 그의 죄명은 사상불온, 독립운동, 비일본신민, 온건하나 서구사상이 농후하다 등이었다. 그는 죽음의 장소인 규슈(九州)에 있는 후쿠오카형무소로 이송되어 108호 독방에 수감되어 있다가 1945년 2월 16일 옥사했다. 그의 주검에 대해서는 여러 증언에 의하면 그 당시 규슈대학에서 실험하고 있던 혈장대용 식염수 주사 때문이라는 것이다.

하나님 찬양과 감사의 삶
― 권오숙의 「축복 · 2」

　　　　TV로 K2산의 정상을 보는데
　　　　밤이 되자
　　　　수많은 별들이 반짝이며

　　　　나는 하나님을 찬양해요
　　　　나는 하나님을 찬양해요
　　　　노래한다

　　　　나의 눈이 그것을 보고
　　　　나의 귀가 그 찬양을 들을 수 있어서
　　　　감사한다.

　　　　　　　　　　　　　　　―「축복 · 2」의 전문

　이 시는 일상생활 속에서 하나님을 찬양하고, 감사하는 마음을 형상화했다. TV로 K2산의 정상을 보는데 밤이 되자 밤하늘의 수많은 별들이 반짝이고, 반짝이는 별들을 하나님을 찬양하는 노래로 인식한다. 그 찬양의 노래를 눈과 귀가 보고 들을 수 있다는 데에 감사하는 삶이다. 하나님을 향한 찬양과 감사의 삶이 생활화되어 있음을 보여 준다. 그것은 깊은 신앙심에서 연유한 자연스러운 발로이다. 신앙의 생활화에서 작용된 현상이기 때문이다.

첫 연은 TV로 보았던 K2산의 정상이었으나 밤이 되자 하늘에는 별들이 반짝인다. 한두 개가 아니라 수많은 별들이다. 공해로 찌든 서울의 밤하늘에서는 볼 수 없는 광경이기 때문에 감동일 수밖에 없다. K2산은 청정지역이다. 이 산은 인간들이 쉽게 정복하지 못하기 때문에 무서운 공해도 유발되지 않았다. 파괴나 훼손되지 않아 그대로 보전되어 왔기 때문에 밤하늘의 별들이 유별나게 반짝일 수밖에 없다. 가까이 있는 듯한 별들을 볼 수 있다. 이 산은 인도 카라코룸 산맥의 중앙부에 위치하고, 토속명(土俗名)으로 '답상(Dapsang)' 또는 '초고리(Chogori)'라고 불린다. 발토로 빙하 북쪽에 솟아 있는 고봉으로 높이 8,611미터이며, 에베레스트산에 이은 세계 제2의 고봉이다. 장엄하고 아름다운 회록색을 띤 4각추형(四角錐形)의 산체(山體)는, 지질석으로 보면 편마안이라고 불리는 변성암으로 이루어져 있다. 편리면(片理面)이 사방으로 약 30도의 경사로 완만하게 깎여 보기 좋은 피라미드 모양이다. 1856년 인도 측량국의 몽고메리가 카슈미르에서 바라본 카라코룸의 고봉을 순차적으로 K1, K2, …… K32까지 기록한 데에서 'K2'라는 별칭이 붙었다. 화자는 TV로 K2산 정상을 보았는데, 밤이 되자 반짝이는 수많은 별들을 발견한다. 그 반짝이는 별들을 감동의 장관으로 본 것이다. TV에서 K2산의 정상을 보는 시선이 반짝이는 별들로 이동한 것이다. 그것은 이 별들을 보는 순간부터 시작(詩作)을 위한 전환의 시발이다.

제2연은 반짝이는 별들의 광경을 '찬양'과 '노래'로 의인화했다. 제1연에서 보았던 별들을 "나는 하나님을 찬양해요"라고 의인화로 하나님을 찬양하는 노래로 인식한다. 시편 147편 7절인 "감사함으로 여호와께 노래하며 수금으로 하나님께 찬양할지어다"를 떠올린다. 하나님의 위대한 능력과 무한한 은총에 대한 찬양의 노래이다. 창세기 1장 1절에 "태초에 하나님이 천지를 창조하시니라"란 구절이나, 1장 16절의 "하나님이 두 큰 광명체를 만드사 큰 광명체로 낮을 주관하게 하시고 작은 광명체로 밤을 주관하게 하시며 또 별들을 만드시고"란 것처럼, 이 우주의 삼라만상은 하나님이 창조하신 것이다. 피조물들이 하나님을 경외하고 찬양해야 하는 것은 의무일 수밖에 없다. 이러한 신앙적인 시각에서 유추하면 반짝이는 별도 하나님이 창조한 피조물이기 때문에 하나님을 찬양하고 노래하는 것은 당연한 것이다.

제3연은 욥기 13장 1절인 "나의 눈이 이것을 다 보았고 나의 귀가 이것을 듣고 깨달았느니라"를 떠올린다. 여기서 "나의 눈이 이것을 다 보았고"는 개인적인 관찰을 통하여 아는 것이고, "나의 귀가 이것을 듣고"는 개인적인 경험을 통하여 깨닫게 된 것을 가리킨다. "깨달았느니라"는 '이해하다'나 '분별하다'는 뜻이다. 눈은 관찰을 통해 정보를 획득하게 되고, '귀'는 구두나 소리로 판단하게 된다. 별들이 하나님을 찬양하고 노래하는 광경을 눈으로 보고 귀로 들을 수 있는 것은 생활화된 신앙이 작용한 관찰과 경험의 결과이다. 이 눈과 귀를 지닐 수 있도록 허락하신 하나님께 감사하는 삶이다. 그것은 화자가 지닌 신앙의 깊이와 넓이를 보여 준다. 오직 하나님을 향한 바른 신앙에서 비롯된 것이고, 반짝이는 별들의 행위도 화자가 지닌 신앙의 동일선상에서 인식했다고 볼 수 있다.

이처럼 이 시는 오늘의 우리에게 보전된 창조세계가 아름답게 보일 수밖에 없음을 일깨워 준다. 서울의 하늘에서 볼 수 없었던 별들을 K2산 하늘에서는 볼 수 있다. 서울은 공해로 밤하늘의 별을 볼 수 없지만 K2산은 공해가 없는 청정지역이기 때문이다. 그것은 풍요하고 아름답고 질서 있게 창조된 자연이었으나, 오늘날의 인간들이 파괴와 훼손으로 공해를 유발시킨 죄를 회개하고 스스로 하나님의 창조세계를 깨닫도록 한다. 창조된 세계 속의 인간은 자연과의 관계에서 하나님으로부터 위임받은 권리를 통해 선한 지배자로 자연을 건강하게 다루고 보호해야 할 책임적인 존재임을 새삼스럽게 일깨워 준다. 하나님의 창조세계를 회복하고 건강하게 보호해 나가면 서울의 밤하늘에서도 K2산 밤하늘의 반짝이는 별들을 볼 수 있기 때문이다.

오늘의 삶을 위한 잠언적 메시지
— 김석림의 「산상수훈(山上垂訓) 1」

하늬바람 눈뜨는 우이동 골짜기
4월이면 어김없이 찾아오는
불면증 끌어안고
절뚝거리며 일어서는 진달래꽃을 보라
삼각산 이슬 머금고
태고의 생기 품는 고깔제비꽃
풍상에도 꺾이지 않는
시리도록 투명한 미소를 마주하라
변변한 이름도 얻지 못한 채
끈질긴 목숨 연명하는 잡초
땅의 풍식(風蝕)을 막아 옥토로 가꾸는
소중한 땀방울을 기억하라
수목들과 풀꽃에 얹혀 살아가는
곤줄박이, 접동새
일용할 양식으로 풍족한
피조물의 감사기도를 들어라

그러므로

> 한 날 괴로움은 그 날에 족하니
> 내일 일을 위하여 염려하지 말지니라
>
> ―「산상수훈(山上垂訓) 1」

　이 시는 하나님이 창조한 자연현상을 통해 섭리하심에 대한 삶의 길을 일깨워 준다. 산에서 피어나는 진달래꽃과 고깔제비꽃, 그리고 잡초와 접동새 등을 오늘의 우리에게 주는 메시지로 승화시켰다. 꽃과 잡초의 현상, 소중한 땀방울의 결과, 수목과 풀꽃에 얹혀 살아가는 새들의 존재가 무한한 일깨움의 지혜를 주는 메시지이다. 그것은 예수 그리스도의 '산상수훈'처럼 오늘의 삶을 위한 잠언적인 메시지로 형상화했기 때문이다.
　마태복음 5장부터 7장까지 기록된 '산상수훈'은 예수 그리스도가 갈릴리 호숫가의 산 위에서 행한 설교이다. '신상설교' 또는 '산상보훈'으로 '기독교의 대헌장'이나 '기독교 도덕의 근본'이라고도 말해진다. 이 설교는 현대를 살아가는 그리스도인들에게 그 나아갈 길과 삶의 원칙을 제시해 준다. 천국시민의 자격(5장)과 천국시민의 생활(6장), 천국시민의 경제(7장) 등의 내용이다. 이러한 산상수훈에서 얻은 시적인 발상을 오늘의 자연 속에서 추구했다. 이 시는 예수 그리스도가 산 위에서 설교한 것처럼 산에서 소재를 찾아 메시지로 형상화한 것이다.
　첫 연은 자연현상인 식물과 새 등에 신앙의 삶이 육화(肉化)된 성경적인 의미를 부여하고, 제2연은 마태복음 6장 34절을 재구성해 바른 삶의 길을 제시한다. 첫 연은 산에 서식하는 식물과 나무, 새를 통해 바른 삶의 길을 일깨워 준다. '진달래꽃'은 불면증을 끌어안고 절뚝거리며 일어선다고 의인화했다. 절망하고 무기력하게 살아가는 자들에게 보내는 희망의 메시지이다. 또한 우이동 근처인 수유리 4·19 묘지도 함께 떠올려 주는 구절이다. 고깔제비꽃은 삼각산의 이슬을 머금고 태곳적인 생기를 품었다고 형상화했다. 그래서 풍상에도 꺾이지 않고 시리도록 투명한 미소를 머금었다. 1970년대의 성지처럼 여겼던 삼각산의 이슬을 머금었으니 태곳적인 생기를 품었다고도 볼 수 있다. 풍상에도 꺾이지 않은 꽃의 미소는 시리도록 투명할 수밖에 없다. 잡초는 이름도 얻지 못한 채로 끈질긴 목숨을 연명하고, 옥토로 가꾸는 땀방울을 기억하도록 일깨운다. 바람에 의하여 암석이나 지대가 침식되지만 농부의 땀방울은 침식을 막아 주고 옥토로 가꾸기 때문이다. 곤줄박이나 접동새가 나무와 풀꽃에 얹혀 살아가는 것은 공동체적인 삶의 길을 가르쳐 준다. 이러한 것은 하나님이 주신 일용할 양식으로 살아가고, 이러한 삶을 지닌 피조물은 감사기도를 드릴 수밖에 없다. 우주의 삼라만상은 하나님에 의해 만들어진 존재이고 우리에게 일용할 양식을 풍족하게 주셨기 때문이다.

제2연은 마태복음 6장 34절인 "그러므로 내일 일을 위하여 염려하지 말라 내일 일은 내일이 염려할 것이요 한 날의 괴로움은 그 날로 족하니라"란 구절을 시적인 발상으로 재구성한 것이다. 첫 행인 "그러므로"는 첫 연의 잠언적인 메시지를 구체화시키고 전환시키기 위한 방법의 구절이다. "한 날의 괴로움은 그 날로 족하니라"의 '괴로움'은 인간이 감내(堪耐)하기 힘든 고초와 역경을 뜻한다. '한 날의 괴로움'이란 우리의 현실에서 마주치는 온갖 어려움을 의미한다. '그 날에 족하니'란 그 날에 주어진 것은 그 날의 고통으로 충분하다는 뜻이다. 그리고 "내일 일을 위하여 염려하지 말라"란 구절은 아직 하나님께서 허락하시지도 않은 내일을 위해 염려하지 말라는 의미이다. 세상의 염려와 걱정을 해결하기 위해 오늘 모든 노력을 기울이지만 내일은 언제나 다시 다가오며, 따라서 내일의 문제는 결코 오늘에 처리할 수가 없기 때문이다. 여기서 예수 그리스도께서는 제자들에게 오늘의 은혜는 오늘에 족하고 새로운 날을 맞이하면 새로운 은혜를 입어서 살아가야 할 것임을 암시하였다. 내일의 염려는 내일의 은혜로 감당해야 하는 것이다. 오늘의 괴로움은 오늘에 족하고, 내일의 일을 위하여 염려하지 않아도 된다. 하나님께서 인도해 주신다는 메시지가 함축되어 있기 때문이다. 그것은 오늘을 살아가는 그리스도인들에게 그 나아갈 길과 삶의 원칙을 제시한 것이다.

이 시는 예수의 '산상수훈'처럼 사고의 통일성과 논리의 연속성, 형식의 일관성이 돋보인다. "진달래꽃"을 비롯한 "고깔제비꽃", "잡초", "수목", "풀꽃", "곤줄박이", "접동새" 등의 식물과 나무, 새들은 산에서 서식하고 산과 함께 살아간다. 이 소재에 성경적인 의미를 부여해 하나님의 메시지를 전한다. "보라"나 "마주하라", "기억하라"나 "들어라"란 명령어로 바른 삶을 위한 사유(思惟)의 메시지이다. 그것은 반복적인 형태의 상승작용을 통해 모두가 들어야 할 바른 삶을 위한 메시지로 객관화시켰다. 특히 "절뚝거리며 일어서는 진달래꽃을 보라"나 "시리도록 투명한 미소를 마주하라", "끈질긴 목숨 연명하는 잡초"나 "소중한 땀방울을 기억하라", "수목들과 풀꽃에 얹혀 살아가는 / 곤줄박이, 접동새"나 "일용한 양식으로 풍족한 / 피조물의 감사기도를 들어라"란 구절은 잠언적인 일깨움을 주는 메시지이기 때문이다.

'웃음'의 생활습관을 생활화
– 이명희의 「웃음 도돌이」

화나고
짜증날 때

— 한번 웃자

헤헤헤
히히히

친구 웃고
나 웃고

하하하
호호호

낄낄낄
깔깔깔.

—「웃음 도돌이」의 전문

이 동시는 일상생활 속에서 웃는 모습으로 기쁨의 생활을 추구했다. 웃는 생활을 통해 어린이들에게 순수하고 밝은 동심을 지닐 수 있도록 인도한다. 화가 날 때나 짜증이 날 때도 웃을 수 있도록 '웃음'의 생활습관을 생활화할 수 있도록 일깨워 준다. 웃는 모습의 생활이란 기쁨이 넘치는 생활이며, '웃음'은 곧 '기쁨'의 생활이다. 데살로니가전서 5장 16절의 "항상 기뻐하라"란 구절을 연상시킨다. 그것은 원하는 일이 성취되었을 때에 얻을 수 있는 기쁨만을 가리키는 것이 아니라 어렵거나 힘든 일에도 기뻐하는 것을 포함한다. 화가 나고 짜증이 날 때에도 웃을 수 있는 생활을 지녀야 한다는 의미이다. 언제 어디에서나 기쁨의 생활은 웃음이 동반되기 때문이다.

「웃음 도돌이」는 동시집 《웃음 도돌이》(2018년, 시선사 펴냄)의 표제시이다. 제37회 한국기독교문학상 수상 동시집이다. 이 시의 제목인 '도돌이'는 악곡에서 줄임표의 한 가지인 '도돌이표'에 연유한 것이다. 그것은 악곡의 어떤 부문을 두 번 되풀이하라는 뜻이다. 「웃음 도돌이」는 웃음을 계속 되풀이하듯이 일상생활 속에서 웃음의 생활화를 의미한다. 제목 자체가 이 시의 주제를 그대로 담고 있으며, 시인의 기발한 창조적인 발상이다.

"화나고 / 짜증날 때 // ― 한번 웃자 // 헤헤헤 / 히히히"란 구절은 기쁨의 삶을 영위하기 위한 것이다. 웃음의 생활이란 기쁨의 생활이 전제된 구절이다. 화가 나고 짜증이 날 때에도 웃자는 것은, 웃음만이 화가 난 마음과 짜증스러운 마음을 풀어 줄 수 있기 때문이다. 웃는 마음과 모습은 기쁨의 생활을 갖기 위한 방법이다. 그리고 "친구 웃고 / 나 웃고 // 하하하 / 호호호 // 낄낄낄 / 깔깔깔"이란 구절은 친구와 함께 자연스럽게 웃는 모습이다. 친구와 함께 잔뜩 참고 있던 '웃음보'를 터뜨리고 한꺼번에 웃음을 터뜨리는 '웃음바다'의 장면이다. 이 광경은 즐거운 '웃음꽃'을 한바탕 피우거나 어우러져 웃는 자리인 '웃음판'으로 표현할 수 있을 것이다.

"화나고 / 짜증날 때 // ─ 한번 웃자"란 것은 타의의 설득에 의한 웃음이다. 그러나 "친구 웃고 / 나 웃고"란 것은 자발적인 감정에 의한 것이다. 전자는 가식적이고 타의에 의한 웃음이었다면, 후자는 감정에 의해 자발적인 웃음이다. 일상생활 속에서 웃는 모습이 생활화되어 가는 과정을 보여 준다.

특히 이 시에서 흥미로운 것은 웃음의 상승작용이다. 웃음의 형태에 따라 웃는 사람의 마음을 엿볼 수 있다. 타의에 의한 어쩔 수 없이 웃어야 하는 웃음부터 자발적으로 터져 나오는 웃음의 형태를 고조시킨다. "헤헤헤 → 히히히 → 하하하 → 호호호 → 낄낄낄 → 깔깔깔"의 웃음으로 상승시킨다. 시어에 대한 깊은 고뇌 속에서 구성시켰다고 볼 수 있다. "헤헤헤"의 웃음은 힘없이 조금 벌린 모양이거나 입을 조금 벌리면서 경망스럽게 웃는 모양이다. "히히히"는 만족감을 느끼고 싱겁게 웃거나 비웃을 때 내는 소리이다. 그것은 "─ 한번 웃자"란 구절이 암시하듯이 타의에 의한 웃음이기 때문이다. 그러나 "하하하"의 웃음은 반가워서 웃는 소리이고, "호호호"는 입을 오므리고 입김을 많이 불어내는 웃음소리이다. "낄낄낄"이나 "깔깔깔"은 억지로 참으려다가 터져 나오는 웃음소리이다. 이 웃음들은 참지 못하고 감정에 의한 것이다. 이러한 웃음의 과정을 보면 웃음이 많이 쌓여 있는 '웃음 보따리'를 풀어놓은 듯한 장면을 보여 준다.

「웃음 도돌이」는 어린이들을 향한 '웃음 캠페인'이다. 이 땅의 어린이들에게 웃음의 생활화로 맑고 밝은 마음을 지닐 수 있도록 일깨워 준다. 항상 순수한 마음으로 지혜롭게 자라기를 소망하는 마음에서 비롯된 것이다. "친구 웃고 / 나웃고"처럼 모두가 함께 웃는 생활을 추구하기 위한 것이다.

  이명희의 동시들은 군더더기가 전혀 없이 함축된 시어로 짧은 시의 형태 속에 담아 낸다. 서술적인 부분을 생략해 어린이들에게 상상력을 키워 주기도 한다. 정갈한 시어와 간결한 구성으로 아름다운 동심의 세계를 일궈 주는 것이 특징이다. 「등굣길」의 경우에는 "언니는 큰 걸음 / 나는 잰걸음 / 부지런히 따라갑니다 // 뒤돌아본 언니 / 내 손 꼭 잡고 / 걸음 맞춰 나란히 // 둘이 활짝 웃었습니다" 하고 사랑과 배려에 대한 웃음의 모습을 보여 준다. 특히 "내 손 꼭 잡고"는 사랑의 마음에서 비롯되고, "걸음 맞춰 나란히"는 배려의 마음이다. 언니의 큰 걸음을 잰걸음이 부지런히 따라가고, 결국 나란히 걸음을 맞춰 가기 때문이다. 「아침세수」도 "이른 아침 / 앞마당 // 채송화 / 나리꽃 / 맨드라미 // 혼자 세수 못해요 // 조리개 물 / 보슬보슬 / 씻어 줍니다"에서 사랑의 손길을 볼 수 있다. 이른 아침에 조리개 물로 깨끗하게 씻어 주기 때문이다. 채송화나 나리꽃, 그리고 맨드라미는 손과 발이 없기 때문에 조리개 물이 아니면 세수를 할 수 없음을 일깨워 준다.

낮은 자세의 겸손한 신앙
– 홍계숙의 「죄인」

지난 사순절
의롭게 살겠노라
성찬에 참여했지만

뒤돌아보니
입을 열어
고할 수 없는 죄인입니다

믿음의 바구니 열매 있다 한들
당신 앞에 내어놓기엔
부끄러운 것뿐입니다

— 「죄인」의 전문

　홍계숙의 「죄인」은 화자인 스스로가 하나님 앞에 죄인임을 고백한 시이다. 하나님 앞에서 가장 낮은 자세로 신앙의 삶을 고백했다. 순수하고 겸손한 신앙에서 비롯된 참회하는 바른 신앙인의 모습이다. 일반적으로 모든 인간은 하나님 앞에 죄인이며, 그 죄인임을 사유(思惟)하도록 일깨워 준다. 일상의 삶 속에서 행위적으로 죄를 범해서가 아니라 하나님 앞에서면 모든 인간이 보잘것없고 부족한 부분이 너무 많기 때문이다.

　성경에서 죄인을 판별하는 기준은 하나님이시다(창세기 13장 13절). 이는 도덕적, 윤리적인 죄를 범한 자를 가리키는 것이 아니라 근본적인 죄, 즉 하나님을 알지 못하는 자를 가리켜 죄인이라고 표현한 것이다. 그러나 일반적으로는 도덕적이고 윤리적인 범죄나 사회적 규범인 질서를 위반한 자를 일컫는 말이다. 그래서 성경은 의인은 없으며(시편 14편 3절, 143편 2절, 로마서 3장 10절~12절), 모든 인간이 하나님의 심판 아래 있으므로(로마서 3장 19절) 모든 인간에게 구원이 필요하다고 강조했다(로마서 1장 16절). 이 시에서 추구하는 것은 이러한 기준의 죄인보다 일상의 삶을 영위하는 과정 속에서 하나님과의 관계에 대한 깨달음이다. 그것은 스스로를 죄인으로 치부해 버린 순수한 신앙에서 연유(緣由)한다. 하나님 앞에서의 겸손하고 낮은 신앙인의 자세로 죄인임을 고백한 것이다. 로마서 3장 10절에 "기록된 바 의인은 없나니 하나도 없으며"라고 기록되어 있기 때문이다.

　제1연은 사순절에 참여한 성찬식은 지금까지의 죄를 회개하고 이제는 의롭게 삶을 영위하겠다고 다짐한 것이다. 사순절에는 누구나가 예수 그리스도의 '고난받으심'과 '죽으심'을 회상하면서 보낸다. 이 기간에는 참회와 금식으로 지키고, 구제와 경건훈련으로 보내기도 한다. 이 기간에 갖는 성찬식은 예수의 십자가 죽음을 기념하는 의식이다. 이때에 나눈 떡은 주님의 몸을, 포도즙은 주님의 피를 기념한다. 이 의식에서 참회를 통해 죄인이었던 스스로는 죽고 새로운 생명으로 거듭나는 것을 의미한다. 그래서 "지난 사순절 / 의롭게 살겠노라 / 성찬에 참여했지만"이란 구절은 의롭지 못했던 스스로를 참회하고 의롭게 살겠다는 결심으로 성찬식에 참여했다고 고백한 내용이다. 하나님 앞에서의 회개와 간구, 신앙의 삶에 대한 다짐이다. 그러나 "성찬에 참여했지만"이란 구절은 "의롭게 살겠노라"란 다짐을 지키지 못함에 대한 회개가 함축되어 있다. 그것은 제2연에서 구체화된다.

  제2연은 하나님 앞에 죄인임을 고백한 삶이다. 제1연의 마지막 행인 "성찬에 참여했지만"이란 구절에서 주는 망설임의 여운과 "되돌아보니"란 구절에서 죄인의 삶이었음을 암시해 준다. "입을 열어 / 고할 수 없"을 정도의 죄인이었다고 고백한 것이다. 죄인된 자의 참담한 심정을 표현했다. 그것은 순결한 마음, 그리고 진실한 삶에서 생성(生成)된 고백이다. 일상의 생활속에서 거짓과 허식(虛飾)이 없는 삶이었음을 보여 준다.

  제3연은 하나님 앞에서 지금까지의 신앙적인 삶에 대한 결과를 "부끄러운 것뿐"으로 함축해 표현했다. "믿음의 바구니 열매"는 신앙적인 삶에 대한 결과이지만 하나님 앞에서는 "부끄러운 것뿐"으로 스스로 자신을 책망한다. 하나님 앞에서 믿음의 열매를 내어놓기에는 부끄러운 것뿐으로 치부하고, 스스로의 잘못을 꾸짖는 자발적인 행위이다. 하나님이 먼저 책망하기 전에 스스로 자책하는 회개였음을 유추(類推)할 수 있다. 무엇보다도 "믿음의 바구니 열매 있다 한들"이란 구절처럼 겸손한 자세로 하나님 앞에 다가서는 신앙을 보여 준다.

  이처럼 이 시는 스스로 자신을 죄인으로 고백한 신앙의 삶이다. 그것은 하나님 앞에서 가장 낮은 자세의 겸손한 삶에서 비롯되고 있다. 신앙인이 지녀야 할 모습으로 승화시켰다. 하나님 앞에서 겸손하고 낮은 자세의 순수한 삶을 지녀야 한다고 일깨워 준다. 특히 간결한 이미지와 함축된 메시지는 그의 시가 지닌 특징이다.

  「새」란 시에서도 "새는 숲을 떠나지 않는다 / 바람에 길을 잃고 도심으로 왔다가도 / 곧 다시 나무가 있는 숲으로 돌아간다 // 거룩한 날갯짓 / 예수를 사랑하는 새들도 / 거룩한 숲, 이탈하지 않는다 // 산을 떠나서는 존재할 수 없기 때문이다 / 성전 떠나서는 생존할 수 없기 때문이다"하고 간결한 이미지로 함축된 메시지를 들려 준다. 새는 숲에서 살고, 신앙인은 하나님과 함께하는 삶이기 때문이다. 그래서 새는 숲을 떠나서 생존할 수 없고, 신앙인은 하나님을 떠나서는 생존할 수 없다고 일깨워 준다. '새'와 '숲'의 관계를 통해 '신앙인'과 '성전', 즉 하나님과의 관계를 전개시킨 것은 깊은 고뇌의 시작(詩作)에서 비롯된 것이다.

크리스마스를 맞은 교회의 정경
– 이매수의 「크리스마스」

오늘 그곳에는
하늘의 빵을 나눠 준다
십자가를 바라보고
아이들이 오고 있다

오늘 그곳에는
하늘의 소식을 알려 준다
십자가를 바라보고
청년들이 오고 있다

오늘 그곳에는
멀리 떠났다가 돌아온 친구도 있고
사랑하는 딸도 있고
이웃집 아저씨도 있고
어머니 빈자리도 있다

오늘 그곳에는
하늘 가는 밝은 길을

훤히 비춰 주는 등불이
　　대낮처럼 켜져 있다

　　　　　　　　　　—「크리스마스」의 전문

　이매수의 「크리스마스」는 크리스마스를 맞은 교회의 정경(情景)을 형상화했다. 아기 예수의 탄생을 축하하기 위해 어린이와 청년들, 멀리 떠났다가 돌아온 친구와 사랑하는 딸, 이웃집 아저씨도 참석한다. 그리고 어머니의 빈자리를 떠올리며 예배를 드린다. 크리스마스이기 때문에 모두가 참석한 것이다. 교회에서는 어린이들에게 "하늘의 빵"을 나눠 주고 청년들에게는 "하늘의 소식"을 알려 준다. 크리스마스를 맞은 교회는 하늘나라의 밝은 길을 훤히 비춰 주는 등불이 대낮처럼 켜져 있다. 크리스마스의 교회 정경을 풍경화로 그리듯이 선명하게 그려 준다.
　이 시의 각 연마다 반복된 "오늘 그곳에는"이란 구절의 "오늘"은 크리스마스인 12월 25일이고, "그곳"은 화자가 다니는 교회당이다. 제1연과 제2연의 "십자가를 바라보고"란 구절은 크리스마스를 알리는 빨간 불이 켜진 십자가이다. 이 반복을 통해 아기 예수가 탄생한 날인 크리스마스와 이날을 맞은 교회당의 분위기를 고조시켜 준다.
　제1연은 크리스마스를 맞은 교회에서 어린이들에게 크리스마스 선물인 빵을 나눠 준다. 어린이들은 빵을 선물로 받기 위해 십자가가 보이는 교회에 모여든다. 이 빵은 세상적인 빵이 아니라 신앙적인 의미를 부여한 "하늘의 빵"으로 표현했다. 어렸을 적에 크리스마스 때마다 선물로 주던 빵과 과자를 받던 추억을 떠올려 준다. 그러나 "하늘의 빵"은 '하늘의 양식'으로 참 생명인 영생을 가져다주는 양식(요한복음 6장 27절)이다. 그것은 "내 살은 참된 양식이요 내 피는 참된 음료로다"(요한복음 6장 55절)라고 하신 예수 그리스도이며 하나님의 말씀이다. 이 시에서는 이러한 '하늘의 양식'에 대한 의미를 "하늘의 빵"으로 표현했다.

제2연은 "하늘의 소식"을 듣기 위해 청년들이 모여든다. 이날은 크리스마스이기 때문에 아기 예수의 탄생과 그의 생애를 통한 구원의 소식을 전할 것이다. "하늘의 소식"은 구약에서 선지자에 의해 하나님의 말씀으로 인용되고 신약에서는 그리스도의 복음을 의미한다. 이사야 40장 9절에는 "아름다운 소식을 시온에 전하는 자", 그리고 누가복음 2장 10절에는 "천사가 이르되 무서워하지 말라 보라 내가 온 백성에게 미칠 큰 기쁨의 좋은 소식을 너희에게 전하노라", 3장 18절에는 "백성에게 좋은 소식을 전하였으나"라고 기록되어 있다. 이 "하늘의 소식"은 '아름다운 소식'이며 '기쁨의 좋은 소식'이다. 하늘나라에 가는 길을 인도해 주는 구원의 소식인 것이다.

제3연은 아기 예수의 탄생을 축하하는 예배에 참석한 자들이다. 크리스마스를 맞아 직장과 학교 등으로 멀리 떠났다가 돌아온 친구와 사랑하는 딸, 그리고 이웃에 사는 아저씨도 앉아 있다. 이들은 평소에 보지 못했던 자들이다. 멀리 떠났다가 크리스마스를 맞아 예배에 참석한 것이다. 그러나 모두가 앉아 있지만 그 자리에 앉아 계셔야 할 어머니는 보이지 않고 빈자리로 남아 있다. 이미 하늘나라로 떠나신 어머니를 "어머니 빈자리"로 떠올려 준다. 이날을 맞아 함께 예배를 드려야 할 어머니에 대한 그리움도 표현한 것이다.

제4연은 어느 교회나 크리스마스를 맞은 밤에는 대낮처럼 불을 켜고 아기 예수의 탄생을 축하하는 예배와 축하행사를 가진다. 축제의 분위기로 진행한다. 예수가 이 땅에 오신 것은 죄인인 모든 사람을 구원하시기 위해서다. 이 메시지의 예배와 축하행사는 궁극적으로 하늘나라에 가는 길을 깨우쳐 주기 위함이다. 이러한 크리스마스 밤의 교회는 불이 켜져 있고, 하늘나라에 가는 길을 "훤히 비춰 주는 등불"로 표현했다.

이 시는 크리스마스를 맞은 교회의 정경과 하늘나라로 가는 밝은 길을 일깨워 준다. 하늘나라에 가는 길도 여러 갈래의 길이 있지만 크리스마스 때에 가르쳐 주는 길은 지름길이다. "하늘 가는 밝은 길을 / 훤히 비춰 주는 등불"로 표현한 것이다. 예수가 이 땅에 오심으로 구원의 길을 제시해 주셨기 때문이다. 하늘의 양식인 "하늘의 빵"이나 "하늘의 소식"은 하늘나라에 가는 밝은 길의 가장 필요한 자산이다.

  이 시에서 보여 주는 것처럼 그의 시들은 이미지가 선명하고 군더더기 없는 시어와 정갈한 구성이 특징이다. 시의 대상에 대한 적절한 은유와 상징의 기법으로 깊은 의미를 담아 감동을 준다. 특히 시어의 배열과 간결함, 구성의 통일된 질서를 유지하기 때문에 시의 틀이 견고한 것도 그가 지닌 장점이다.

하나님 앞에 간구와 그 응답
– 윤병춘의 「기도할 때에」

기도는
어둠의 골짜기로 서성이는
검은 그림자를
지워 버린다

기도는
하와를 꾀이던
유혹의 혀를
어둠 속에
가두어 버린다

기도는
봄날의 꽃향기처럼
높은 곳에서
은총의 선물을
내려보낸다

기도는

어둠의 소리들을
샘물 같은 언어로
바꾸어 주신다

기도는
잠든 영혼의 숨결을
푸른 종소리로
기지개를 켜게 하고
먼 곳을 보여 주신다

―「기도할 때에」의 전문

 이 시는 일상생활 속에서 하나님 앞에 드리는 간구와 하나님의 응답을 형상화했다. 신앙적이지 못한 주위의 환경과 그 환경 속에서의 삶을 간구하고, 하나님의 응답을 통해 섭리하심과 바른 신앙의 삶을 위한 길로 인도해 주심을 표현했다. 바른 신앙의 삶을 위한 기도생활의 결과이다.
 첫 연과 제2연, 제4연은 화자의 행위에 대한 회개의 응답이고, 제3연과 제5연은 기도에 대한 응답이다. "어둠의 골짜기로 서성이는 / 검은 그림자를"(첫 연)이나 "하와를 꾀이던 / 유혹의 혀를"(2연), "어둠의 소리들을"(4연)이란 구절은 일상의 삶 속에서 나타난 비신앙적인 행위들이다. 그 삶에 대한 회개의 결과인 하나님의 응답이다. 그리고 기도는 "은총의 선물"(3연)이며 "먼 곳을 보여 주신다"(5연)라고 기도의 결과에 대한 응답을 표현했다. 기도의 응답은 바른 믿음을 통한 간절한 마음으로 드릴 때나 스스로의 죄를 고백하고 버릴 때 나타나고 있음을 보여 준다.
 첫 연은 기도를 통해 잘못된 생활을 회개하고 그 삶을 청산한 하나님의 응답이다. "어둠의 골짜기로 서성이는 / 검은 그림자"란 구절은 비신앙적인 삶이며 잘못된 생활을 상징한다. "어둠의 골짜기"란 신앙적이지 못한 세상적인 삶의 테두리를 의미하고, "검은 그림자"는 기도를 드리기 전인 주변의 생활에 대한 환경이다. 이러한 삶을 하나님 앞에 기도로 회개함으로써 새로운 삶을 획득할 수 있음을 보여 준다. "검은 그림자를 / 지워 버린다"는 것은 잘못된 삶을 청산한 기도의 응답이기 때문이다.

제2연은 불순종의 삶을 회개하고 순종의 삶에 대한 응답이다. "하와를 꾀이던 / 유혹의 혀"는 창세기 3장 4절의 "뱀이 여자에게 이르되 너희가 결코 죽지 아니하리라"란 구절에서 하와를 유혹하는 '뱀의 혀'를 떠올린다. 뱀의 꼬임으로 하나님 앞에 불순종한 삶을 의미한다. 일상생활 속에서 "하와를 꾀이던 / 유혹의 혀"인 '유혹의 혀'를 회개함으로써, "어둠 속에 / 가두어 버린다"란 구절처럼 '유혹의 혀'로 상징된 불순종의 비신앙적인 언어를 어둠 속에 가두워 버린다. '유혹의 혀'를 버렸다는 의미이다. 하나님의 섭리에 의한 응답으로 비롯된 것이다. 그것은 일상생활 속에서 '불순종의 삶'을 '순종의 삶'으로의 전환이다.

제3연은 기도의 응답인 "은총의 선물"을 표현했다. 하나님께서 주시는 "은총의 선물"은 "높은 곳"인 하늘나라에서 봄날의 꽃향기처럼 내려온다. "봄날의 꽃향기"는 꽃나무에서 내려온다. 봄날의 꽃나무에서 풍겨오는 꽃향기처럼 "은총의 선물"도 하늘나라의 하나님께서 내려 주신다. 하나님 앞에 간구하면 하나님은 은총의 선물을 주신다. 바른 신앙의 삶에서 비롯된 기도에 대한 결과이다.

제4연은 기도를 통해 비신앙적인 언어들을 신앙적인 언어로 바꾸어 주신다. "어둠의 소리"는 긍정적이지 못한 부정적인 언어이며 타인에게 희망을 주지 못하는 상처의 언어로 상징된다. 하나님은 그 언어를 "샘물 같은 언어"로 바꾸어 주신다. 그것은 하나님의 응답이다. "샘물 같은 언어"란 신앙적인 언어로 때가 묻지 않은 맑은 언어이고 희망의 언어이며 축복의 언어이다. "어둠의 소리"에 대한 반대 개념은 "샘물 같은 언어"인 '빛의 언어'이기 때문이다.

제5연은, 기도를 통해 하나님은 구원의 길로 인도하신다. "잠든 영혼의 숨결"은 하나님을 믿지 않는 불신자이다. 그 구절은 구원의 길에 들어서지 못한 자들을 표현하고, "푸른 종소리"는 하나님의 말씀인 복음을 의미한다. "기지개를 켜게 하고"란 구절은 "푸른 종소리"인 복음으로 "잠든 영혼의 숨결"이 깨어난다는 의미이다. 하나님은 그 깨어난 영혼에게 "먼 곳"인 하늘나라를 향한 구원의 길을 보여 주신다. 불신자를 전도하기 위해 하나님 앞에 기도로 간구하고, 그 결과는 "푸른 종소리로 / 기지개를 켜게 하고 / 먼 곳을 보여 주신다"라고 표현했다.

이 시는 응답받는 기도란 믿음으로 할 때와 죄를 고백하고 그 죄를 버릴 때, 그리고 간절한 마음으로 간구할 때 나타나고 있음을 보여 준다. 성경에는 하나님께 응답받는 기도의 비결에 대해 믿음으로 할 때(마태복음 17장 20절, 마가복음 11장 23절~24절, 히브리서 11장 6절, 야고보서 1장 6절)나, 죄를 고백하고 버릴 때(시편 66편 18절, 잠언 28장 9절, 이사야 59장 1~2절), 집중적이며 간절한 마음으로 드릴 때(야고보서 5장 16~18절)라고 말한다. 그래서 기도는 하나님과의 교제를 통한 영혼의 성장과 비전, 능력과 축복의 원천이 된다.

행복한 삶을 위한 하나님의 축복
– 이해경의 「선물의 향기」

오늘도
당신은 나에게
변치 않는 믿음을
선물로 주었습니다

오늘도
당신은 나에게
뜻이 있는 소망을
선물로 주었습니다

오늘도
당신은 나에게
깊은 사랑을
선물로 주었습니다

오늘도
당신은 나에게
넘치는 기쁨을

선물로 주었습니다

오늘도
당신은 나에게
바다 같은 평안을
선물로 주었습니다

오늘의 나의 정원에는
당신이 주신 선물의 향기로
가득히 피어오르고 있습니다

—「선물의 향기」의 전문

 이 시는 지난날부터 지금까지 날마다 하나님의 섭리로 행복한 삶을 영위하고 있음을 보여 준다. 하나님은 믿음과 소망, 사랑과 기쁨, 평안을 선물로 주시고, 그 선물을 받아 일상의 생활 속에서 삶을 영위한다. 하나님의 축복에 의한 무조건적인 사랑에서 비롯된 삶이다. 하나님이 주시는 이 선물들은 행복한 삶을 영위하기 위해 절대적으로 필요한 요소들이다. 하나님의 섭리에 의한 축복의 선물이기 때문이다.
 각 연마다 하나님께서 주신 선물은 행복한 삶을 위한 것이다. 그것은 누구나 하나님 나라에 참여하면 받을 수 있는, 행복한 삶을 위한 요소들이다. 이 풍성한 선물들로 행복한 삶을 누릴 수가 있다. 이러한 행복한 삶은 하나님의 은혜와 축복으로 주어지는 즐겁고 복된 상태를 가리킨다 (신명기 10장 13절). 건강을 비롯한 성공, 생명, 많은 자손, 안전, 풍성함 등은 하나님의 선물로 주어지는 행복의 내용들이다. 마태복음 5장 12절에서는 하나님 나라에 참여함으로 오는 특별한 즐거움을 행복이라고 가르쳐 준다. 그것은 하나님께서 조건 없는 사랑으로 섭리해 주시고, 그 섭리 속에서 행복한 삶을 누릴 수 있기 때문이다.

제6연으로 구성된 이 시는 첫 연부터 제5연까지 "오늘도"나 "당신은", 그리고 "주었습니다"를 반복함으로써 하나님께서 주시는 선물로 행복한 삶을 영위하고 있음을 일관성 있게 표현했다. "오늘도"를 반복하는 것은 지금까지인 지난날도 오늘과 여전했음을 내포하고 있다. 지난날부터 하나님의 조건 없는 사랑의 섭리가 오늘도 그대로 이어지고 있기 때문이다. "당신은"이란 하나님을 지칭한다. 그리고 "주었습니다"는 대가로 서로 주고받는 거래가 아니라 무조건적인 사랑에 의한 행위이다. 하나님의 섭리인 것이다.

특히 "믿음"을 비롯한 "소망", "사랑", "기쁨", "평안"을 선물로 인식한 것은 바른 신앙의 삶에서 비롯되었다고 볼 수 있다. 대부분 눈으로 확인된 물체를 선물로 받고 있지만, 보이지 않거나 만질 수 없는 것을 선물로 인식하는 것은 신앙이 작용한 정신적인 결과이다. 하나님이 주시는 선물은 보이는 것이 아니다. 이 선물에 "변치 않은 믿음"이나 "뜻이 있는 소망", "깊은 사랑"이나 "넘치는 기쁨", "바다 같은 평안"이라고 성경적인 의미를 부여했다. 믿음 그 자체가 변치 않거나 소망도 뜻이 있고, 넘치는 기쁨, 바다 같은 평안은 성숙한 신앙인의 삶 속에서만 체감하고 간직할 수 있기 때문이다.

첫 연은, 하나님께서 오늘도 "변치 않는 믿음"을 선물로 주셨다. 하나님을 향한 변함없는 신앙의 행위를 지닐 수 있도록 섭리해 주심이다. 성경은 믿음을 하나님의 은혜의 선물이라고 일컫는다(에베소서 2장 9절). 신앙의 대상인 하나님을 신뢰하고, 그의 계시를 진리로 받아들이며, 미래를 위해 그를 전적으로 의뢰하는 삶을 영위할 수 있기 때문이다. 제2연은, 하나님께서 오늘도 "뜻이 있는 소망"을 선물로 주셨다. 그것은 하나님께서 장래에 실현될 것에 대한 기대를 지닐 수 있도록 했기 때문이다. 이러한 소망은 기독교인이 갖추어야 될 필수적인 특성이다(고린도전서 13장 13절).

제3연은, 하나님께서 오늘도 "깊은 사랑"을 선물로 주셨다. 그 사랑은 한마디로 예수 그리스도께서 십자가상에서 보여 주신 신적(神的)인 사랑이며, 자기를 돌보지 않고 이웃을 위해 자기 목숨까지도 버릴 수 있는 아가페적인 사랑이다(요한1서 4장 10절). 무조건적인 사랑을 의미한다. 제4연은, 하나님께서 오늘도 "넘치는 기쁨"을 선물로 주셨다. 이 기쁨은 주 안에서 거듭난 하나님의 백성들만이 누릴 수 있는 기쁨이다. 이런 기쁨은 하나님의 속성이자(시편 104편 31절), 하나님께서 믿는 자에게 주시는 '성령의 열매'이다(갈라디아서 5장 22절~23절). 제5연은 오늘도 하나님께서 "바다 같은 평안"을 선물로 주셨다. 사랑의 하나님과 함께함으로써 마음에 걱정이 없음을 표현했다. 하나님은 마음과 생각을 지켜 늘 평안하게 해주시기 때문이다(빌립보서 4장 7절).

제6연은 화자의 가정이나 삶 속에 하나님께서 주신 선물의 향기가 가득히 피어오르고 있다. 행복한 가정과 삶임을 고백한 것이다. "나의 정원"이란 화자의 삶이나 가정으로 볼 수 있다. "변치 않는 믿음"을 비롯한 "뜻이 있는 소망", "깊은 사랑", "넘치는 기쁨", "바다 같은 평안"이 가득한 가정이나 삶은 '행복한 가정'과 '행복한 삶'이라고 표현할 수밖에 없다.

이 시는 "변치 않는 믿음"과 "뜻이 있는 소망", "깊은 사랑", "넘치는 기쁨", "바다 같은 평안"은 하나님의 자녀에게 하나님이 주시는 풍성한 선물임을 인식시켜 준다. 하나님의 자녀만이 누릴 수 있는 특권임을 보여 준다. 하나님과의 관계로 이어지는 사랑과 축복의 산물이기 때문이다.

제3부

한국 기독교문학 형성기의 활동

I. 들어가는 말

한국기독교문인협회는 1967년 한국크리스찬문학가협회로 출범했다. 그 이후 시대적 상황에 따라 1994년 제27회 총회에서 한국기독교문인협회로 개칭했다. 그 당시 김영삼 정부인 문민정부가 들어서고, 군사정권 시대를 청산하기 위한 개혁의 바람이 거세게 들이닥칠 때였다. 본 협회도 지난날의 잘못된 행태를 회개하고 하나님 나라 확장의 도구가 되기 위해 개혁의 차원에서 개칭하게 된 것이다.

이 땅에 본 협회가 창립된 지 50년이 되었다. 이 50년은 한국 기독교문학이 정착한 지 50년이 되었다고도 볼 수 있다. 그것은 '기독교문학'이란 용어를 내세우고 한국문단과 한국교회와 함께 50년을 보냈기 때문이다. 이 50년을 정리하기 위해 '창립 이전의 기독교문학 단체들의 활동'과 '한국크리스찬문학가협회 창립배경과 초창기', 제9대 황금찬(黃錦燦) 회장의 시기부터를 '제도적 정착과 발전의 시대', 그리고 제22대 유승우(柳承佑) 회장의 시기인 1994년 한국기독교문인협회로 개칭할 때부터를 '안정과 성장의 시대'로 구분해 서술했다.

특히 각 회기마다 회장 중심으로 논의한 사업과 행사를 살펴보았다. 창립 이전의 단체들은 본 협회를 창립하기 위한 씨앗이 되었다. 1919년

《창조》의 주요 동인이었던 전영택은 감람문학회와 기독교문학인클럽의 중심에 서서 선구자적 자세로 이끌었다. 그리고 기독교문학인클럽의 회원 중 시인들이 중심이 되어《기독교시단》동인지를 만들었다. 이 동인지는 1985년 제7집으로 중단됐다. 이 동인지에 수록된 시인들은 본 협회 시분과 회원들이었다. 이러한《창조》로부터 감람문학회, 기독교문학인클럽,《기독교시단》의 활동은 본 협회를 창립한 계기가 되었다.

본 협회의 지난 50년은 순탄한 역사로 기록될 수 없다. 침체와 위기 속에서 발전했기 때문이다. 해를 거듭할수록 회원들이 증가함에 따라 초창기에 볼 수 없었던 선거전이 치열해져 가고, 편 가르기식의 대결구도 양상이 나타나기 시작했다. 그것은 잘못된 선거풍토로 혼란과 위기를 맞기도 했다. 제27회 총회까지는 회장을 비롯한 임원들을 선거로 선출했다. 제25회 총회와 제27회 총회는 그 이전에 볼 수 없었던 인신공격 등의 선거행태로 나타났다. 이 선거풍토가 민주적인 방법의 장점도 있었지만 그 후유증은 회기 동안 지속되었다. 그 이후 회장을 지낸 증경회장을 중심으로 평의회를 조직하고, 평의회가 회장단을 선출함으로써 협회의 안정을 가져오기 시작했다. 선거 이전의 회기를 초창기와 제도적 정착과 발전의 시대, 그 이후부터 안정과 성장의 시대로 구분해 서술했다.

본 협회의 역대 회장이나 회원 중에는 한국문학과 한국문단을 이끌어 왔던 주역들이 있다. 한 가지 예로 창립총회 당시에 명예회장인 전영택(田榮澤) 목사는 1962년 창립된 한국문인협회 초대 이사장을 지냈고, 제2대 회장인 이종환(李鍾桓) 작가는 상임이사로 한국문인협회를 이끌어 왔다. 또한 제3·4대 회장인 임옥인(林玉仁) 작가는 1965년 여성문학인회 회장을 지냈고, 제7·8대 회장인 박목월 시인은 1969년부터 1978년 3월까지 9대에 걸쳐 한국시인협회 회장을 역임하기도 했다.

본 협회가 초창기부터 지금까지 지속되어 온 사업은 세미나와 연간집

《기독교문학》의 발행, 송년모임 또는 신년하례회 모임이다. 1983년부터 한국기독교문학상을 제정해 시상해 오고 있으며, 1994년부터는 기독교문학을 확산시키는 방안으로 문학사랑방을 진행해 오는 것이 본 협회 사업의 특징이다.

II. 창립 이전의 기독교문학 단체들의 활동

1. 한국 기독교문학의 형성기

우리나라 신문학은 기독교가 큰 영향을 끼쳤다. 성경번역을 통한 한글대중화는 우리나라 현대문학의 발전과 한글을 전용하는 기풍 조성에 크게 기여했음을 부인할 수 없다. 그리고 선망의 대상으로 받아들여진 서구문화의 수용과 계몽, 또한 당시 직면한 나라를 잃은 민족의 비극을 주제로 한 문학이 주류를 이루고 있었다. 이와 같은 시대를 배경으로 한국 기독교문학도 성경번역과 찬송가사에서 한 걸음 더 나아가서 문학의 일반장르로 형성되기 시작했다.

한글성경이 문학사적으로 의의를 갖는 것은 1882년부터라고 볼 수 있다. 그 당시에 역간한 〈누가복음〉과 〈요한복음〉은 헬라어 원문을 한글로 표기하는 데에 수많은 난관을 극복하였고, 이 성경은 전도용으로 사용되어 한글대중화의 초석이 되었다.

한글성경이 한국문화에 영향을 준 것은 새로운 종교성의 주입보다는 표현에 대한 매개물의 자율성이다. 그 당시 한글이 우리의 글이면서도 천대시했던 것을 상기할 때 모두가 표현의 매개물로 사용하지 못했다. 그러나 한글성경이 보급됨에 따라 다시금 한글의 우수성을 인정하게 되었고, 우리의 사고(思考)를 표현하는 매개물로 정착되었다고 볼 수 있다. 한문의 활용에 대한 유교적 시대사상의 생활을 탈피하는 계기가 되었으며, 이중적 언어생활에서 한글의 생활로 전환하여 새로운 문화를 형성하는 매개물이 되었다.

한글성경은 우리글에 대한 자각을 통해 한글문화를 형성하는 계기를 마련했다. 번역성경을 통해 한글의 대중화가 이루어짐에 따라 순 한글로 된 책과 번역물이 발간되었다. 그것은 한글 위주의 생활로 전환되고 있음을 보여 준 것이다. 더욱이나 성경의 한글번역과 한글의 대중화는 서구의 사고방식, 즉 서구문화를 터득하는 계기가 되었다. 선교사들에 의해 전달된 한글성경은 근대 시민사회를 이루는 계몽의 언어로서 서구의 신문화를 매개하는 데 주력하였기 때문이다.

우리나라 신문학사상 최초의 번역작품인 1895년의 《천로역정(天路歷程)》(존 번연 지음, 게일 번역)은 우리 문학사에 큰 영향을 주었다. 이에 대해 이광수(李光洙)는 "학교 교육 이외에도 성경과 찬송가를 볼 필요상 무식한 교인들도 한글을 배우며, 또 성경을 읽기에 독서욕을 득하여 《천로역정》이라든가 기타 간이한 종교서적에 흥미를 붙이게 되었소"(「야소교의 조선에 준 은혜」, 《청춘》 제9호, 1917. 7)라고 기록하고 있다. 또한 김희보(金禧寶)는 《한국문학과 기독교》(1979년, 현대사상사 펴냄)에서 "《천로역정》 번역은 우리나라 신문학사상 최초의 번역작품이라는 의의를 지닌다. 우리나라 사람의 손에 의한 최초의 번안소설인 《철세계(鐵世界)》가 이해조(李海朝)에 의해 나온 것이 1908년임을 미루어 볼 때, 이 《천로역정》의 간행연대가 얼마나 앞섰는가 하는 점을 알 수 있다"(p. 353)고 서술했다.

한국 신문학의 신시운동은 창가에서 비롯되었는데, 그 창가는 찬송가의 영향을 받은 것이다. 백 철(白鐵)은 《신문학사조사(新文學思潮史)》에서 "우리는 본시 창가가 어디서부터 시작되었는가 할 때, 그것이 처음에는 기독교의 찬송가에서 왔다는 사실을 짐작하게 되는 것이다"라고 밝혔다. 창가문학은 1896년부터 1908년까지 10여 년에 걸쳐 전성기를 이뤘다.

  이러한 초기의 기독교활동은 성경번역을 계기로 한글성경 및 찬송가의 보급, 존 번연의 《천로역정》 등의 번역물이 한국 신문학의 태동기뿐만 아니라 한국 기독교문학에 대한 형성의 기틀을 마련했다고 볼 수 있다.

  1908년 《소년》을 창간한 최남선(崔南善)이나 이광수(李光洙)의 작품에 기독교적 영향을 받은 작품이 발표되기도 했다. 특히 1919년 신문학사상 최초의 순문예지로 창간된 《창조》의 주요동인인 김동인(金東仁)과 전영택(田榮澤), 주요한(朱耀翰) 모두가 한결같이 기독교적 작품을 창작했다는 것도 주목할 만한 사실이다. 김동인의 경우 「약한 자의 슬픔」(1919), 「마음이 옅은 자여」(1920), 「유서」(1925) 등 기독교적인 작품을 발표했다. 「약한 자의 슬픔」은 《창조》 창간호에 발표되었으며, 신문학기에 최초의 리얼리즘 작품으로 기독교적 재생을 그리고 있다. 주요한의 시에서도 기독교 정신을 형상화하고 있는 작품을 쉽게 찾아볼 수 있다. 「아가의 기도」 등 시들은 기독교 가정에서 성장한 데서 비롯되었음을 감지할 수 있다. 특히 전영택은 감리교 목사로 신문학운동을 이끌었다. 「생명의 봄」(《창조》 5~7호)과 「화수분」(《조선문단》, 1925. 1.) 등의 작품에서 기독교적 신앙을 바탕으로 인간정신의 회복을 위한 박애, 인도주의적인 세계를 추구했다. 또한 그는 이 땅에서의 기독교문학의 가능성을 맨 처음 실험해 보인 작가이다. 그 당시 문단의 대가들에 의해 발표된 기독교문학 작품들은 《창조》(1919. 2~1921. 5.)지를 비롯한 《영대》(靈臺, 1924. 8~1925. 1.)지와 《문장》(文章, 1939. 2~1941. 4.)지를 무대로 삼았다. 1945년 조국광복은 잃었던 언어를 되찾아 주었고 신앙생활의 자유로움을 안겨 주었다.

2. 감람문학회

한국기독교문인협회 창립 이전에는 감람문학회(橄欖文學會)가 기독교 문인을 중심으로 활동한 최초의 단체이다. 이북에서 월남한 기독교 문인들은 실향민의 향수를 달래며 이남에 있던 문인들과 함께 1948년 서울에서 모임을 갖게 되었다. 이 모임이 시작된 동기는 주태익과 이상로, 그리고 박두진이었다. 이상로와 박두진은 교회를 나가는 문인들이 조그만 조직을 하자는 데에 의논을 하고, 이상로는 주태익을 만나 박두진과 의논한 내용을 전했다. 그 이후 박두진(朴斗鎭), 이상로(李相魯), 주태익(朱泰益), 박화목(朴和穆), 이종환이 모임을 갖고 구체화시켰다.

> 그때 첫여름 신록이 무르익을 무렵의 어느 날 밤, 우리는 이화동의 이상로의 집에 모였다. 박두진, 이상로, 박화목, 이종환, 그리고 나 이렇게 다섯 사람이 그의 집에서 하룻밤을 자면서 얘기하기로 했다.
> 그때 이미 30대의 나이로 장로가 되어 있던 박두진은 근엄하기가 초학 훈장 같아서 분위기를 경건하게 하고도 남았다.
> 클럽의 목적은 서로가 작품생활을 할 분위기를 만들고 친목을 꾀하자는 것으로 쉽게 합의가 되었으나, 모임의 이름을 무엇으로 하는가 하는 데에는 이론이 많았다.
> "우리가 기독교 신자로서 모이는 것이니까 기독교란 말을 이름에 넣는 것이 좋겠어요."
> 하는 나의 의견에는 모두가 반대였다.
> "너무 기독교라는 것을 내세우게 되면 마치 우리가 교회 전도문이나 쓰는 단체처럼 되니까 기독교란 말은 빼야 해요."
> 라는 것이 이종환의 말이었다.

이상로가

"그럼 뭐 상징적인 이름이 없을까? 기독교라고 안 해도 기독교라는 걸 알 만한……."

하고 제의해서 다들 그 말이 옳다 하며 각기 이름을 내놓았다.

"시온문학회가 어떨까?"

"그건 시온다방하구 연관된 것 같아 숭하구, 갈릴리문학회로 합시다."

"시온이니 갈릴리니 하는 것두 너무나 기독교 냄새를 피는 이름이니, 좀더 순화시킨 이름으로 하는 게 좋겠어요."

"감람문학회가 좋다구 생각합니다. 감람이라면 우선 한자루두 쓸 수 있으니 동양적인 맛두 있구요. 지나치게 기독교적인 흠두 없구 감람문학회루 합시다."

그때 겨우 신학교를 졸업하고 아직 문단에 나왔달 수도 없는 이종환의 주장이었으나, 워낙 고집스러운 발언이기도 하여 그내로들 좇기로 하였다.

회의 규칙도 이상로와 이종환이 맡아서 척척 만들어 내친 대로 무수정 통과시키고 회장은 박두진, 간사는 이상로로 정해 버렸다.

— 주태익의 「늘봄선생과 함께 — 감람문학회」(기독교신문. 1976. 11. 14.)에서

이 모임에서 명칭과 회의 규칙, 조직까지도 마련했다. 창립모임으로 볼 수 있다. 기독교적인 용어를 배제한 감람문학회로 정한 것은 한자로 표기할 수 있고 '동양적인 맛'도 풍긴다고 의견을 모았다. 그리고 회장에는 박두진, 간사는 이상로를 선출했다. 이 모임에는 전영택, 김말봉(金末峰), 박계주(朴啓周), 이상로, 임인수(林仁洙), 주태익, 박두진, 박화목 등이 회원으로 참여했다. 회원상호간의 친목을 도모하기 위해 몇 차례 모임을 갖기도 했으나, 6·25 한국전쟁으로 말미암아 회원들은 흩어지고 말았다.

창립된 지 2년 만에 아무런 성과없이 해산된 듯했으나, 서울이 수복되자 이들은 다시 서울에 모여 기독교문학인클럽을 탄생시킨 씨앗이 되었다. 무엇보다도 기독교 문인들이 친목을 도모하고 문학적 교류로 기독교문학의 지평을 열었다고 평가할 수 있다.

3. 기독교문학인클럽

감람문학회의 활동은 6·25 한국전쟁으로 회원들이 모두 흩어져 중단되었지만, 휴전 후에 이 모임을 재건하자는 문인들의 의견을 모아 1954년 서울에서 기독교문학인클럽을 탄생시킨 씨앗이 되었다. 전영택, 조향록(趙香錄), 임인수 등이 중심이 되었으며, 대표는 전영택이 선출되었다.

첫 사업으로 1955년에 《한국기독교문학선집(韓國基督敎文學選集)》 제1권을 펴냈다. 이 선집은 1954년 한국기독교 70주년을 기념하기 위해 기독교문학인클럽을 편자로 대한기독교서회에서 국판 반양장 262쪽을 발행했으며, 김재준의 평론 「고통문학과 영혼불멸」, 김말봉의 소설 「S와 주기도문」, 박계주(朴啓周)의 소설 「최후의 송가」, 강소천의 동화 「포도나무」, 박두진의 시 「오도」, 박목월(朴木月)의 시 「기도사랑」, 황금찬의 시 「기도」, 이주훈의 수필 「수난의 영광」, 정하은의 수필 「시간의 역설」, 전영택의 희곡 「밤」 등이 수록되어 있다. 표지의 그림은 김환기(金煥基)가 맡았고, 본격적인 기독교 문인들의 작품모음집으로 기독교문학사적 가치가 높다고 평가되어 왔다.

1956년에는 《교계시단(敎界詩壇)》을 발행하기도 했다. 또한 《한국기독교문학선집》 원고료로 임인수의 시집 《땅에 쓴 글씨》를 발행하였고, 신교출판사(新敎出版社, 대표 이준호)에서 발행한 계간지 《기독교문화(基督敎文化)》

의 집필과 편집을 주관하였다. 3월 15일 창간된 이 잡지는 제3호까지 발행되었다. 주요 집필진은 김재준, 임영빈, 전영택, 강소천, 이종환, 주태익, 김경수(金京洙), 박화목, 김형석, 임옥인, 박영준(朴榮濬), 이상로, 정하은, 윤성범, 김양선, 김관석, 엄요섭, 조향록, 이보라, 전대응 등 광범위하였다. 이후로 별다른 활동 없이 서울의 종로 2가 화신백화점 뒷골목에 있는 전원다방에 모여 문학적인 의견교환과 토론으로 시간을 보냈다.

4. 《기독교시단》 동인회 활동

1965년에는 박두진, 김현승(金顯承), 이상로, 황금찬 등이 창간동인으로 참여한 《기독교시단(基督敎詩壇)》이란 동인지가 발행됐다. 그 당시 '기독교시'를 창조결실시키려는 데에 중점을 두고 출발했다. 제1집은 김태규(金泰奎), 제2집은 조남기, 제3집과 제4집은 김태규, 제5집과 제6집은 김원식(金元植), 제7집은 최은하(崔銀河)가 편집했다. 주기적으로 발행되지는 않았지만 '기독교시'란 용어를 정착시키는 데 기여했다. 제3집은 동인지가 시작된 지 6년 만인 1971년 10월 15일 발행됐고, 제5집의 경우에는 1974년 7월 15일 발행됐다. 1981년 2월 20일에는 제6집, 1985년에는 제7집을 발행했다.

《기독교시단》은 박두진이 대표집필한 「선약(先約)」을 통해 "우리 한국땅에 기독교문학을 뿌리박고 창조개화시켜 풍성한 결실을 가져오게 해야 하는 객관적, 시대적인 요청과 이에 대한 누를 수 없는 열의와 선의로써 창간발족하는 필연적인 산물로서의 자각과 사명감을 견지해 나가고자 합니다"면서, "우리 한국땅에 훌륭한 기독교시를 창조결실시키려는 모든 기독교 시인들의 공동의 발표기관이 되고자 하며, 어느 특정한 교파나 문학적 유파와 경향을 초월하여 오직 작품 자체의 문학적 요소만을 중시하는 면에서 보다 넓고 포용적인 아량을 견지해 가고자 합니다"라고 선언했다. 또한 "기독교시 자체의 한국적인 성과뿐 아니라 더 나아가 우리 현대시 전체의 정신적 지향을 기독교적이고 생명적인 높이로 이끌어 올리고 심화시키기 위해서 보다 더 진지하고 전진적인 탐구와 모색의 자세를 견지해 나가고자 합니다"라고 덧붙였다.

제1집에는 김현승, 박두진, 오신혜, 박화목, 황금찬, 윤혜승(尹惠昇), 조남기(趙南基), 오병수, 반병섭, 황양수, 고진숙(高眞淑), 김원식, 박이도(朴利道), 여해룡, 박근영, 심일섭, 김태규 등의 시를 수록했다. 1971년 10월 15일 발행된 제3집은 김현승, 황금찬, 한성기(韓性祺), 조남기, 김경수, 박근영(朴根瑛), 김태규, 유안진(柳岸津), 이정기, 전재동, 김원식, 김영목, 염천석, 여려성, 선정주의 시, 김희보와 김영수의 시론도 수록했다. 그리고 한국문예진흥원 지원으로 선교 100주년인 1985년에 발간된 제7집에는 박두진을 비롯한 고진숙, 김상길(金相吉), 김원식, 김지향(金芝鄕), 노영란, 박정희, 박종구(朴鍾九), 박화목, 석용원, 안혜초(安惠初), 엄창섭, 유안진, 이영춘(李榮春), 이 탄(李炭), 이희자(李希慈), 임문혁, 장수철(張壽哲), 정영식(鄭永植), 조남기, 최규창(崔奎彰), 최은하, 허형만(許炯萬), 홍문표(洪文杓), 황금찬 등 25명의 시가 수록됐다. 제1집부터 제7집까지 수록된 시인들은 그 당시 한국기독교문인협회 시분과 회원들이었다.

Ⅲ. 한국크리스찬문학가협회 창립배경과 초창기

1. 창립배경

본 협회가 창립될 시기에 한국기독교는 1960년대 이후 양적인 팽창을 이룩할 때이다. 한국교회는 교회성장에 효율적인 새로운 신학과 방법을 도입하고, 경쟁적이고 적극적인 부흥운동과 교세 확장운동을 전개했다. 이에 따라 평신도들의 신앙강화로 교회성장에 뒷받침했다. 특히 1965년에 선교 80주년을 맞아 대대적인 민족복음화운동을 전개했다. 각 교단과 단체들이 연합하여 '3천만을 그리스도에게로'란 표어 아래 전개된 민족복음화운동은 한국교회가 급성장하는 계기가 됐다. 《한국종교연감》(1993년, 한국종교사회연구소)에 의하면 1950년대 이후 교회와 교인수가 급증했다. 1950년에 3,114개였던 교회는 1960년에는 5,011개로 증가했다. 1970년에는 1만 2,866개, 1980년에는 2만 1,273개의 교회로 급증하는 현상이 나타났다. 1960년과 1970년 사이에 157퍼센트나 증가했는데, 교인수의 증가와 함께 일어난 현상이었다. 특히 교회의 성장과 함께 한국적인 기독교 문화에 대한 관심도 높아졌다. 한국교회는 토착화 신학의 논쟁이 꽃을 피웠다. 선교 초기 우리나라에 왔던 캐나다의 게일 박사가 기독교 문화를 토착화하기 위한 작업을 시도했지만 게일의 노력은 그대로 단절되고 말았다. 이같은 작업은 1960년대에 와서 그 당시 감신대의 윤성범 교수와 연세대의 유동식 교수 등에 의해 부활했다. 그리고 1970년대는 당시 연세대의 서남동 교수와 한신대의 안병무 교수 등에 의해 민중신학이 등장하고, 유동식 교수에 의해 풍류신학 등 순수 한국 신학이 선보였다.

이러한 한국교회의 성장 시기는 기독교 문화에 대한 관심도 높아진 시기이다. 기독교문학을 비롯한 기독교 음악, 기독교 미술, 기독교 건축 등 각 분야에서 한국의 전통문화와의 조화, 융합의 과정을 거치면서 독특한 한국적 기독교 문화가 형성되었다. 한국적 기독교 문화에 대한 관심이 높아진 것은 이른바 토착화 신학에 대한 논의가 대두되면서 비롯되었다. 한국적 기독교 문화의 창조를 위해 각 분야에서 활동이 전개되었기 때문이다.

기독교 미술 분야의 경우에는 선교 70주년 기념행사의 일환으로 열렸던 기독교미술초대전을 계기로 1965년에 한국기독교미술협회가 발족되었다. 천주교 작가가 함께 참여했던 이 협회는 매년 전시회를 개최했고, 한국적 성화인 「부활후」(1924)를 그린 김은호의 제자인 한국화의 한 계보를 이은 김기창과 김학수, 그리고 서예의 김기승과 이철경, 서양화의 홍종명, 이명의 등이 참여했다. 그러나 1969년 제4회부터는 천주교 작가들이 독자적인 모임을 만들어 분리해 나가기도 했다.

기독교문학도 1919년의 《창조》 이후 1948년의 감람문학회나 1954년의 기독교문학인클럽, 1965년의 《기독교시단》 등의 활동은 기독교문학에 대한 열정이 표면화되었다. 이 기독교문학의 활동인 감람문학회와 기독교문학인클럽은 한국크리스찬문학가협회 창립의 모체가 되었다. 《기독교시단》 동인활동도 한국크리스찬문학가협회의 창립에 원동력이 되었다. 이 단체들은 《창조》의 동인이었던 전영택이 주도해 왔다. 그는 감리교 목사로 1961년 창립된 한국문인협회 초대 이사장을 역임했기에 문학적으로나 문단적으로도 명성 있는 인물이었다. 전영택이 중심이 되었던 감람문학회는 기독교문학인클럽을 탄생시킨 씨앗이 되었다. 또한 기독교문학인클럽은 《기독교시단》을 탄생시킨 모체이다. 그러나 이 단체들은 소수의 기독교 문인의 친목적인 색채가 강하고, 서울 중심의 지역성을 벗어나지 못했다. 기독교문학 운동을 확산시키기 위해서는 전국적인 모임을 조직할 수밖에 없었다.

감람문학회와 기독교문학인클럽의 대표였던 전영택은, 기독교문학인 클럽을 모체로 한국크리스찬문학가협회 창립의 중심에 서 있었다. 전영택은 일제시대부터 한국의 기독교문학을 제창해 왔고, 이론적 바탕을 제시해 왔으며, 해방 후에는 본격적으로 활동했기 때문이다. 그는 「조선의 기독교문학운동」(기독신보, 1928. 12. 31~1929 1. 16)을 비롯한 「기독교문학론」(기독교사상, 1957. 1),「기독교와 한국문학」(기독청년, 1961. 1),「기독교문학계의 과거와 현장」(기독공보, 1964. 2. 15),「한국기독교문학 개관」(기독공보, 1964. 12. 5) 등을 발표해 선구자적 역할을 감당했다.

한국크리스찬문학가협회가 창립되기까지 기독교문학인클럽은 눈에 나타나지 않은 연대감으로 기독교문학인들의 공동체를 형성하고 있었다. 이 모임은 감람문학회의 순수 기독교문학 정신을 이어받아 한국크리스찬문학가협회를 통해 더욱 본격적인 기독교문학의 활동을 전개시켜 준 매개체로서 그 의의를 찾을 수 있다.

2. 창립총회와 초창기

한국기독교문인협회는 1967년 1월 21일 평양면옥에서 한국크리스찬문학가협회로 창립됐다. 전영택 목사가 주도해 오던 한국기독교문학인클럽의 회원들이 중심이 되어 전국에 있는 기독교 문인들을 창립회원으로 참여시켰다. 그 창립목적에서 "크리스찬 문학가들의 친목과 권익옹호를 꾀하며 기독교 문화 발전을 위하여 적극 노력함을 목적으로 한다"고 천명했다.

이날 창립총회는 창립총회를 동의한 45명 중 22명(김현승 시인은 위임장 제출)

이 참석한 가운데 임시의장에 이범선(李範宣) 작가와 임시서기로 김우규 문학평론가를 선출했다. 이범선 임시의장 사회로 회칙을 통과시키고, 회장 후보 추천을 위한 전형위원으로 황금찬 시인, 이종환 작가, 임인수 아동문학가, 석용원 아동문학가, 김태규 시인으로 구성해 주태익 극작가와 이범선 작가, 임인수 아동문학가를 회장 후보로 추천했다. 무기명 투표에 들어가 주태익 극작가는 13표, 이범선 작가는 4표, 임인수 아동문학가는 4표로 주태익 극작가를 선출했다. 그리고 기타 임원은 전형위원인 주태익 회장을 비롯한 박화목 아동문학가, 박근영 시인, 김원식 시인, 김송현 시인에게 일임했다. 명예회장에 전영택 작가를 추대키로 하고, 부회장에 이범선 작가, 이종환 작가, 김현승 시인, 상임이사에 석용원 아동문학가, 시분과위원장에 황금찬, 소설분과위원장에 이종환, 희곡분과위원장에 주태익, 문학평론분과위원장에 김우규(金佑圭), 수필분과위원장은 보류, 아동문학분과위원장에 임인수 등을 선출했다.

창립에 동의한 문인은 45명이었다. 총회에 참석한 회원은 전영택, 박화목, 오신혜, 조남기, 이범선, 이명수, 이종환, 석용원, 김영수, 유영희, 임인수, 황금찬, 주태익, 한낙원, 김우규, 김송현, 김태규, 전순란, 박근영, 김인덕, 김원식, 김현승(위임장 제출), 그리고 불참자는, 임영빈, 이상로, 임옥인, 이수복, 김경수, 박목월, 윤혜승, 조향록, 윤영춘, 윤일주, 정 환, 이영도, 전대웅, 김선현, 박두진, 함처식, 심일섭, 오소운, 고진숙, 박이도, 최운걸, 황양수, 한성기 등이다.

이날 창립총회에서 통과된 회칙은 다음과 같다.

  제1조 본회는 한국크리스찬문학가협회라 일컫는다.
  제2조 본회는 본부를 서울에 두고 지부를 둘 수 있다.
  제3조 본회는 크리스찬 문학가들의 친목과 권익옹호를 꾀하며, 기독

교 문화 발전을 위하여 적극 노력함을 목적으로 한다.

제4조 본회의 회원은 제3조의 목적을 찬동하는 문학인으로 한다.

제5조 본회의 회원되기를 바라는 사람은 해당 전공분과위원장의 추천으로 이사회의 동의를 얻어야 한다.

제6조 본회는 다음과 같은 임원을 둔다.

   회　　　　장　　　　1명
   부　회　　장　　약간 명
   상　임　이　사　　1명
   시 분 과 위원장　　1명
   소 설 분 과 위원장　1명
   희 곡 분 과 위원장　1명
   평 론 분 과 위원장　1명
   수 필 분 과 위원장　1명
   아동문학분과위원장　1명

  ○, 회장은 회를 대표하고 회 전반 사무를 통솔한다.
  ○, 부회장은 회장을 보좌하고 회장 유고시 이를 대리한다.
  ○, 상임이사는 사무국을 맡아 실무를 수행한다.
  ○, 각 분과위원장은 해당 분과를 대표하고, 분과위원회의 의장이 된다.

제7조 본회는 고문 약간 명을 추대할 수 있다.

제8조 본회는 이사회를 두고 이사회는 제6조의 임원으로서 구성하며, 회장이 이사회의 의장이 된다. 이사회는 총회에서 위임받은 사항 및 제반사업을 연구 추진한다.

제9조 1. 정기총회는 매년 1월 중에 회장이 소집하고, 필요할 때에 이사회의 결의로 임시총회를 열 수 있다. 총회는 재적회원 3분의 1 이상의 출석으로 성립되며, 의결은 출석회원 과반수의 찬성으로 한다.

2. 이사회는 월 1회 회장이 소집한다. 단 필요할 때는 수시로 임시 이사회를 열 수 있다. 이사회는 이사 과반수의 출석으로 성립되며, 의결은 출석이사 과반수의 찬성으로 한다.

제10조 본회의 재정은 회원 및 특별회원의 회비와 찬조금, 그 밖의 사업수익금으로 한다. 본회의 회계연도는 1월 1일에서 12월 31로 한다.

제11조 회원으로서 본회의 명예를 훼손하거나 그 밖의 사유로 회원의 자격을 의심하게 되었다고 인정될 때, 이사회의 결의로 경고 또는 제명할 수 있다.

제12조 본 회칙에 명시되지 않은 사항은 통상관례에 따른다.

제13조 본 회칙은 1967년 1월 21일로 부터 발효한다.

창립총회 이후 제1대의 주태익 회장을 비롯한 제2대의 이종환 회장, 제3·4대의 임옥인 회장, 제5·6대의 김현승 회장, 제7·8대의 박목월 회장 시기에는 가톨릭 문인들에게도 입회를 개방하고, 한국기독교교회협의회(KNCC) 가입문제가 제기되었다. 그것은 본 협회가 한국 기독교문학의 발전을 위해 개방적이었음을 보여 주는 증거이다. 또한 교회연합과 일치에도 폭넓은 시각을 지니고 있었다고 볼 수 있다.

초창기에는 한국교회의 지도자들이 대거 참여했다. 한국교회 진보신학의 거두이고 한신대학교(한국신학대학) 설립자인 김재준 목사나 한국신학대학 학장을 지낸 조향록 목사, 대한기독교서회 총무인 조선출 목사, 중앙신학교(현, 강남대) 교수인 문익환 목사. 대한예수교장로회 통합측 총무를 지낸 성갑식 목사(대한기독교서회 총무역임), 강남대학 학장을 지낸 선우남 목사, 그리고 종로서적 사장인 장하구 장로, 서울 YMCA 총무인 전택부 장로 등이 적극적으로 참여했다. 이들은 수필분과와 외국문학분과에 참여해 한국 기독교 수필문학의 지평을 넓히고 외국문학의 소개와 번역 활동에 기여했다. 특히 조향록 목사의 경우에는 제1대부터 제5대까지 수필분과위원장을 역임했다. 전택부 장로는 제6대와 제7대, 제8대, 성갑식 목사는 제9대 수필분과위원장을 지내기도 했다. 문익환 목사는 제6대, 선우남 목사는 제9대와 제10대에 외국문학분과위원장을 역임했다. 이들은 수필분과와 외국문학분과에 참여해 한국 기독교 수필문학의 지평을 넓히는 데 기여했다.

창립총회 이후 1975년까지 9년 동안 연간집 제1집《기독교문학》을 발간한 이후《크리스찬문학》을 제7집까지 발간했다. 또한 세미나와 기독교문학의 밤, 전영택 묘비 건립, 임인수 시비 건립, 문학강좌 등의 사업을 추진했다.

IV. 제도적 정착과 발전의 시대

본 협회의 제도적 정착과 발전기는 제9, 10, 11대의 황금찬 회장부터 제12·13대의 박화목 회장, 제14대의 김경수 회장, 제15대의 박경종 회장, 제16·17대의 석용원 회장, 제18대의 장수철 회장, 제19대의 김원식 회장, 제20대의 최은하 회장, 제21대의 김지향 회장까지의 시기이다. 본 협회 창립 이후 회장과 상임이사는 대부분 단임으로 임기가 끝났다. 초창기 때에 김현승 회장은 제5대와 제6대, 박목월 회장은 제7대와 8대에 역임했지만, 이 시기에는 황금찬 회장이 제9대부터 11대까지 3대에 걸쳐 역임했고, 박화목 회장은 제12대와 제13대, 석용원 회장은 제16대와 제17대를 역임했다. 또한 이 시기에는 박경종 상임이사가 제10대부터 제14대까지 5대에 걸쳐 5년, 김영진 상임이사는 제16대부터 제18대까지 3대에 걸쳐 5년, 그리고 박종구 상임이사도 제19대와 제20대 2대에 걸쳐 4년을 역임했다. 이 시기에는 초창기 때에 의욕적으로 실천해 낸 사업들을 정착시켰다고 볼 수 있다. 이것은 회장과 상임이사의 계속된 연임으로 사업의 연관성과 지속성을 지니게 됐고, 회원의 증가에 따라 조직을 확장하게 됐다.

연간집의 경우에 제1집은 《기독교문학》, 제2집부터 제7집까지는 《크리스찬문학》이란 제호로 발간되었으며, 황금찬 회장 당시에는 창립 10주년을 맞아 제8집을 《기독교문학》으로 제호를 변경해 발간했다. 그리고 김원식 회장 시기에 제11집부터 지금까지 해마다 발간해 오고 있다. 제9집과 제10집은 《기독교문학》이란 제호로 발간되지는 않았으나, 《한국기독교문학선집》과 《동화집》, 《수필집》, 《한국기독교신앙시선》 등을 연간집으로 간주한 것이다.

창립 초창기부터 논의되어 온 '한국기독교문학상'은 제16대 석용원 회장 시기부터 운영규칙을 만들어 시상해 왔다. 이 상은 '한국크리스찬문협상' 기금을 마련해 상패와 상금 50만 원을 수여했다. 그 당시 한국문단에서 상금을 수여한 상은 극히 드물었으며 획기적인 일이었다. 그 상금은 제20대 최은하 회장 시기부터 100만 원으로 인상해 수여해 오고 있다. 제1회부터 제21대 김지향 회장인 제11회까지는 '한국크리스찬문협상'으로 시상하고, 1994년 제22대 유승우 회장 시기부터 '한국기독교문인협회'란 명칭의 개칭과 함께 '한국기독교문학상'으로 개칭했다. 그리고 회기 때마다 회원들의 동정과 협회활동을 홍보한 '회보'도 발행하게 됐으며, 정기적인 세미나도 정착시켰다.

특히 일본과 미국 한인문학인들과의 문학교류가 본격화되기 시작됐다. 제15대 박경종 회장 시기에 일본의 사카도 카나메 극작가가 세미나에 참석해 '일본 기독교문학의 동향'을 발표하기도 했다. 제18대 장수철 회장 시기에는 미주한인크리스찬문학가협회와 자매결연을 맺었고, 제20대 최은하 회장 시기에는 미국 L.A. 옥스나드비치에서 가진 해변문학 세미나에 유승우 부회장을 비롯한 3명이 참석했다. 그리고 제19대 김원식 회장 시기에는 일본의 기독교문학인 8명과 함께 동북아문학자회의를 갖기도 했다. 이 회의는 세미나 형식으로 이루어졌으며, 일본 측 기독교 문인들은 '일본 전통문화와 기독교문학'을 비롯한 '현대 일본의 극작가 현황', '민중의 작가 현황', '일본 기독교시의 현황', '일본 기독교아동문학의 현황' 등을 발표했다.

V. 안정과 성장의 시대

제22대 유승우 회장의 시기부터 제23대의 박종구 회장, 제24·25대의 이 탄 회장, 제26대의 박이도 회장, 제27대의 이성교 회장, 제28대의 허소라 회장, 제29대의 현길언 회장, 제30대의 김순영 회장, 제31대의 김영진 회장, 제32대의 최규창 회장, 제33대의 유혜목 회장 시기까지는 안정과 성장의 시대로 볼 수 있다. 이 시기는 최규창 시인이 제22대부터 제31대까지 10대에 걸쳐 19년 동안 상임이사로 장기간 역임했다. 최규창 상임이사가 계속 연임함으로써 사업이 계속 추진되고 '한국기독교문인회관'과 《한국교회 절기시사전》, 그리고 '문학사랑방' 등 사업의 성과를 거둘 수밖에 없었다.

무엇보다도 회장 선거가 가장 치열한 시기는 제25회 총회와 제27회 총회였다. 제25회 총회 당시에는 최은하 회장의 연임을 주장한 회원들과 김지향 부회장을 지지한 회원들로 나누어져 치열한 선거전이 전개됐다. 선거결과는 김지향 부회장 30표, 최은하 회장 26표로 김지향 부회장이 회장에 선출됐다. 그러나 김지향 회장 시기 동안 최 회장을 지지한 회원들의 참여는 미온적일 수밖에 없었다. 그것은 선거의 후유증 때문이었다.

제27회 총회 때도 그대로 나타났다. 유승우 부회장과 이상보 회원 간의 선거전은 어느 회기보다도 치열한 선거전이었다. 양측에서 회원들을 동원해 70명이 참석했다. 어느 총회 때보다도 가장 많은 회원들이 참석했다. 선거결과는 유승우 부회장 42표와 이상보 회원 26표, 기권 1표로 유승우 부회장이 회장에 당선됐다. 이 선거결과로 이상보 회원을 비롯한 이 회원의 선거캠프 강석호 수필가 등 일부 수필분과 회원들이 이탈해 한국기독교수필가협회를 만들기도 했다.

이러한 회장 선거의 후유증인 분열적인 양상 등을 극복하고 지속적인 발전을 위해 1996년 8월 3일 임시총회를 열고 '임원선거 관리규정'을 통과시켰다. 이 규정에서 증경회장과 현 회장으로 평의회를 구성해 회장과 부회장, 상임이사를 선출함으로써 협회의 안정과 단합, 그리고 성숙의 시대를 여는 계기가 되었다.

1994년 제27회 총회인 제22대 유승우 회장의 시기에는 '한국크리스찬문학가협회'를 '한국기독교문인협회'로 개칭해 새롭게 출발했다. 국가적으로는 김영삼 정부인 문민정부가 들어서 개혁의 바람이 거세게 불고, 이미 중국이 개방되어 교류가 활발할 때였다. 본 협회도 지금까지의 잘못된 행태를 바로잡고 새롭게 거듭 태어나 하나님의 도구로서의 사명을 감당하기 위한 일환이었다. 그리고 한글과 한문으로 동일하게 표기할 수 있어야 중국을 비롯한 동북아의 각 나라 기독교문학단체와 교류하는 데 혼란을 불러일으키지 않기 때문이었다.

본 협회 사무실인 '한국기독교문인회관'을 마련한 것도 큰 성과이다. 총회 때마다 숙원사업인 사무실을 마련하기로 결의해 왔으나 재정적인 문제로 추진하지 못하던 중, 제23대 박종구 회장 시기부터 본격화됐다. 한국교회와 회원을 대상으로 모금했으나 회원들의 모금은 저조했다. 그러나 교회를 대상으로 했던 모금은 박종구 회장이 《월간목회》 발행인이고 최규창 상임이사가 〈기독교신문〉 상임이사와 편집국장에 재직중인 관계로 순조롭게 모금되어, 제24대 이 탄 회장 시기에 개관하게 됐다.

해외세미나도 활발하게 진행됐다. 제24대 이 탄 회장 시기에 L.A. 미주지부의 기독교문학세미나 강사 초청으로 황금찬 원로시인과 이 탄 회장이 참석했다. 또한 제29대 현길언 회장 시기에는 북미주 지부와 함께 뉴욕 뉴저지교회에서 한국 측 18명과 북미주 지역 24명이 함께 세미나를 갖기도 했다. 그리고 제28대 허소라 회장 시기에는 중국 조선족동포 문인들과 함께 한·중세미나를 가졌다. 중국 연변과학기술대학에서 한국 측 25명과 중국 측 조선족 동포문인 23명이 함께 '21세기 문학과 그 전망'을 모색했으며, 조선족 동포문인들에게 기독교문학을 소개하는 계기가 되었다.

제26대 박이도 회장의 시기에는 《한국 기독교문학 대표작 – 시》를 국판 반양장 612쪽으로 발행됐다. '1950년대 그리고 그 이전의 시'부터 1990년대까지의 기독교 시인들의 대표시를 수록했으며, 한국 기독교시를 정리하는 계기가 되었다. 제32대 최규창 회장의 시기에는 제30대 김순영 회장 시기부터 시작했던 《한국교회 절기시사전》을 국판 양장 1,042쪽으로 펴냈다. 신년주일 67편을 비롯한 절기와 계절, 기도시 등 20개 항목에 651편을 수록했다.

특히 이 시기에는 기독교문학의 대중화와 확산을 위해 '문학사랑방'이란 프로그램을 개발해 정착시켰다. 문학사랑방은 두 가지 형태로 진행했다. 교회와 교회 밖의 세상을 향한 문학사랑방은 기독교문학의 대중화와 확산에 기여해 왔고, 회원을 대상으로 진행한 문학사랑방은 황금찬 원로시인을 강사로 세미나가 끝난 후에 밤이 늦도록 가졌다. 특히 제29대 현길언 회장 시기에 미주세미나에서는 7박 8일의 바쁜 일정 속에서도 매일 밤마다 황금찬 원로시인을 모시고 문학사랑방을 가졌다. 밤 12시가 넘도록 진행된 문학사랑방은 황 시인의 해박한 지식과 언변에 깊은 감동의 시간이 되기도 했다.

한국 기독교문학의 현주소
– 《기독교문학》 지령 40집을 돌아본다

한국 기독교문학의 발전과정 집약

한국기독교문인협회의 연간집인 《기독교문학》은 그해의 한국의 기독교문학을 집대성했다고 볼 수 있다. 수록된 작품들은 필자 스스로가 그해에 발표한 작품 중에서 선정했기 때문에 그해의 기독교문학을 분석해 볼 수 있다. 지금까지 발행된 《기독교문학》을 시대별로 구분해 분석하면, 한국 기독교문학의 변모과정이 그대로 나타나 있으며, 한국 기독교문학의 현주소이다.

《기독교문학》은 1967년에 제1집을 발행한 이후부터 2018년인 지금까지 40집을 발행했다. 10년 단위의 시대별로 구분하면 1960년대에 제1집과 제2집, 1970년대는 제3집부터 제9집까지이며, 제9집은 《한국기독교문학선집》으로 발행했다. 1980년대는 제10집인 《한국기독교문학선》과 제13집부터 제20집까지 발행했다. 2000년대에는 제21집부터 제30집까지이며, 2010년대는 제31집부터 제40집까지 발행했다. 1960년대에는 2집을 발행했지만 그 이전의 기독교문학의 발전과정도 살펴볼 수 있다는 데에 한국 기독교문학사적인 가치성을 지닌다. 신문학 초기부터 활동한 문인들의 작품과 한국 기독교문학의 변모과정 등이 수록되어 있기 때문이다. 특히 1960년대와 1970년대의 경우는 그 이전의 기독교문학까지도 집대성했다고 볼 수 있다. 시에는 김현승(金顯承)을 비롯한 박두진(朴斗鎭), 박목월(朴木月), 황금찬(黃錦燦), 신동집(申瞳集), 이상로(李相魯), 윤혜승(尹惠昇), 장수철, 김경수(金京洙), 석용원(石庸源), 박이도(朴利道), 조남기(趙南基), 함혜련, 유안진, 소설에는 전영택(田榮澤), 박영준(朴榮濬), 이종환(李鍾桓), 임옥인(林玉仁), 김광식(金光植), 이범선(李範宣), 오승재(吳昇在), 정을병(鄭乙炳), 전순란, 아동문학에는 박화목(朴和穆), 박경종, 최효섭, 유영희, 유성윤, 박승일, 희곡에는 주태익(朱泰益), 이보라, 원익환, 이 반, 평론에는 전대웅(田大雄), 김희보(金禧寶), 김영수(金榮秀), 이정기(李廷基), 수필에는 김재준(金在俊), 조선출(趙善出), 조향록, 임택진, 성갑식, 윤춘병(尹春炳), 석호인, 선우남, 안병욱(安秉煜), 안병무(安炳茂) 등의 작품을 수록했다. 특히 수필에는 신학자와 목회자들이 대거 참여했다. 또한 감람문학회와 한신대 출신의 문인들, 평양신학교 출신의 문인들, 그리고 윤동주의 인간과 문학이 소개되기도 했다. 제3집의 경우에는 '한국 기독교문학의 오늘과 내일'이란 주제로 이종환, 황금찬, 조향록, 이범선, 주태익, 조남기 등이 가진 좌담회에서 한국 기독교문학을 점검하기도 했다.

　동 협회 연례행사인 세미나의 내용은 특집란을 두고 수록했다. 제12집에는 '한·일 전통문화와 기독교문학', 제13집에는 '기독교문학과 예술적 형상화'와 '기독교와 소설에 대한 가설적 논의', 제16집에는 '한국 기독교문학의 방향', 제17집에는 '한국 기독교문학의 성찰과 전망', 제18집에는 '한국 기독교문학의 실제와 과제', 제19집에는 '21세기 한국 기독교문학의 방향', 제20집에는 '기독교와 문학', 제21집에는 '21세기를 향한 한국 기독교문학의 과제', 제22집에는 '기독교 신앙체험의 문학적 형상화', 제23집과 24집에는 '한국문학과 기독교', 제25집에는 '21세기 문학과 그 전망', 제26집에는 '한국 기독교문학의 전망', 제27집에는 '문학의 초월성', 제28집에는 '신앙과 문학', 제29집에는 '한국 기독교문학의 전망',

제30집에는 '기독교와 문학', 제31집에는 '기독교와 호남문화', 제32집에는 '기독교와 문학', 제34집에는 '한국 기독교문학의 방향', 제35집에는 '한국 기독교문학의 실제', 제38집에는 '한국기독교문인협회 50년, 한국 기독교문학 50년'이란 특집이었다. 이 세미나에서 지금까지의 한국 기독교문학을 분석하고 방향을 제시했다.

동 협회의 초기에는, 문학단체에서 기관지나 연간집을 발행한다는 것은 결코 쉬운 일이 아니었다. 무엇보다도 문인들 스스로가 자비(自費)로 작품집을 출판하는 경우가 극히 드물었다. 출판사가 출판해 주지 않으면 출판할 수 없었던 상황이었다. 어느 문학단체나 재정적으로 어려웠고, 우리나라의 경제적인 상황이 후진국에 머물고 있었기 때문이다. 동 협회보다 앞서 1962년에 창립된 한국문인협회도 1968년에 기관지인 《월간문학》을 창간했으나, 동 협회는 창립된 해인 1967년에 《기독교문학》을 창간했다. 창간할 무렵에 회장단과 회원들의 문학적인 열정이 뜨거웠음을 상기시켜 준다. 그것은 우리나라 선교 초기부터 지녔던 선각자적인 사명감에서 비롯된 것이다. 더욱이나 총체적으로 보면 한국교회의 저력임을 한국문단에 보여 주었다.

51년 동안 40집을 발행

동 협회가 1967년에 창립된 이후 동 협회 연간집인 《기독교문학》은 51년 동안 40집을 발행했다. 동 협회가 창립된 지 10개월 만인 1967년 10월 15일에 《기독교문학》이란 제호로 창간호를 발행했으며, 제2집부터 제7집까지는 《크리스찬문학》으로 발행했다. 그리고 제9집은 《한국기독교문학선집》, 제10집은 《한국기독교문학선》으로 발행하기도 했다. 그러나 제11집부터 지금까지 해마다 《기독교문학》이란 제호로 발행되어 왔다.

1967년 제1집을 발행한 이후 1989년 2월 25일 제11집 발행 이전에는 22년 동안 10집을 발행했다. 2년에 한 번 정도 발행한 셈이다. 제2집은 제1집과 함께 초대회장인 주태익 극작가 재임 시인 1968년 5월 25일에 발행했다. 제3집은 1970년 12월 10일 제3대 회장인 임옥인 작가 재임 시에 발행했고, 제5·6대 회장인 김현승 시인의 재임 시에 제4집은 1971년 12월 30일, 제5집은 1973년 2월 23일에 발행했다. 제7·8대 회장인 박목월 시인 재임 시에는 제6집을 1975년 1월 25일, 제7집은 1976년 4월 15에 발행했다. 제9·10·11대 회장인 황금찬 시인 재임 시에는 제8집을 1977년 1월 1일, 1978년 6월 15일에는 《한국기독교문학선집》을 발행했다. 그 이후로 5년 만인 제16·17대 회장인 석용원 시인 재임 시에 1983년 10월 20일 《한국기독교문학선》을 발행했으며, 이 단행본을 연간집으로 환산해 제9집과 제10집으로 이어 왔다.

그 이후에는 △제19대 김원식 회장=11·12집 △제20대 최은하 회장=13집 △제21대 김지향 회장=14·15집 △제22대 유승우 회장=16집 △제23대 박종구 회장=17집 △제24·25대 이 탄 회장=18·19·20집 △제26대 박이도 회장=21·22집 △제27대 이성교 회장=23·24집 △제28대 허소라 회장=25·26집 △제29대 현길언 회장=27·28집 △제30대 김순영 회장=29·30집 △제31대 김영진 회장=31·32·33집 △제32대 최규창 회장=34·35·36집 △제33대 유혜목 회장=37·38·39집 △제34대 임승천 회장=40집이다. 이에 따라 재임시에 발행하지 못한 역대 회장은 △제2대 이종환 회장 △제12·13대 박화목 회장 △제14대 김경수 회장 △제15대 박경종 회장 △제18대 장수철 회장이다.

《기독교문학》은 제19대 회장인 김원식 시인이 재임 시에 제11집을 1989년 2월 25일 발행한 이후 지금까지 해마다 발행해 왔다. 그 이전인 창립부터 22년 동안 제10집까지 발행한 것은 재정적인 문제 때문이다. 제1집부터 제3집까지는 대한기독교서회가 출판했으나 그 이후에는 회장과 상임이사, 집행부의 역량에 따라 출판사가 섭외되면 발행할 수 있었다. 그 당시에는 경제적인 사정으로 인해 누구나가 쉽게 출판할 수가 없었다. 회원들의 회비로는 감당할 수 없었기 때문이다. 제4집은 장학출판사, 제5집은 형설출판사, 제7집부터 제10집까지는 동협회 회원인 김희경 수필가가 운영한 백록출판사에서 출판해 주었다.

제8집 이후 2회에 걸쳐 《한국기독교문학선집》과 《한국기독교문학선》을 발행한 것은, 동 협회의 의지보다는 출판사에 의해 《기독교문학》이란 제호를 사용하지 않았다. 그것은 《기독교문학》이란 제호보다는 상품적인 가치에 우선을 두었기 때문에 단행본을 선호했다. 그 당시에는 '기독교문학'이란 생소한 용어로는 독자들에게 접근할 수 없었기 때문이다. 제11집부터는 회원 수도 증가하기 시작했고, 한국교회가 급성장하는 추세에 따라 발행하는 데도 큰 어려움이 없었다.

《기독교문학》 제1집의 면모

《기독교문학》 제1집은 국판 반양장 98쪽인 1967년 추계호(秋季号)로 발행했다. 제자는 이기우(李基雨), 표지그림은 김광배(金光培) 화백이 그렸다. 주태익 회장의 창간사인 '《기독교문학》지를 발간하면서'가 게재된 다음에 시를 비롯한 창작(소설, 동화 등), 수필, 기행문 등 33명의 작품을 수록했다. 그리고 상임이사인 석용원 시인은 편집후기에서 편집과 출판과정 등을 설명했다.

시에는 박두진의 「비상(飛翔)」, 김현승의 「이 어둠 내게」, 황금찬의 「애연지(愛蓮池)」, 조남기의 「반포에서」, 박이도의 「가을 합장(合掌)」, 박근영의 「가을 동전(銅錢)」, 박정희의 「기적(汽笛)」, 김원식의 「여자를 신(神)으로」, 심일섭의 「가슴이 있는 돌」, 장우현의 「비둘기의 합창」, 정기환의 「무제」, 석용원의 「신(神) 부재의 시」, 박화목의 「하얀 길」, 최운걸의 「칸나」, 창작에는 이종환의 「은행잎」, 이범선의 「수심가(愁心歌)」, 이 반의 「황제들의 여인숙」, 최효섭의 「젖어라」, 최인학의 「메아리」, 이윤자의 「이슬아기」, 전영택의 「고독의 심연(深淵)」, 임인수의 유고 작품인 「결실」, 평론에는 안병무의 「구약문학에 나타난 여성관」, 김경수의 「기독교와 문학」, 전대웅의 「고독과 죄의식」, 수필에는 전택부의 「고양이의 수난」, 황광은의 「'녹십자' 시절」, 이영린의 「냉면유감」, 오소운의 「산」, 이원복의 「비밀요정」, 조향록의 「아프리카 기행」, 이상로의 「일명 감람문학회」 등이 수록되었다. 특히 이상로 시인은 '일명 감람문학인들'이란 제목으로 감람문학회 창립 배경과 활동, 기독교문학인클럽 창립과정을 설명했다. 감람문학회와 기독교문학인클럽은 동 협회를 창립하는 원동력이 되었다. 이 단체의 회원들이 동협회 초창기의 주역들이었다.

주태익 회장은 창간사인 '《기독교문학》지를 발간하면서'란 글에서 다음과 같이 밝혔다.

> 오래 꿈꾸어 왔던 우리의 광장을 갖게 되어 가슴이 벅차다. 우리나라의 근대사를 뒤져 보지 않더라도 이 땅에다 문명의 새 빛을 몰고 온 것이 기독교이고, 따라서 신문학운동의 주춧돌을 놓은 이들도 추호 전영택을 비롯한 이광수, 김동인, 주요한 등 모두 기독교 출신의 선각자들임을 누구나 알고 있다. 그럼에도 불구하고 한국 기독교의 이상 체질은 품속에서 자라난 이러한 붓[筆]의 일꾼들을 옳게 사역하지 못하고 눈살을 찌푸린 냉대와 무관심으로 대문 밖의 남의 식솔이 되게 해 왔다.

이제 일컬어 선교 백주년이라는 지금에 와서야 우리는 비로소 《기독교문학(基督敎文學)》의 가녀린 창간을 보면서, 이것이 한국 기독교문학 운동의 새로운 기틀이 될 수 있기를 마음속에 스스로 다짐해 본다. 기독교문학이란 무엇이냐 하는 개념에 대해서도 많은 논란의 여지가 있다. 그러나 우리는 우선 기독교 신앙을 가지고 문학 행동을 하는 사람들로서 협회를 조직하고 이 기관지를 꾸몄다. 따라서 우리의 작품이 모두 설교를 풀이한 전도용 문헌은 될 수 없을 줄 안다. 그러나 우리 작품들 속에 은화식물처럼 꽃피어 있는 복음정심, 눈이 있어 보는 이는 족히 공감을 가져 주리라 믿는다.

이번 이 《기독교문학》의 간행을 위해 특별한 배려를 아끼지 않으신 기독교서회와 그 밖에 많은 후원을 보내 주신 이들에게 깊이 감사한다.

— 《기독교문학》 제1집 주태익 회장의
'《기독교문학》지를 발간하면서' 전문

이 글에서 1919년 우리나라 최초의 순문예지로 창간된 《창조》의 주요 동인인 전영택과 김동인, 주요한, 그리고 이광수 등은 기독교 출신의 선각자들이었으나, 한국 기독교의 냉대와 무관심했던 그 당시를 회고했다. 이들을 교회로 받아들이지 못하고 교회를 떠나게 만들었다고 개탄했다. 문학인이나 예술가에 대한 그 당시의 한국교회가 지닌 현실이었다. 또한 《기독교문학》의 창간과 함께 한국 기독교문학 운동의 새로운 기틀이 될 수 있기를 다짐했다. 특히 "우리의 작품이 모두 설교를 풀이한 전도용 문헌은 될 수 없을 줄 안다"면서, "우리 작품들 속에 은화식물처럼 꽃피어 있는 복음정심, 눈이 있어 보는 이는 족히 공감을 가져 주리라 믿는다"고 《기독교문학》의 가치성을 내세웠다. 그리고 대한기독교서회가 출판한 것에 대해 감사의 마음도 전했다.

《기독교문학》의 발전과정

제2집부터 제7집까지는 제호를 《크리스찬문학》으로 개제(改題)해 발행했다. 제2집 편집후기에서 "《기독교문학》을 협회의 명칭을 그대도 사용하기로 하여 《크리스찬문학》으로 개제했다"고 밝혔다. 그 당시의 명칭은 한국크리스찬문학가협회였기 때문이다. 제4집 당시 회장인 김현승 시인은 발간사에서 상품적인 가치까지도 고려해야 한다고 강조했다.

> 《크리스찬문학》지가 하나의 문학지로서 성장발전하려면 교계에 국한된 문학의 시야를 일반사회를 향하여서도 넓혀야 하며, 문학의 상품적 가치까지도 고려에 넣지 않으면 아니 될 것이다. 이것은 일반 문예지도 경영에 시달리고 있는 우리 사회의 각박한 실정 아래에선 물론 쉬운 일은 아니지만, 이것은 또한 본협회 회원들의 열(熱)과 성(誠)으로써 언젠가는 해결해 놓지 않으면 아니 될 과제이기도 하다.
> 지적으로 자라가는 이 시대에 있어 기독교의 정신은 문학으로 형상화되어 현대인의 뇌리에 선명한 인상으로 남을 수 있어야 한다. 그러기 위하여는 우리는 무엇보다 먼저는 그러한 목적의식을 선행시킴이 없이 보다 아름답고, 보다 진실하게 우리의 숭고한 창의력을 작품들 속에 집중시켜만 할 것이다. 이것만이 《크리스찬문학》이 우리 사회에 널리 이해되고 발전할 수 있는 길이다.
> ―《크리스찬문학》 제4집 김현승 회장의 '발간사' 전문

김현승 회장은 발간사에서 "지적으로 자라가는 이 시대에 있어 기독교의 정신은 문학으로 형상화되어 현대인의 뇌리에 선명한 인상으로 남을 수 있어야 한다"면서, "목적의식을 선행시킴이 없이 보다 아름답고,

보다 진실하게 우리의 숭고한 창의력을 작품들 속에 집중시켜야만 할 것이다"라고 밝혔다. 연간집이란 그 자체가 회원들의 작품 모음집으로 머문 것이 아니라 좋은 작품으로 모두가 애독할 수 있도록 고뇌하고 있음을 보여 준 것이다.

《크리스찬문학》으로 제호를 개제한 것은 무엇보다도 '기독교문학'이란 용어가 생소한 데에서 비롯되었다고 볼 수 있다. 또한 동 협회 명칭과 연간집 제호가 다르기 때문에 혼란을 줄 수 있고, 동 협회의 홍보에도 도움이 되지 않기 때문이다.

그러나 동 협회 창립 10주년을 맞아 창간호의 제호인 《기독교문학》으로 환원했다. 제8집 편집후기에서 다음과 같이 밝혔다.

> 이름부터 《기독교문학》이라 개세뒀다. 워낙 창간호가 이 이름이었는데, 편집위원회에서 다시 복고(復古)하자고 결의한 이유는 두 가지가 있다. 이제는 기독교문학이라 내세워도 될 때가 왔다는 것이 그 하나요, 다른 하나는 새 출발하는 마음으로 우리 모두 분투를 다짐하자는 것이 그 둘째 이유이다.

제8집의 편집위원은 황금찬, 주태익, 박화목, 석용원, 박경종, 유성윤, 오소운 등으로 구성되어 있으며, 이들이 그 당시에 동 협회 중심인물들이었다. 이 편집위원들이 제2집에서 제7집까지 사용한 제호인 《크리스찬문학》을 창간호의 제호인 《기독교문학》으로 환원시킨 것이다. 그리고 회장은 황금찬 시인으로 강남대 기독교문학과 교수를 재임하고 있었다. 황 회장은 '기독교문학'의 정립과 발전에 정성을 쏟고 있었다. 황 회장은 발간사에서 '기독교문학 정립의 기둥'이란 제목으로 기독교문학의 정립을 강조했다.

크리스찬문협이 창립된 지 금년으로 열 돌을 맞는다. 그리고 《기독교문학(基督敎文學)》지는 이것이 제8집이 된다. 1년에 한 번씩 발간하는 이 책자도 해마다 내지는 못한 것이다. 그것은 여러 가지 사정으로 부득이 그렇게 된 것이지만, 이 작은 책자 하나 내는 것도 쉬운 일은 아니었다. 그러나 이제 앞으로 이 잡지가 보다 본격적인 문학지가 되지 않을까 생각한다.

그것은 이 잡지가 한국의 기독교문학 정립에 한 기둥이 되어가고 있다는 그 사실을 통하여 말할 수 있을 것이다. 그리고 한국 기독교 선교 백년을 앞에 두고 다시 한번 사명감에 잠겨 보는 것이다.

―《기독교문학》 제8집 황금찬 회장의 '발간사'에서

제8집이 발행될 무렵에는 한국교회가 한국 기독교 선교 100주년을 앞두고 각 분야에서 활발하게 재정립하려는 시기였다. 동 협회도 이에 자극을 받아 '기독교문학'의 정립과 확산에 주력하겠다는 의지에서 《기독교문학》으로 환원한 것이다. 그러나 그 이후에는 이 제호를 사용하지 않고 잡지 형태에서 단행본 형태로 편집방향을 바꾸게 됐다. 《한국기독교문학선집》으로 발행된 것이다. 그 당시 황금찬 회장은 '머릿말'에서 "1년에 한 번씩 《기독교문학》을 발간했는데, 그것을 중지하고 1977년부터는 그 한 해에 발표되었던 회원들의 작품들을 선집(選集)이란 이름 아래 한자리에 모으도록 했다. 이 생각은 오래전부터 해온 것이나 그것이 실행으로 옮겨지기에는 적지 않은 세월이 필요했던 것이다"라고 밝혔다. 무엇보다도 잡지보다는 단행본 형태가 상품적인 가치가 있다고 판단했기 때문이다.

1983년에 두 번째 선집을 발행한 이후 1989년 2월 25일 제11집부터 복간했다. 1977년 황금찬 회장 당시 《크리스찬문학》을 《기독교문학》으로 개제한 이후 12년 만이다. 그 당시에 사무국장인 최규창 시인은 제11집 편집후기에서 그 동안의 경위를 밝혔다.

> 1983년《한국기독교문학선집》(백록출판사 간행)을 발간한 이후 5년 만에《기독교문학》이란 제호로 제8집을 발간했고, 그 이후《한국기독교문학선집》을 두 번이나 발간했던 호수를 가산해 제11집으로 했다. 사실 제8집 이전에는 제2집부터《크리스찬문학》이란 제호로 발간되었다. 이러한 제호가 다른 호수를 가산한 것은 연간집(年刊集)이란 뚜렷한 성격을 지니고 있기 때문이다.
> ―《기독교문학》제11집 '편집후기'에서

이 제11집 제호는 제15내 회장을 지낸 박경종 아동문학가가 쓴 붓글씨이다. 국판 반양장 297쪽으로 '한국기독교문학상' 수상자인 박이도 시인과 한의섭 작가의 작품과 김경수 시인, 최규창 시인, 김상길 시인의 신작시 7편을 특집으로 편집했다. 또한 미주한인기독교문인협회 회원 작품도 수록했다.

창조문예 총서 5
사랑의 시詩학學 · 한국 기독교시의 주류

초판 발행일 2020년 3월 31일

지은이 최규창
펴낸이 임만호
펴낸곳 창조문예사
등 록 제16-2770호(2002. 7. 23)
주 소 서울 강남구 선릉로 112길 36(삼성동) 창조빌딩 3F (우 : 06097)
전 화 02) 544-3468~9
F A X 02) 511-3920
E-mail holybooks@naver.com

책임편집 장민혜
디자인 이선애
제 작 임성암
관 리 양영주

ISBN 979-11-86545-76-8 03800
정 가 15,000원

※ 잘못된 책은 바꾸어 드립니다.